Людмила
Улицкая

Людмила Улицкая

Поэтка
Книга о памяти: Наталья Горбаневская

Редакция
Елены
Шубиной

АСТ
Москва

УДК 821.161.1-94
ББК 84(2Рос=Рус)6-44
П 67

Ответственный редактор Елена Шубина

Художник Андрей Рыбаков

В оформлении переплета использована фотография «Ангела с трубой»
из коллекции деревянной скульптуры Пермской государственной
художественной галереи; фотограф В. Заровнянных

В книгу вошли письма и фотографии, хранящиеся
в Международном обществе «Мемориал» и в Архиве
Научно-исследовательского центра Восточной Европы (г. Бремен).
Шифр фонда Натальи Горбаневской – FSO 01-024-Bremen

В книге опубликованы фотографии из семейного архива
Ярослава и Иосифа Горбаневских, а также работы Бориса Биргера
из личного архива Наталии Биргер

Книга публикуется по соглашению
с литературным агентством ELKOST Intl.

Поэтка. Книга о памяти : Наталья Горбаневская /
П 67 авт.-сост. Людмила Улицкая. — Москва : АСТ : Редакция Елены Шубиной, 2014. — 414 [2] с.

ISBN 978-5-17-094534-4

«Биография Наташи уже написана... Но эта книга о другом — о том
месте, которое Наталья Горбаневская занимает сегодня в частном пространстве каждого из знавших ее лично, и о том, что подвиг ее жизни
был не политическим, как считают миллионы людей, а чисто человеческим — о чем знают немногие. И этот подвиг далеко не исчерпывается тем общеизвестным фактом, что она вышла на Красную площадь в августе 1968 года, протестуя против введения советских войск
в Чехословакию. Маленькая ростом, в каких-то измерениях навсегда
оставшаяся девочкой, в течение жизни она выросла в человека огромного масштаба, сохранив радостную детскость до смертного часа».

ЛЮДМИЛА УЛИЦКАЯ

УДК 821.161.1-94
ББК 84(2Рос=Рус)6-44

ISBN 978-5-17-094534-4

Когда-то у тебя спросили, как тебя лучше называть — «поэтом» или «поэтессой», и ты ответила, что тебе больше подходит польское слово «поэтка».

Петр Мицнер

Милый, милый, удивлённый,
вижу, вижу: над тобой
с деревянною трубой
ангел деревянный.

Он трубит, но глух и тих
голос дерева сухого,
и неслышно слуху слово
с пересохших губ твоих.

За стеной в застенке тонким
стоном вспыхнул трубный глас,
ангел вспыхнул и погас,
уголь в угол, да и только.

Сохнет, сохнет трубный глас,
сохнут слёзы возле глаз.
Дождь по веточке зелёной,
ангел гаснет удивлённый.

Наталья Горбаневская

ГОРБАНЕВСКАЯ Наталья Евгеньевна (26 мая 1936 – 29 ноября 2013) – поэт, участница правозащитного движения 1960–1970-х годов. Училась на филологическом факультете Московского, затем Ленинградского университетов. Закончила заочное отделение в Ленинграде в 1964 году (дипломная работа – о двух первых романах Тынянова). Ранние стихи Горбаневской получили поддержку и одобрение Б.М. Эйхенбаума, позже А. Ахматовой. Горбаневская была дружна с ленинградской группой молодых поэтов – Бродский, Бобышев, Найман, Рейн. Первая подборка стихов появилась в самиздатском журнале «Феникс» (1961). В 1965–1968 годах в печати появились девять стихотворений. Впоследствии Горбаневская исключила большинство ранних стихов из основного собрания (как и многие более поздние) и на этом основании дезавуировала в специальном письме, переданном из Бутырской тюрьмы, сборник «Стихи» (Франкфурт-на-Майне, 1969), выпущенный без ее ведома на основе старых самиздатских подборок. Стихи тех лет Горбаневская оформляла в виде небольших машинописных тетрадок, которые и стали композиционной основой последующих сборников, особенно трех первых – «Побережье» (1973, корректор – И. Бродский), «Три тетради стихотворений» (1975) и «Перелетая снежную границу» (1979).

Участвовала в ряде акций (защита политзаключенных, сбор подписей и других), была одним из инициаторов и основателей журнала «Хроника текущих событий» (начал выходить в апреле 1968 года) – вероятно, наиболее значительного достижения движения (в год ее отъезда журнал поместил статью «"Хроника" о своем основателе»). 25 августа 1968 года была участницей демонстрации против вторжения в Чехословакию (помимо общих для демонстрантов политических и этических причин, у Горбаневской очень силен интерес к западнославянским культурам, отразившийся в ряде ее стихотворений, переводах с польского, позднее – в контактах со славянскими эмиграциями в Европе). Не была осуждена вместе с остальными демонстрантами, т. к. в это время кормила новорожденного ребенка, успела до ареста составить документальную книгу о демонстрации «Полдень. Дело о демонстрации 25 августа 1968 года на Красной площади» (Франкфурт-на-Майне, 1970) – главная прозаическая книга Горбаневской, ей предшествовал очерк «Бесплатная медицинская помощь» – о советской психиатрической больнице – и статьи в «Хронике текущих событий», позже – статьи и заметки в журнале «Континент» и газете «Русская мысль»). Арестована 24 декабря 1969 года, приговорена к принудительному лечению в Казанской специальной психиатрической больнице, освобождена 22 февраля 1972 года. В 1975 году эмигрировала во Францию, с 1976 года жила в Париже, работала в журнале «Континент» до перевода редакции в Москву. До 1988 года делала передачи на радиостанции «Свобода», с 1981 года работала в газете «Русская мысль», с 1999 года – в журнале «Новая Польша», публикуясь в нем как автор и переводчик. С 2005 года гражданка Польши.

Поэтка. Книга о памяти: Наталья Горбаневская

3 июня 2008 подписала Пражскую декларацию о европейской совести и коммунизме. 23 октября 2008 года Наталье Горбаневской было присуждено звание почетного доктора Люблинского университета имени Марии Кюри-Склодовской. Автор полутора десятков книг стихов; переводчик с польского, чешского, словацкого и французского. По итогам 2010 года Горбаневская стала лауреатом международного литературного конкурса «Русская премия» в номинации «Поэзия». 25 августа 2013 года Горбаневская приняла участие в демонстрации на Красной площади под лозунгом «За вашу и нашу свободу». Баннер с лозунгом у Лобного места развернула группа из 12 человек, из которых 10 были задержаны полицией. Горбаневскую полиция не тронула. В 2013 году Наталья Горбаневская была награждена почетной медалью Карлова университета за заслуги в борьбе за свободу, демократию и права человека. Скончалась 29 ноября 2013 года в Париже. Похоронена на кладбище Пер-Лашез.*

Сочинения: Побережье. Ann Arbor, 1973; Три тетради стихотворений. Bremen, 1975; Перелетая снежную границу. 1974–1978. Paris, 1979; Ангел деревянный. Ann Arbor, 1982; Чужие камни. N-Y., 1983; Переменная облачность. Paris, [1985]; Где и когда. Paris, [1985]; Цвет вереска. Tenafly, 1993; Набор. М., 1996; Не спи на закате. Почти полное избранное. СПб., 1996 (фактически – 1997); Кто о чем поет. М., 1997; 13 восьмистиший и еще 67 стихотворений. М., Тверь, 2000; Последние стихи

---

* При составлении биографической справки были использованы материалы из статьи Г.А. Левинтона «Три разговора: о любви, поэзии и (анти)государственной службе» // Россия / Russia. Вып. 1[9]: Семидесятые как предмет истории русской культуры. М., Венеция, 1998. А также из Википедии: *https://ru.wikipedia.org/wiki/Горбаневская,_Наталья_Евгеньевна*

того века. М., 2001; Русско-русский разговор: Избранные стихотворения. Поэма без поэмы: Новая книга стихов. М., 2003; Чайная роза. М., 2006; Развилки. Самара, 2010; Круги по воде. М., 2010; Прильпе земли душа моя. М., 2011; Штойто. М., 2011; Прозой о поэзии. М., 2011; Осовопросник. М., 2013; Города и дороги. М., 2013.

Переводы: И тогда я влюбилась в чужие стихи… Избранные переводы из польской поэзии. Варшава–Краков, 2006; Мой Милош. М., 2012.

Публицистика: Полдень. Дело о демонстрации 25 августа 1968 года на Красной площади. Frankfurt/M., 1970 (расширенное и дополненное издание: М., 2007).

Составление: Несломленная Польша на страницах «Русской мысли». Париж, 1984; Росси Ж. Справочник по ГУЛАГу. В двух частях. Издание 2-е, дополненное / Текст проверен Натальей Горбаневской. – М.: Просвет, 1991.

Людмила Улицкая

«СВЕТ МОЙ И СИЛА»

Это книга о границах памяти... Они оказались подвижны и прихотливы. Ничего среднестатистического, никакой общей картинки. И Наташа, великий редактор, уже не может выправить наших воспоминаний: одни помнят ее легкой, невесомой, парящей, другие – тяжелой, почти непереносимой, вздорной. Она бывала безмерно щедрой и безмерно эгоистичной, несгибаемой, непоколебимой и уклончивой. Умела слышать тончайшую музыку и быть совершенно глухой к обращенному к ней воплю. Полной правды не напишет никто – она выше наших человеческих возможностей.

Биография Наташи уже написана... И в этой книге тоже будут намечены вехи ее жизненной истории. Но эта книга о другом – о том месте, которое Наталья Горбаневская занимает сегодня в нашем мире, в частном пространстве каждого из знавших ее лично, и о том, что подвиг ее жизни был не политическим, как считают миллионы людей, а чисто человеческим – о чем знают немногие. И этот подвиг далеко не исчерпывается тем общеизвестным фактом, что она вышла на Красную площадь в августе 1968 года, протестуя против введения советских войск в Чехословакию. Наташа совершила и множество других подвигов, очень тихих и трудных. Маленькая ростом, в каких-то измерениях навсегда оставшаяся девочкой, в течение жизни она выросла в человека огромного масштаба, сохранив радостную детскость до смертного часа.

Она была в юности категорична и нетерпима, в старости – мягка и сострадательна. Жизнь ее семьи, бабушки, матери, ее самой, ставшей и матерью, и бабушкой, заслуживает отдельного рассказа, потому что и здесь просвечивает работа судьбы, удивительной наследственной верности, достоинства, жертвенности, которые так ярко прочерчены в женщинах Наташиного рода.

Те, кто знал Наташу только по ее стихам, кто любил ее поэзию, понимают, что в ее творчестве – она не любила этого слова, но смерть меняет лексику, и теперь писание стихов в дребезжащем московском трамвае или в парижском автобусе можно не смущаясь называть словом «творчество» – лирика была слита с мотивом гражданственности, а любовь, которой она была одарена, распространялась не только на любимых ею людей, но охватывала весь мир – средоточием этого мира был русский язык, Россия.

29 ноября 2013 года ранним утром я возвращалась из аэропорта Домодедово домой, и наша бедная подмосковная природа, уже заснеженные, но еще не потерявшие всей листвы деревья, остатки деревень и полей, отступающие перед агрессией растущего московского пригорода, вызвали в памяти Наташины стихи, которые я бормотала до самого Павелецкого вокзала. Это мой внутренний автомат – всегда, когда меня трогает природа, когда мир вдруг

открывается в его необыденном, подлинном виде, приходят на ум эти стихи. В это утро Наташи уже не было на свете, но я об этом еще не знала.

Л.У.*

Я в лампу долью керосина.
Земля моя, как ты красива,
в мерцающих высях вися,
плетомая мною корзина,
в корзине вселенная вся.

Земля моя, как ты красива,
как та, что стоит у залива,
отдавшая прутья свои,
почти что безумная ива
из тысячелетней любви.

Земля моя, свет мой и сила,
судьба моя, как ты красива,
звезда моя, как ты темна,
туманное имя Россия
твое я носить рождена.

---

* Здесь и далее этим шрифтом и пометой **Л.У.** выделены тексты
  Л. Улицкой. — *Примеч. ред.*

ТОТ ДЕНЬ

Ярослав (Ясик) Горбаневский, сын
С САМЫХ РАЗНЫХ СТОРОН – ЛЮБОВЬ

В четверг 28 ноября мать зашла ко мне (она жила в десяти минутах ходьбы). Принесла мне супа. Во-первых, потому что очень любила одаривать супом своего произведения, и во-вторых, потому что я был после операции на ногу и ходил так-сяк, вот она и принесла мне супчику. Принесла супу и выглядела в тот момент не ахти: у меня приступ, — сказала, — пойду приму ванну. Приняла ванну, приобрела более свежий вид, выпила кофе и побежала обратно к себе. Надо было доделывать дела перед предстоявшим 1 декабря отлетом в Питер.

Вечером того же дня к ней зашел Копейкин Толя. На суп. Просидел у нее где-то до одиннадцати вечера и ушел, оставив в ее обычном состоянии.

В те же примерно одиннадцать вечера мать отправила Пустынцевым в Петербург мейл, что если они свободны, то она готова с ними пересечься третьего числа.

На следующий день, в пятницу 29 ноября, Зоряна, которая всегда у матери убирала, пришла готовить ее к отлету. Она пришла часов в пять вечера (может, в четыре) и, увидев, что мать спит, стала прибираться на кухне. Прибравшись, решила ее разбудить. Позвала и, когда мать не откликнулась, подошла. Мать лежала как обычно, свернувшись калачиком, положив кулачок под щеку. Когда Зоряна попробовала потеребить ее, оказалось, что рука уже холодная.

Зоряна позвонила в слезах, я прибежал.

Сообщил ближайшим друзьям, они были в тот же вечер, без них было бы совсем тяжело. Первым делом надо было вызвать врача, чтобы констатировать смерть. И думать, что делать дальше. Врач долго не шел — сначала они ходят по тем, кто жив еще. Пришел, записал смерть во сне, предположительно рано утром того дня. 3–4–5 часов ночи.

Не помню всех, кто был в тот вечер. Помню, был Новиков Миша, потом Копейкин. Ушел спать, оставив Копейкина у матери. Мать продолжала лежать, как если бы мирно спала.

На следующий день с утра бегал по делам. Мэрия, городская похоронная служба. Спешка, потому что начинаются выходные, в которые ничего не сделаешь, а сроки, в которые похороны должны быть, кратки.

Мы думали похоронить мать на Монпарнасском кладбище. Тут вокруг — кафе, в которых она пила кофе и играла во флиппер (эдакий электрический бивиард, где надо шариком выбивать цели и зарабатывать очки) с сыновьями, с друзьями, в последнее время — с внуками. Наверное, она была единственной в Париже бабушкой, которая играла с внуком во флиппер. Монпарнасское кладбище — с Бодлером вместе.

Но в похоронной службе нам сказали: чтобы похоронить на Монпарнасском кладбище, нужны связи с каким-нибудь крупным политиком, лучше всего министром. Вот буквально только что люди хотели, просили у мэрии, у кладбищенской администрации, а потом наконец нашли министра, и вот — получили шестиместную могилу. Иначе, — объяснили нам в похоронной службе, — хоронить можно либо там, где хоронят бедных, это дешево и в далеком пригороде, либо там, где хоронят своих родных обыкновенные люди — в пригороде недалеком.

Мать, когда как-то мы спросили у нее, как ее хоронить, сказала, что хотела бы лежать в земле, но вообще, хороните меня так, как вам будет проще, — добавила она. Жить она хотела обязательно в Париже, а вот где потом лежать, ее не очень волновало.

Я был готов хоронить мать на кладбище для обыкновенных людей — она, думаю, против ничего бы не имела. Но есть у нас знакомые и с министрами (на тот момент, правда, бывшими), так что мы с ними связались и попросили чего-нибудь предпринять. Так как на Монпарнасском было бы хорошо.

Это всё выходные. Суббота-воскресенье. В понедельник утром должны быть решены два вопроса: что делать с телом до похорон и где хоронить? С телом было два варианта: или в *funérarium*, крематории, где перед похоронами будет полчаса попрощаться, или оставить дома. Слава Богу, Лилька Колозимо убедила нас оставить мать дома. И все дни до похорон (до среды вечером) родные, друзья прощались с нею, сидели у нее, создавая иногда странное ощущение, что всё как при жизни. Ведь и раньше бывало: друзья сидят, а она, устав, ложилась, отворачивалась, засыпала, а друзья еще некоторое время сидели, болтали, пили вино, курили...

Эти выходные я звонил всем друзьям (и друзья звонили дальше, чтобы никого не забыть), в частности, позвонил и Тьерри Вольтону. И говорю ему — так-то и так-то, где хоронить будем, не знаем, министра, чтобы на Монпарнасском, еще не нашли, что дальше будет, неизвестно. А он мне в ответ: ДА У МЕНЯ ЖЕ ЕСТЬ ДЛЯ НЕЕ МЕСТО!

Сейчас, — сказал Тьерри, — дай только полчаса проверить бумаги, так ли всё и не путаю ли я чего. Через двадцать минут позвонил, говорит — да, в могиле Наташи Дюжевой остается место, и это место принадлежит ему, и это место он отдает матери.

Когда-то давным-давно мать работала в «Русской мысли», и там тогда появилась совсем еще юная Наташа Дюжева. И мать взяла ее под свое крыло, стала учить журнализму, обращению с текстом, и вообще они подружились. И Наташу Дюжеву, чтобы отличать ее от моей матери, стали звать «маленькая Наташа». И вот они дружили, маленькая Наташа вышла замуж за французского журналиста и публициста Тьерри Вольтона, мать стала крестной матерью их сына Стефана, но вскоре у Наташи Дюжевой открылась лейкемия, да еще и открылась с запозданием, и Наташа Дюжева умерла. Похоронили ее на кладбище Пер-Лашез, мы с Толей Копейкиным поставили на могилу деревянный православный крест собственного нашего изготовления из бургундского дуба.

Между прочим, в начале нашего телефонного разговора Тьерри, которого друг Копейкин всегда считал эдаким плоским атеистом, вдруг взял да сказал: вот теперь обе Наташи снова вместе, возобновили старые привычки... и только потом, в ходе разговора узнав, что нет на кладбище места, предложил матери место рядом с его Наташей.

Мать лежала, свернувшись калачиком, до вечера понедельника вечером, когда пришла молодая добрая красивая женщина, чтобы сделать все необходимое, чтобы тело могло пролежать до похорон. Потом она лежала чуть более торжественно, но всё такая же маленькая.

Приехал с юга-запада Франции брат Оська с женой и дочерьми, фотографиями которых был уставлен стеллаж матери. Прилетел из Польши мой старший сын Артур. Смогла прибыть Оськина старшая дочь Нюся из Москвы, каким-то чудом получившая шенгенскую визу за два дня. Она получила польскую визу. Все внуки собрались проводить бабушку. Мой младший шестнадцатилетний сын Петька, который незадолго до этого строил с бабушкой планы совместной поездки в Москву, отреагировал на смерть бабушки резко болезненно, пинал стены, бил какие-то флаконы. Потом не хотел идти прощаться, ходил как в воду опущенный. Ходил мимо бабушкиного дома, вызывал меня звонками пройтись поговорить с ним о бабушке... Наконец, решился и пришел посмотреть на бабушку, прежде чем ее закроют. Как хорошо, что до самых похорон мать лежала дома.

Я пишу этот сухой текст о днях смерти моей матери, подсчитываю дни: в пятницу вечером сообщение о смерти, в среду в послеобеденное время — отпевание, похороны. Четыре с половиной дня. Сколько людей за это время проявили столько теплоты, любви, уважения. Во Франции, в России, в Чехии, в Польше. Сейчас трудно всё упомнить. Когда умирает мать, всё же пребываешь в несколько шоковом состоянии. Помню, однако, ощущение, что волнами идет — вживе, по телефону, по Интернету, с самых разных сторон — любовь.

Анатолий Копейкин

ПОСЛЕДНИЙ ВЕЧЕР

28 ноября 2013 года я встретился в одном парижском кафе с одной тетенькой, а потом собирался встретиться в другом парижском кафе с другой тетенькой. Вторая тетенька прислала, однако, эсэмэску, что она пока что будет ужинать, а потом созвон.

Ну ладно. Созвон так созвон. И, чтобы не сидеть тупо часа три в каком-нибудь кафе, я решил заехать к Наталье Горбаневской и посидеть у нее. *"Sup est?"* — послал я ей эсэмэску примерно в восемь вечера. "Da".

"Skoro budu", — написал я и поехал в ее сторону. По пути заехал в магазин *"Monoprix"* и купил нашего любимого миндального такого печенья, карамельного такого, две пачки, к чаю.

Когда я пришел, Горбаневская поставила на газ суп, а потом, когда он нагрелся, ушла на кухню и долго не появлялась.

— Наташ, ты чего?

— Я, Копейкин, знаю, что ты не любишь фасоль, и я ее вылавливаю.

Я понял, что она будет этим заниматься еще полчаса, и попросил ее уступить мне место (это правда, у меня от фасоли изжога). В общем, выловил я фасоль из своей тарелки, мы сели есть суп.

Потом согрели чай и стали его пить с принесенным сказочным печеньем.

— Копейкин, можно я вторую пачку повезу в Москву и подарю там одному человеку? (Она собиралась дней через пять в Москву).

— Само собой, Наташ, — сказал я.

Вторая тетенька мне так и не позвонила, так что после чая я сел за маленький походный нетбук Горбаневской, а Горбаневская села за свой компьютер, и так мы некоторое время просидели на расстоянии метра три друг от друга, пока я не прочел свою френдленту в «Фейсбуке».

Была Наташа в тот последний вечер, как всегда; ничего такого в ее поведении и "рякцыях" подозрительного я не обнаружил.

Где-то в двенадцатом часу ночи я выключил нетбук и отправился домой.

Это был мой последний визит к моему бесконечно любимому другу и товарищу — Наталье Горбаневской. Часов через десять она тихо отошла ко Господу — во сне, в спокойной позе, подперев ладошкой щеку...

Петр Михайлов

ОНА БЫЛА С НАМИ

...В этот раз удивительным стечением обстоятельств я оказался в Париже, прилетев туда накануне ее смерти. Мы списались и договорились, что я к ней приду, и, несмотря на то что она собиралась в Москву 1 декабря, она всё-таки просила меня привезти ей сигарет и валидола.

В день ее смерти вечером я к ней пришел, дверь открыл Ясик, растерянный, и сказал, что Наташа умерла. Я вошел, она лежала в глубине комнаты на своей кровати, на правом боку. Она умерла во сне — не умерла, но уснула, такое было ощущение. Французские муниципальные власти позволили оставить тело в квартире до похорон. На следующий день ее перевернули на спину, переодели, так она и лежала несколько дней.

Накануне похорон ее переложили в гроб. Почти каждый день были панихиды, съехались ее внуки, естественно, были сыновья Ясик и Ося, приехали Артур, Нюся, маленькие девочки из Периге со своими мамами, ее невестками. Все были вместе, друзья приходили почти каждый день к Наташе, сидели за тем же самым столом, она была с нами. Это было устойчивое ощущение. Меня Ясик попросил остаться с ней в ночь накануне похорон, я читал Псалтирь до глубины ночи, и у меня было чувство какого-то торжества, конечно, и печали, горечи расставания, но вместе с тем света, который ей был присущ. Она как жила светло, порывисто, талантливо, так и умерла. И потому горечь расставания, в особенности у близких и друзей, всякий раз смешивалась с радостью и светом.

Арсений Рогинский

А НА ПИСЬМЕННОМ СТОЛЕ...

Я тоже оказался в квартире Наташи на следующее утро после ее смерти и, конечно, стал смотреть — а что на письменном столе? И на столе рядом с компьютером совершенно отдельно лежал польско-русский словарь Дубровского 1911 года, а рядом в стопочке — ее книжка «Мой Милош» и почему-то Галич на польском...

Михаил Новиков, известный как Ароныч

КАК Я КАЯЛСЯ ПЕРЕД ГОРБАНЕВСКОЙ

Мы с Толей Копейкиным сидели за столом в старой квартире Наташи Горбаневской на улице Робера Ленде.

— Кайся, Ароныч, — сказал Копейкин и блеснул очками. — Ароныч, ты должен покаяться.

Как всегда, к середине второй бутылки «Шато Бланьяк» Толя становился агрессивным.

— За что каяться? — не понял. — И перед кем?

— Да вот, — Толя кивнул на Горбаневскую, которая сидела на другом конце стола и правила перевод. — Она за тебя по тюрьмам и психушкам страдала, разрушала советскую власть, а ты в это время состоял в комсомоле, режим укреплял. Кайся, кайся, Ароныч!

— Толь, так ты ведь тоже состоял... — пытался отбиться я.

— Ну, я только на втором курсе вступил, а ты в школе. И ты по убеждению записался, а я по необходимости. Меня Ленка Курская уговорила, комсорг нашей группы. Я думал, она мне даст.

От воспоминания Копейкин рассердился.

— Кайся, мудила, — с угрозой повторил он и покосился на Горбаневскую, которая не любила, чтоб при ней ругались.

Горбаневская продолжала водить карандашом по строчкам и курить свой «Голуаз».

— Будешь каяться или нет, коллаборант? — начал терять терпение Копейкин.

Я и рад был бы покаяться, но не знал — как. Землю, что ли, есть? Копейкин, видимо, тоже не очень ясно это себе представлял и даже как-то замялся.

— Ароныч, пойди помой посуду, — глядя в текст, попросила вдруг Горбаневская и отметила что-то на полях.

Не знаю, слышала нас она или случайно так получилось. Глуховата Наташа, конечно, была, но самое главное в текущем вокруг нее разговоре как-то ухитрялась расслышать и вступала всегда по делу.

— Во! — торжествующе поднял палец Копейкин. — Вот, будешь мыть у Горбанихи посуду, это будет твое покаяние. А то был, понимаешь, пособником режима, пока она там по тюрьмам и лагерям...

К концу второй бутылки он всегда начинает повторяться.

До этого я тоже всегда мыл посуду после горбаневских супов и дома у нее, и в редакции «Русской мысли». Но с того вечера стало считаться, что Ароныч моет у Горбаневской посуду не просто так, а в порядке покаяния.

Горбаневская к этому быстро привыкла и, бывало, говорила гостям:

— А это Ароныч, он раньше советскую власть укреплял, а теперь в порядке покаяния у меня вот посуду моет.

Я вытирал руку о передник. Гости опасливо пожимали ее.

— Ароныч — наш полезный еврей, — с удовлетворением говорил Копейкин.

Он любит, когда трезв, изображать из себя антисемита.

— А-а, — говорили гости и с облегчением садились за стол.

Кроме посуды, Горбаневская использовала меня иногда и на других подсобных работах, особенно когда надо было помочь нести из магазина тяжелые сумки. Она даже пыталась задействовать меня на кухне. Но, увидев почищенную мной картофелину, сказала со вздохом:

— Вот видно, ребята, что вам голодать не пришлось.

Имела она в виду, очевидно, всё наше поколение: и меня, и Копейкина, и Ясика с Жозефом, двух своих сыновей, о которых говорила, что старшего любишь сильнее, а младшего нежнее.

Я привык к своему положению штрафника при Горбаневской и даже начал извлекать из него некоторую пользу. Назовет иногда Горбаневская полный дом гостей, накормит борщом с котлетами и «грешневой» (она так говорила) кашей, а потом скажет им, улыбаясь завлекательно:

— У меня тут вышла новая книжка, так я вам немного из нее хотела бы почитать.

Гости рассядутся в позах напряженного внимания, и хозяйка читает им стихи часа эдак два. А я еще до начала чтения разведу руками: дескать, и рад бы, но звыняйте, — и на кухню.

Я не то что не люблю поэзию, просто всякое пассивное слушание, будь то симфония или отчетный доклад, немедленно вгоняет меня в сон. А стихи Наташи мне нравятся, особенно самая первая книжка, где на обложке внизу напечатано микроскопическими буковками «Корректор И. Бродский».

Наташа не сердилась, когда я прогуливал ее чтения. Она даже, чтоб компенсировать предполагаемый ущерб от невстречи с прекрасным, жарила потом специально для меня печенку в сметане, которую называла «печенкой по-улицки», потому что Люся Улицкая научила ее когда-то готовить это простое и вкусное блюдо.

После одной из таких читок, когда, перемыв посуду, я пил с Горбаневской чай, она сказала мне:

—Ароныч, у меня презентация книжки будет в Киеве, мне виза украинская нужна. Пойдешь со мной завтра в посольство, ты же там всех знаешь, наверное.

В посольстве я не знал никого, но на следующий день всё же пошел туда с Горбаневской.

Французы в то время ездили на Украину уже без виз, поэтому в консульском отделе на авеню де Сакс было совершенно пусто. За двумя окошками сидели две девушки. Одна вязала, другая читала толстую книгу «Домашние лекарственные растения».

— Переводи, Ароныч, — решительно начала Горбаневская, доставая из рюкзачка большой и неуклюжий «Проездной документ апатрида».

— Наталь Евгеньевна, вы можете и сами, девочки понимают по-русски, — объяснил я.

Девушки дружно закивали.

— Я в посольстве суверенного государства и буду говорить на его языке, — отчеканила Наташа голосом, которым когда-то разговаривала, вероятно, с прокурорами и следователями. — Скажи им, что мне нужна виза в Украину.

Девочки отложили вязание и книгу и глядели с испугом.

— Дивчата, — перевел я, стараясь успокоить их ласковой украинской интонацией, — ото пани потребуе визу в Украину.

— Вот, бланк заполните, — сказала одна из девочек. Запнулась и добавила: — Будь ласка...

Горбаневская устроилась за конторкой в углу и стала заполнять бланк, который, к ее радости, оказался-таки «на державний мови».

— Так, фамилия, имя, по-батькови... ага... рик народження... мисцэ, так... «Чи був засуджений»...

— Про судимости, может, не надо, — посоветовал я.

— Как же не надо, — с негодованием воскликнула Горбаневская, — как же не надо, когда она не снята! Та, что по уголовной статье, за нарушение общественного порядка! Так и запишем, есть, есть судимость.

Девочки из своих окошек прислушивались с нарастающим ужасом.

Забегая вперед, скажу: визу Горбаневской не дали.

В метро по дороге домой Наташа сказала, вздохнув:

— Видно, надо мне, Ароныч, попросить какое-нибудь гражданство.

Я даже заморгал от изумления. Горбаневская, которая тридцать лет говорила, что парижское гражданство она бы взяла, а французского и никакого другого ей даром не надо, Горбаневская, полжизни с гордостью прожившая апатридом, собиралась просить гражданство!

— Попросите чешское, — посоветовал я. — Вам Гавел сразу даст. Вы за них на эшафот всходили, — добавил я, вспомнив Копейкина.

— Нет, я, наверное, польское гражданство попрошу. За чехов я один раз на эшафот сходила, а за поляков много, — видно, недослышав, ответила Горбаневская.

Но как она стала гражданкой Польши — это уже совсем другая история.

Покаяние мое продлилось лет пятнадцать, дольше, чем я пробыл в комсомоле, и окончилось, когда мы с Ясиком и Копейкиным съели последний Наташин суп, сваренный ею перед тем, как она легла спать и не проснулась. Я медленно мыл тарелки и думал, что другом Наташи я не был — друзья выходили с ней на площадь, дарили свои книги, играли во флиппер. Не был и просто знакомым — просто знакомых не приглашают на стихи и на суп. И теперь, если спросят меня, кем я был для Горбаневской, правильно будет ответить — каялся, мыл посуду.

ПРОИСХОЖДЕНИЕ

Я – потомственная мать-одиночка.

Наталья Горбаневская

В 1960 году, когда я впервые попала в дом Наташи, на Новопесчаной улице, семья ее была – она да ее мать, Евгения Семеновна. Занимали они одну комнату в коммуналке, в сталинском доме, построенном, кажется, пленными немцами, как весь тот район застраивался после войны. Комната их была похожей на ту, которую и моя семья занимала, – большой стол посередине, часть стола под книгами-бумагами, а на другой половине сковородки и чашки. Столовая и кабинет на столе, а вдоль стен один диван и один топчан. Ну и книги. Много книг. В те годы между матерью и дочерью стояло, как облако, раздражение, и временами оно прорывалось шумными ссорами. Они были очень схожи, и внешне тоже, и я не сразу поняла, как они привязаны друг к другу, как любили друг друга изматывающей душу любовью.

При первой возможности Наташа старалась из дома съехать – на квартиру. Временами снимала. Помню чудесную комнату в Староконюшенном, там она довольно долго прожила, ей там было хорошо. Но в те годы я мало что знала про ее семью, картина эта постепенно открывалась из ее рассказов. Это была чистая женская линия – для России не редкость. В России с мужчинами всегда было плохо – их на всех не хватает. Война, лагеря и водка сильно истребляют мужиков. Зато женщины в отсутствие мужчин особенные – сильные, жертвенные, устойчивые. Наташину бабушку Анну Федоровну я не застала, а Евгению Семеновну успела оценить – нервный, раздражительный, вспыльчивый бриллиант в вязанной крючком беретке какого-то бывшего цвета, с яркими светлыми глазами, с сильными скулами.

От Наташиного образа жизни находилась она в постоянной ярости, но вернее и преданнее человека на свете не было. Подняла без мужа двух детей, Витю и Наташу. С братом Наташа порвала отношения очень рано, во всяком случае, в шестидесятом году он в дом не приезжал, но, знаю, Евгения Семеновна его навещала. Наташа с ним не общалась – расхождение их было глубоким, с ранних лет оно началось.

И Евгения Семеновна была несгибаема. Она проявила невиданный героизм, когда осталась одна с двумя маленькими внуками, совсем уже не молодой женщиной. Сначала она их отбила у государства, потому что решение было относительно детей – отправить их в детский дом. Как же ей было тяжело тогда! Жила она не на пределе возможностей – за пределом. Выдержала. Друзья Наташины помогали. Больше всех – Ира Максимова, вернейшая из верных. Ее уже нет.

Когда Наташу выпустили и она собралась уезжать из страны, Евгения Семеновна заявила, что никуда не поедет. Прощались насмерть. В то время, в 1975 году, и речи еще не было, что можно приезжать в гости за границу. Дети

Наташины были для Евгении Семеновны, я думаю, дороже своих собственных. Но упрямство ее было не меньше Наташиного. Уезжала Наташа с мальчиками уже не из коммуналки на Новопесчаной, а из трехкомнатной квартиры у «Войковской». После отъезда Наташи Евгения Семеновна долго уговаривала Иру Максимову обменяться с ней квартирами: Ира в однокомнатной с мужем и дочкой, а она, одинокая старуха, во дворце! В конце концов обменялись. Лет пять, не меньше, Евгения Семеновна Иру уговаривала, прежде чем этот обмен состоялся.

Потом времена стали немного смягчаться, и появилась наконец возможность у Евгении Семеновны навестить Наташу и внуков в Париже. Я думаю, около двух лет мы с Ирой ее уговаривали, а она твердила: «Нет, нет, нет!» Ну, она приехала в Париж, в конце концов, и было все прекрасно, они замечательно встретились. Было полное счастье, и они уже почти не ссорились. Евгения Семеновна в старости смягчилась.

Восхитительная семейная генетика продолжала работать. Мальчики еще совсем молодыми народили первых детей, внебрачных: мальчик Артур в Польше и девочка Нюся, московская. Наташа, мне кажется, не сразу узнала об их существовании. Завелись еще трое внуков: Петя у Ясика, Милена и Ливия у Оськи. Эти уже в браке, с папами-мамами. И тут произошло нечто удивительное – Наташа собрала вокруг себя всю большую семью. Всех соединила, перезнакомила, перелюбила, если так можно выразиться. Сделала всё возможное, и даже сверх возможного – познакомила Ясика с его сестрой по отцу, когда этого человека уже и в живых не было. И этих, даже не знающих о существовании друг друга, она тоже подружила...

Стала Наташа матриархом. И развела вокруг себя такое великое изобилие любви, которое нельзя было вообразить. Знаем мы давно – ничего нет лучше хорошей семьи, где детки облизанные, папа-мама-бабушки-дедушки. Но не у всех получается. И чем дальше, тем всё меньше это получается. Но вот Наташа – никакого в помине мужа, одни бедные любови, все сплошь стремительные и горестные. Это для поэзии прекрасно – а то ведь не было бы никаких замечательных стихов из любовного семейного благополучия, а для строительства семьи такая свобода – материал непригодный. Однако ей удалось прекрасно выстроить свое семейное здание. Своими руками, маленькими руками, не очень ловкими, и великими трудами – но не тяжкими, а легкими, благословенными. Это чудо. Русское, если угодно, чудо.

Есть еще одна черта сходства у Наташи с ее матерью. В семье Горбаневских с довоенных времен была приемная дочка, Мотя. Анна Федоровна, Наташина бабушка, ввела ее в дом, а Евгения Семеновна ее приняла. Эта история несколько затемненная – Мотя была дочерью репрессированных родителей, но и по сей день об этом не любит вспоминать. И у Наташи тоже была приемная дочь, Анна, и тоже, как в случае с Мотей, официально это не было оформлено. Это великое женское начало – удочерить – их общее дарование. И по какому-то неписаному закону судеб у обеих это стремление накормить, напоить, спать уложить, одарить всем, что есть, соединилось с безбрачностью, женским одиночеством, украшенным в Наташином случае мимолетными увлечениями, молниеносными романами, безответными любовями...

Связь матери и дочери была очень глубокой. Наташины письма к матери – свидетельство их постоянной заботы друг о друге, большой зависимости, внутренней борьбы. И великой любви.

Л.У.

Наталья Горбаневская

Я БЫЛА ИНИЦИАТИВНЫМ РЕБЕНКОМ

— *Расскажите о вашей семье — до вас.*

— Семья до меня... Я росла без отца (он погиб на фронте, и мы не виделись ни разу), и моя семья — это прежде всего мамина семья. Прабабушка и прадедушка с маминой стороны родились крепостными, родом из Воронежской губернии. А мои дедушка и бабушка переместились потом в сторону юга России.

Но сначала они — бабушка и три дочери (всего было четыре, мама — вторая по старшинству) переехали в Москву. Бабушка окончила акушерские курсы, пела у Пятницкого в церковном хоре Морозовской больницы, девочки учились в гимназиях. А в 1918 году они от голода бежали опять в Воронежскую губернию. А дальше кто как.

Мама моя в конце концов вместе с бабушкой вернулась в Москву. А до нас еще старшая сестра мамина туда приехала из Новочеркасска. Третья тетка всю жизнь прожила в Ростове, еще одна, самая младшая, поездила по всему Союзу, была на Дальнем Востоке и на Крайнем Севере. Она была по специальности связистка и вдобавок давала уроки игры на фортепьяно, хотя ничего такого не закончила. После войны, на Колыме, она вышла замуж за бывшего зэка.

А вообще вся семья была музыкальная, пели все хорошо, я не в них пошла. Третью сестру, которая в Ростове, послали вместе с ее мужем в Московскую консерваторию учиться, но, поскольку жить было очень тяжело (тридцатые годы), спать приходилось на столах, они вернулись в Ростов и потом всю жизнь преподавали в тамошнем музыкальном училище...

Я родилась уже в Москве, я среди своих всех родных и двоюродных была первой и единственной, родившейся в Москве. Сейчас у меня почти никого там не осталось, есть племянник, но с ним давно порвана связь. Из моих ростовских двоюродных братьев старший просто пропал — он жил в Саранске, работал оператором на телевидении, потом куда-то делся, и никто не мог его найти, хотя и искали. А вот его младший брат живет в Петербурге, он и с мамой всегда виделся, хоть мы уже были в эмиграции, и в Париже у меня... Когда я бываю в Петербурге, мы встречаемся, с ним, его женой и дочкой в хороших отношениях — единственный, кто у меня остался из всей родни.

Плюс к этому у меня есть еще приемная сестра, неофициально приемная мамина дочка. Она сама с Украины, была домработницей перед войной в Раменском, где мы жили (мы три года разные углы снимали, пока не получили комнату в Москве). И мама с бабушкой ее как-то взяли, устроили на завод, в вечернюю школу, потом она была на войне снайпером, имеет огромное количество медалей и, тьфу-тьфу, пока жива. И она, и ее муж — ветераны войны, я каждый раз вижусь с ними, когда бываю в Москве. Раньше они приходили на мои творческие вечера, но теперь уже не в состоянии. Вот это вся моя семья.

Моя линия по отцу... Была бабушка... Правда, я не сразу поняла, что это моя бабушка, потом как-то разобралась. Я за отца получала пенсию как за погибшего на фронте. Там, в той семье, была девочка примерно моего же возраста, я ей по секрету сказала, что мы с ней двоюродные сестры. Там были замечательные люди, я знала брата и сестру моего отца и своего двоюродного брата, который был даже у меня на проводах, когда я уезжала. Он известный историк, Владимир Кобрин, ныне уже покойный, специалист по русскому XVI веку, по эпохе Ивана Грозного. Так что в сороковые — в начале пятидесятых контакты были, мама со мной в гости приходила, я обычно брала книгу и читала.

Я научилась очень рано читать, и маму все пугали: что вы делаете, ребенок так рано читает, он сойдет с ума — тогда было такое мнение. У меня отнимали книги, я залезала в шкаф, доставала. Когда началась война, на это махнули рукой. Мама сказала: «Читает — есть не просит»...

— *Она молодая была?*

— Ну, в 1935-м ей уже было тридцать три года. В молодости она мечтала стать врачом, поступить в медицинский институт, но поскольку ее отец выбился из крестьян в счетоводы, то она считалась дочерью служащего, и доступ в институты ей был в то время закрыт. Жила «в няньках», воспитывала детей в разных семьях, и дети, как я понимаю, были к ней очень привязаны. Потом пошла работать в библиотеку, кажется, Ростовского университета, году в 1923-м и до 1935 года там проработала. А тут при Всесоюзной книжной палате в Москве открылись Высшие библиографические курсы, и она поехала учиться, окончила эти курсы и осталась работать в Книжной палате. Ее там очень ценили и в одном из флигелей Палаты дали комнату в подвале. Это был особняк князя Гагарина, построенный, по-моему, уже после пожара в Москве архитектором Бове. Там были фасад и арка, а справа от арки стоял наш флигель. Дальше через ворота была прачечная, и во вторую бомбежку Москвы горело здание Книжной палаты и горела эта прачечная, а флигель наш уцелел. Книжную палату тогда перевели в другое помещение, но мама, чтобы получать не служащую, а рабочую карточку, перешла в типографию Книжной палаты (тоже в нашем дворе — ее здание и сейчас уцелело, это останки, сейчас весьма красиво обновленные, во дворе «дома Большого театра»). Работала наборщицей, печатником, то есть всё на ходу осваивала. У бабушки была карточка иждивенческая, у старшего брата «особая детская» — с двенадцати лет, по которой получали так же мало, как по иждивенческой, у меня была детская, там было побольше. Когда наш флигель уцелел, мама говорила: «Ну что бы ему сгореть, тогда бы нам что-то дали».

Мы прожили в этом подвале до 1950 года. Правда, во время войны на некоторое время переезжали в другие флигеля, в квартиры эвакуированных. Но эвакуированные начали возвращаться уже в 1943 году, и мы вернулись к себе. Вот так мы жили. Формально это был всё-таки полуподвал, то есть верхние стекла окон были над землей, и сверху был парапетик, но, как начиналась весна, все к нам текло. Когда становилось теплее, бабушка белила стены, некоторое время они оставались сухими, но очень недолго, опять начинались подтеки. Так мы в этой сырости жили и росли. Для брата и меня это было время роста, и всё время в этой постоянной сырости и в темноте, всё время при свете — во время войны при коптилке, которая у меня в стихах фигурирует. У нас была не настоящая русская печь, а дровяная плита, на этой же плите грели воду, чтобы мыться, — брат ходил в баню, а меня бабушка (это значит до четырнадцати лет) мыла в корыте. Квартирка была маленькая, жили мы и еще супружеская пара. И у нас на две семьи были уборная и умывальник. Еще дальше в этом подвале была еще одна «отдельная квартира», то есть комната, умывальник и уборная. Никаких больше удобств не было, никакого газа не было. Когда нам в 1950 году дали комнату в коммунальной квартире на Новопесчаной, где еще было две семьи, но был газ и была ванная, отапливаемая газовой колонкой, это был рай. К сожалению, бабушка прожила там недолго — мы переехали туда осенью 1950-го, а в январе 1951-го она умерла. Так что недолго понаслаждалась этим.

А в 1944-м отдали меня в школу, сначала взяли в первый класс, хотя мне было уже восемь лет, но сказали — посмотрим. На второй день я заболела, дней десять проболела, а потом пришла. А мама беспокоится, что со вторым классом-то. Пришла, а учительница, которая и не проверила особо, говорит: «А, ладно, пусть идет». И я пошла сразу во второй класс, стала в параллельном классе с моими подругами со двора. И всё было в порядке. Единственное, мне приходилось заниматься чистописанием. Писала я как курица лапой — грамотно, но жутко. И со мной занялась учительница и научила хорошо писать. Так что с тех пор пишу хорошо — не так хорошо, как мама, у мамы выработанный почерк еще с гимназии.

Вернемся к семье. Все мамины сестры учились в государственных гимназиях, а мама была способная и училась в частной гимназии, ей дали стипендию на учебу. После войны стали требовать дипломы, и оказалось, что ее диплом Высших библиографических курсов, хотя это считалось высшее учебное заведение, не считается. Она продолжала работать во всяких библиотеках, но в 1947 году в сорок пять лет пошла на вечерний в иняз. Она уже знала английский, знала французский, чуть-чуть похуже немецкий, и за три года она пятилетний французский курс закончила. Дополнительно еще подучила английский, а я как-то вместе с мамой училась, изучала географию Франции — мне это было очень интересно, все реки знала, все тогдашние департаменты. Когда я в Париж приехала, многое забылось, но ведь и департаменты переменились.

— *То есть вы выучили французский с мамой?*

— Нет, гораздо раньше. Иностранный язык ввели со второго класса, и у нас был французский. Еще у мамы была одна знакомая старушка, с которой я тоже занималась французским. Надо сказать, что до седьмого класса я была отличницей, а с восьмого начала лодырничать как незнамо что. Но в университете я даже делала иногда какие-то технические переводы. А потом, казалось, совсем забыла. Но когда я пошла учить французский здесь, в Париже, меня проверили и поставили более высокий уровень.

— *Когда вы оказались в школе во втором классе, и даже еще в садике, другие дети были важны? Социализация у этого ребенка была?*

— До школы важны были подруги во дворе. Ну, я общалась вполне со всеми, но главное — подруги во дворе. В школе... Тут так получилось: нас с третьего класса переводили в другую школу, но мама упросила, чтобы меня оставили в прежней... Просто до нее было ближе. И вот в новом 3 «А» у меня сразу оказалась подруга, я ее всегда вижу, когда приезжаю в Москву. Это Нина Багровникова, она упоминается в примечаниях к моим стихам, где я говорю про «стишки-стежки».

Семья Нины жила вообще замечательно: отец, мать и три девочки — пятеро в комнате шесть метров. На Малой Молчановке в доме со львами. Они жили на самом верху, и это, видимо, раньше была комната прислуги. И я там еще торчала, им было мало своих. Мы с Ниной очень подружились. Сидели за первой партой, так как были самые маленькие, и всё время на уроках играли в стихотворную чепуху. Например, берем тему «Жил на свете рыцарь бедный» и играем. И так целые уроки напролет. Может, тогда уже какая-то техника вырабатывалась. Я уже считала себя стихотворцем.

И сестер ее я стала считать своими сестренками. Дружила и с Ниночкой, и с Мариной, средней сестрой. Младшая сестра у них потом погибла, покончила с собой. Она психически была нездорова, но была очень хорошая. У нее дочка осталась, Наташа, в честь меня она назвала. Это была совершенно моя родная семья. Отец у них рано умер, а мама долго прожила... А вообще в классе я как-то вполне, я была очень общительной всегда. Стала еще общительней, когда стала носить очки, стало легче жить, потому что до того что-то меня связывало, а что — я не знала.

— *Учиться было интересно? Какую-то часть мира это составляло?*

— Ну, какую-то часть составляло. Я училась, когда мне было интересно, а когда неинтересно — нет. Учительница истории всегда говорила: «Ну вот, Наташа, то двойка, то пятерка». Но всё равно потом в четверти выводила пятерку. Училась я скорее легко. С удовольствием писала сочинения, изложения. Потом, у меня была прирожденная грамотность, может быть, оттого, что я много читала с детства — при этом вечном электрическом свете... У нас была учительница русского языка, которая к нам пришла в пятом классе из института. Она потом всегда говорила: «Когда я колеблюсь, как надо писать, я у Наташи спрашиваю». Мне кажется, есть такое ощущение, хотя я знаю, что это несправедливо по отношению к другим людям — если человек неграмотно пишет, значит, он мало читал. У меня-то именно так, просто впечатывается.

...Еще во втором классе у меня была совершенно замечательная история. Тогда родители что-то платили, и нам выдавали бублики и ириски. Я уж не помню, как дело было — то ли я не принесла деньги, то ли я плохо себя вела, в общем, в какой-то момент мне сказали: «Завтра в школу без матери не приходи» — и вообще выгнали с уроков. Я не могла маме сказать. Что мне делать? Ну что, ясно что: бросить школу и поступать на работу. Я свою сумку с учебниками спрятала в дворницкой за совком и метлой и пошла думать. А когда вернулась, не было ни лопаты, ни совка, ни сумки с учебниками, а их давали в школе на несколько человек... Вот тут я поняла окончательно: домой мне идти нельзя, пойду устраиваться на работу.

Мне не было девяти лет, в пионеры даже еще не приняли. А была совсем еще зима, февраль. В войну зимы были очень холодные, очень многоснежные. Садовое кольцо — мы жили на Новинском бульваре — было покрыто снегом, смерзшимся в лед. Машин было очень мало, мальчишки к ним прицеплялись и ехали на коньках — так один мальчишка с нашего двора погиб. Я вышла на крыльцо школы и думаю: что делать?

А моя мама как раз сменила работу. Сначала ушла из типографии, перешла в Тимирязевскую академию —

ее давняя приятельница по Книжной палате уговорила, сама там работала, а потом маму переманили в Фундаментальную библиотеку общественных наук. Я знала, что в Тимирязевке еще не нашли никого на ее место, а поскольку с тех пор, как научилась читать, читала, в частности, каталоги и умела писать библиотечным почерком, то и решила, что пойду устраиваться туда. Школа была на Большой Молчановке, я пошла сначала попрощаться к детсадовской подруге в Плотников переулок, потому что я теперь буду работать и не смогу к ним ходить. Потом дальше двинулась — окрестности я знала очень хорошо. Помню, в три года меня бабушка забыла в аптеке — это было на другой стороне площади Восстания. Я обнаружила, что я одна, пошла, дошла до перехода и какого-то дяденьку попросила меня перевести, и он меня стал переводить, а навстречу уже бабушка бежит. Где-то года в четыре с половиной я ушла гулять, немножко заблудилась, оказалась в районе Бронной. Хорошо очень помню, как шла по Вспольному. Но оттуда я выбралась сама и дошла до дома. Для такого маленького ребенка это большое расстояние, но я весь район Спиридоновки, Малой Никитской — всё это знала. И в другую сторону от дома знала, тем более меня, маленькую, часто сажали на троллейбус, отправляли к тете, которая жила на Таганке, и я сама доезжала. Потом с мамой ездила много раз на всякие ее работы, знала, куда и на чем доехать.

В общем, я дошла до метро «Парк культуры», с пересадкой доехала до «Сокола», откуда шел трамвай, и поехала в Тимирязевку. Но не доехала до самой Тимирязевки, потому что решила еще «попрощаться» с нашим участком, где мы сажали картошку, и забрела в совершенно непролазный снег. При том я всё равно сориентировалась и вышла к Тимирязевке, но была вся мокрая, по грудь в снегу. Я пришла туда, кто-то меня спрашивает: «Девочка, ты что?» Я говорю: «Пришла поступать на работу». Потом кто-то меня увидел и говорит: «Да это ж Евгении Семеновны дочка». И тут прибежала тетя Шура, которая знала меня с рождения, ахнула, но так как была чем-то занята и не могла сразу же отвезти меня домой, попросили уборщицу. А уборщице надо было сначала к себе заехать, вот она и привезла меня домой в двенадцать часов ночи. Мама и бабушка уже с ума сходили, поэтому в конечном счете мне всё сошло с рук, только маме пришлось какие-то жуткие деньги отдавать за эти пропавшие учебники.

Так что я была ребенком инициативным*.

Наталья Горбаневская
БЫТЬ МАТЕРЬЮ Я НИКОГДА НЕ БОЯЛАСЬ

Вокруг меня было немало матерей-одиночек. Моя мама с двумя детьми, я с двумя сыновьями. И относились к ним, к нам нормально, никакого отталкивания не было. И церковных противоречий у меня на этот счет нет. Я, конечно, рада, что мой старший сын женился на матери своего второго сына и что они венчались, но я их так же любила, когда они долго просто жили вместе. Как до сих пор живет мой младший сын со своей женой и двумя младшими дочками.

Чему научило материнство? Ох, очень трудный вопрос. Главное — считаться прежде всего не с собой... Никаких страхов не прибавилось, и бороться с ними не

---

* Из интервью Линор Горалик. OpenSpace.ru, 8 декабря 2011.

приходится. Вот, кроме страха Божьего — не делать плохо, чтоб не огорчить. Но это-то страх нужный.

...Быть матерью я никогда не боялась. Только в первое время боялась пеленать и купать ребенка — не переломаю ли ему ручки и ножки. Ну. Это другое дело. А что я боялась своей матери — это как бояться Бога: бояться опечалить.

В моей семье ласки не были приняты, мама целовала меня только маленькую. Но, знаете, это просто была сдержанность в проявлении чувств, что тоже очень ценно.

...До моих четырнадцати мы — мама, бабушка и брат — жили в полуподвале, в сырости и темноте. Но ведь вокруг почти все жили примерно так же. По бедности научилась, наверное, извлекать удовольствие из малого. Например, бабушка варила лапшу в воде, а я съедала сначала эту воду, потом лапшу и говорила: «У меня первое и второе». Сейчас у меня относительный достаток: пенсия, которой хватает на квартиру, электричество, газ, Интернет, а остальное зарабатываю всякой внештатной работой. Главным образом постоянной работой в «Новой Польше». И считаю, что живу роскошно*.

Матрена Павловна Милеева (Мотя),
приемная дочь Е.С. Горбаневской

МОЯ НАЗВАНАЯ СЕСТРА НАТАША

Моя фамилия Данчевская. Отец мой был арестован. Мама пошла доказывать, чтоб папу освободили, и не вернулась. Папа, кажется, был поляк — наверное, по-

---

* Из интервью Таше Карлюке. «Країна», март 2012.

этому и загремел. Мне тогда было шесть лет, седьмой пошел год*. Жили мы под Винницей. Мама учительствовала в Виннице. А с Анной Федоровной, бабушкой Наташи, они вместе учились в Воронеже (Воронежская женская гимназия Нечаевой), так что знали друг друга по прежней жизни.

Я (после ареста родителей) жила в детском доме недалеко от подмосковного Раменского, и Анна Федоровна была у нас воспитателем. Как-то она узнала, чей я ребенок — наверное, по личному делу, по фамилии. Жили они тогда в самом Раменском, и Анна Федоровна стала брать меня к себе домой на выходные, на праздники... Жили они вчетвером — бабушка, Евгения Семеновна и Наташа с Витей. Они были меня младше.

Потом детдом перевели из Раменского в Москву, и Горбаневские в это время в Москву переехали. И постепенно как-то получилось так, что я больше у них, чем в детдоме. Евгения Семеновна приняла меня как дочь, я и звала ее всю жизнь мамой. Детдом был на Арбате, на улице Молчановка, такие красивые домики вокруг, Собачья площадка...

Мы с Наташей любили там гулять. Почему Собачья площадка? Говорят, купец какой-то там жил, который очень любил собак, много их держал, разные породы — и он построил такой сквер круглый, большая поляна посредине и тумбы мраморные. А в середине — клумба, цветы, скамеечки. На каждой тумбе — собаки разной породы, и от каждой идет цепь к другой — очень красиво. Дети на этих собак лазили. Кормили их. И Наташа тоже.

---

* См. также с. 34 наст. издания. Историю Моти Н. Горбаневская помнит иначе. — *Примеч. ред.*

Жили они уже на Садовой, дом 20. Евгения Семеновна преподавала иностранный язык в училище высшего командного состава. И работала в Книжной палате библиографом. И еще переводы делала. Придет с работы, чаю нальет, хлебанет и опять пишет. Лампа настольная горит. Мы уснем, а она всё сидит. Бабушка скажет:

— Женя, ложись.

— Сейчас-сейчас.

Они очень дружны были. Понимали друг друга...

Наташа читать еще не умела, но книжки с картинками любила. И сама выбирала, что хочет: перелистнет — это ей не нужно, а вот это читай. Характер был. В детсад Наташа не ходила — да и не было их тогда. Бабушка за ней смотрела. А когда пошла в школу, в первый класс, то маме сказали: ваша девочка нам мешает. Она знала больше, чем учитель. Это всё бабушка, Анна Федоровна, с ней занималась. И с Витей тоже. Маме некогда было, она очень много работала. Но помню, что мама брала Наташу к себе на работу на праздничные вечера — 7 ноября или 1 мая — и Наташа читала там Маяковского. Очень его любила. И даже не так картавила, как дома. Память у нее была великолепная.

Анна Федоровна очень добрая была и умная. Языки знала. Интеллигентная, душевная. Зависти никакой ни к кому. Просто святой человек. Когда был голод, муж ее остался на Украине. Она в Москве с детьми. Было их у нее четверо — Валя, Оля, Женя и Лида. Все девчонки, все учились. В общем, она к мужу на Украину не поехала, и он там женился. Анна Федоровна с его женой переписывались всё время.

Шить умела. И меня научила. Машинка у нее была швейная. Четыре девочки всё же росли — попробуйте их обшить. Как Анна Федоровна относилась ко мне! Когда я ссорилась с подругой, она говорила: Мотенька, ты ее не трогай, она из другого теста. Тебя можно лепить. А ее нет... Учила быть доброй, нежадной, помогать другим. Даже в ущерб себе.

Когда я уже закончила школу, Анна Федоровна сказала: надо будет анкету заполнять, автобиографию писать. Пиши, что ты родителей не помнишь. Детдомовская — и всё тут. Так я с тех пор и писала — детдом. Как-то раз меня спросили, что, ты про родителей своих совсем ничего не знаешь? Не знаю, говорю...

...Конечно, мы жили очень скромно. Но бабушка всегда всем поровну делила. Было три мисочки (моя до сих пор сохранилась) — у Вити побольше, у Наташи поменьше, у меня такая средняя. У Вити зеленая, у меня коричневая, у Наташи какая-то коричнево-зеленая была. Я как дочка, как все, разницы не было. Мама рано убегала, а я когда попозже уходила на занятия, бабушка резала хлеб всем поровну — мне, Наташе и Вите. Длинная комната шкафами была разгорожена. Там за шкафами спали я, Витя и Наташа. А в другой части спали Анна Федоровна и мама.

Про Витю. Анна Федоровна ругала Евгению Семеновну, что она не вышла замуж за Витиного папу, дядю Леню. Он был ленинградец, очень хороший человек. Почему она с ним не поехала, не знаю. И у Вити отчество мамино — он тоже Евгеньевич, как и Наташа.

Уже незадолго до смерти Евгения Семеновна, когда сын Витя потребовал отдать ему письма отца, чтобы подать на наследство, уничтожила их на моих глазах. А я знаю, что она часто эти письма перечитывала. Это были письма молодости, любви, переживаний.

В нашем дворе жила тетя Шура, мамина подруга, тоже в Книжной палате работала. У них жила племянница Галя. Витя уже в техникуме учился. У нас тесно, а тут тётя Шура и говорит: пусть приходит к нам, чертежами занимается. И он стал туда ходить. А Галя старше его, умная... В общем, получилось так, как получилось... Тётя Шура взялась за маму: как же так, он это самое... А мама: рано жениться, он еще учебу не закончил. Когда они всё-таки поженились, Галя этого забыть не могла — и не скрывала этого. И Витю она зажала, он стал редко у нас появляться. И мама и бабушка очень тогда переживали. Галя родила мальчика — Мишу. Потом, когда Витю направили по работе в Челябинск и там радиоактивные выбросы случились, он попросил маму, чтобы она приехала, забрала Мишу. Мы тогда переехали на «Сокол», получили большую комнату, на Песчаной. И мама привезла туда Мишу, нянчилась с ним, пока они там отбывали. Наташа уже училась. Отношения ее с Витей к этому времени были... да их почти уже и не было. А когда она вышла на Красную площадь, то совсем обострились. Мы прятали детей. Ясик, наверное, помнит, Галя писала «куда надо», что ей их доверять нельзя, Витя несколько раз приходил в дом. «Мотя, ты имеешь влияние на Наташу. Поговори с ней». Я сказала, что она взрослый человек и сама знает, как ей поступать, она выбрала эту стезю. Но я хочу сказать, что Витя пострадал от «родственных связей». Как только Наташа уехала и тут заварилась эта каша, его уволили с хорошей работы. Уволили — и больше никуда не берут. Он очень переживал.

...А Мише родители запретили с нами общаться. Это тоже был большой удар для мамы. Когда нужно было, она спасала Мишу. А потом он знать нас не знал. И когда Евгения Семеновна, его бабушка, умерла, он даже не приехал на похороны.

...Евгения Семеновна неожиданно ушла. У нее до самого конца была светлая голова. Статьи мне в газетах читала. А как они с моим мужем азартно смотрели футбол! Мама болела за «Спартак», а Юрий Иванович — за ЦСКА.

Я много чего уничтожила из бумаг. А вот письмо от Наташи сохранилось... она прислала вскоре после своего отъезда:

«Дорогие Мотя и Юра! С Новым годом! Я вас помню и люблю. Помню вас и всегдашнюю вашу любовь и доброту к детям и маме. И что ни в какие трудные минуты вы нас не покидали. Я не пишу почти никому, кроме мамы. Некогда. Но надеюсь, она вам показывает мои письма. Целую вас обоих, особенно тебя, моя дорогая и родная сестра. Наташа».

Анна Горская (Анка), «приемная дочь» Наташи Горбаневской
Я НЕ УСПЕЛА СКАЗАТЬ, КАК ЕЕ ЛЮБЛЮ

Когда в 1980 году в семнадцать лет я приехала в Париж на каникулы и случайно познакомилась с Наташей, я никак не могла представить себе, что год спустя политические события в Польше приведут меня опять к ней, что ее русский дом станет моим вторым домом, ее русская семья — моей второй семьей, ее русский язык — моим вторым языком, а я сама, начиная с какого-то момента, — приемной польской Наташиной дочкой (как она любила меня представлять). И так получилось, что моя судьба срослась с семьей Горбаневских на долгие, долгие годы.

В дальнейшем я переехала жить в пригород и обзавелась большим количеством собственных детей, но еще не так давно у меня получалось время от времени вырываться из «водоворота» моей безумной жизни и приезжать к Наташке на «каникулы». Тогда она ждала меня со вкусным ужином, я оставалась на ночь на раскладушке, а на следующее утро мы шли с ней пить кофе, играть во флиппер и покупать какие-то финтифлюшки. Этот отдых никогда не длился дольше одних суток, но как же это было здорово!.. Мне казалось, что я возвращаюсь на двадцать пять лет назад, во времена беззаботной жизни на улице Гей-Люссака.

И хотя, уезжая, я всегда обещала Наташе и себе, что скоро опять приеду, но в последнее время всё реже и реже удавалось нам с ней сорганизоваться: она без конца была в разъездах, а я — замотана, постоянно откладывала на потом следующий мой визит. И так последний раз мы с ней виделись в мае, за полгода до ее смерти.

Вечером 29 ноября Ясик сообщил мне, что случилось, и я поняла, что на этот раз наша встреча отложилась навсегда. Я решила немедленно поехать в Париж к Наташе, чтобы хотя еще немного побыть рядом с ней. Мы остались в небольшом кругу почти до утра, но, несмотря на огромное горе, нам было хорошо и спокойно, казалось, что она просто легла отдохнуть, как это не раз бывало.

По дороге назад домой я ловила себя на том, что пытаюсь перед ней извиниться, объяснить, досказать, что не успела: и как ее люблю, и как без нее грустно и пусто. Дома, несмотря на то что было уже четыре часа утра, я, как ни странно, села к компьютеру и каким-то образом оказалась в *YouTube*. Там я сразу увидела длинное интервью Наташи в трех частях, записанное чехами в августе 2013 года, по поводу пражских событий. Оно меня заинтересовало, и, несмотря на страшную усталость, я решила хоть немножко его послушать. Первые пять минут Наташа описывает свое детство до войны, в особенности говорит про бабушку и маму и вдруг приостанавливает этот рассказ и объясняет, что хочет что-то добавить про один важный момент, а именно про то, как ее мама и бабушка «приголубили» в те далекие времена молодую украинскую девушку и считали ее потом до конца приемной дочкой, и что так же у нее, Наташи, больше тридцати лет назад появилась в Париже приемная дочь, польская девушка Анка, которая «...до сих пор совершенно родной человек в нашей семье...».

В этот момент мне показалось, что я очутилась в другом измерении: только что, полная печали и угрызений совести, покинула ее тело, и тут вдруг в этом случайно найденном интервью появляется Наташа, как живая, на середине рассказа делает отступление, спокойно, с улыбкой заявляет, что я, Анка, — ее приемная любимая дочь, а потом возвращается дальше к своей истории.

Трудно передать эмоции и чувство благодарности, которые во мне всплыли! Я была всегда убеждена, что наши любимые дорогие близкие, которых Господь забрал уже к себе, всегда рядом с нами, но мне даже не снилось, что когда-то я получу такое ощутимое доказательство их живой любви, которая (теперь я это знаю точно) является языком душ, а Наташа, как известно, удивительно способна к языкам...

ВНУКИ
И МЛАДШИЕ ДРУЗЬЯ

Наталья Горбаневская
У МЕНЯ С НИМИ НЕЖНЫЕ ОТНОШЕНИЯ

С внуками у меня хорошо. Даже с младшими внучками, которых я часто не понимаю (они говорят только по-французски, а я не понимаю из-за глухоты) у меня очень нежные отношения. Правда, тут я должна сказать, что у меня удобная роль бабушки, появляющейся время от времени из ниоткуда, привозящей подарки и потом исчезающей. Нянчить — как это положено бабушкам — мне приходилось только своего парижского внука. Со старшими (внуком-поляком и особенно внучкой-москвичкой) у меня очень близкие отношения, можно назвать их дружбой... У меня вообще много младших друзей — детей и даже внуков моих старых друзей*.

* Из интервью Таше Карлюке. «Країна», март 2012.

Людмила Улицкая

Анна Красовицкая (Нюся),
внучка Натальи Горбаневской
ЕЕ СИЛА ВСЕГДА СО МНОЙ

1.

Не знаю, насколько я любимая внучка — у нее три внучки и два внука прямых, не считая наших многочисленных кузенов и кузин, которых она также ужасно любила и которые ужасно любили ее. Знаете, бывают заботливые бабушки, бывают просто бабушки, с которыми ты рядом живешь, а она была бабушкой, которая помимо какого-то огромного уважения вызывала огромную любовь. Это было что-то совершенно невероятное, бабушка, которую растянуло на три страны: Польша, Россия, Франция. И ей удавалось быть нам всем действительно бабушкой. Но при этом еще и абсолютно гениальной бабушкой, которая приезжала к каждому из нас, таскала нас по книжным магазинам, говорила с нами, к которой мы приезжали во Францию, говорили, играли во флиппер, занимались всякими разными вещами. Я говорила об этом с папой — у нее не было ни малейшего не то что желания, а даже мысли на кого-то давить. В семье, наверное, это очень важное качество, потому что, когда она приезжала ко мне и к Артуру, водила нас, маленьких, по книжным магазинам, а мы говорили: «Я хочу "Гарри Поттера"!» – или что-то такое, она никогда не говорила: «Нет, не читай этого!» Она говорила: «Я тебе этого не куплю, но вот тебе деньги, покупай сам!» Это было гениально. Помимо этого, конечно, мы все осознавали, кто она такая и что она сделала, поэтому, когда были похороны — на которые я, спасибо большое Саше Поливановой и всем, кто в этом участвовал, успела, — а ее хоронили на Пер-Лашез, где также похоронен Джим Моррисон, один из наших кузенов сказал Петьке:

— Твоя бабушка крутая, она будет лежать на одном кладбище с Джимом Моррисоном!

На что Петька ему ответил:

— Нет, это Джим Моррисон крутой, он будет лежать на одном кладбище с моей бабушкой!

2.

...Если бы не бабушка, я бы ни за что не села за клавиатуру и не стала бы это всё писать.

Начну с чего-нибудь недалекого. Недавно я сняла огромный подвал, в котором мы с моей подругой пытаемся сейчас сделать мастерскую. Наша с бабушкой последняя встреча была как раз в тот день, когда мне предстояло увидеть это странное место. Тогда она сказала, что в следующий раз, когда приедет, весной, она остановится у меня, так как подвалы ее совсем не пугают. Еще в детстве она какое-то время жила в подвале. Там было ужасно сыро, и ее бабушка, Анна Федоровна, часто перекрашивала стены, так как от сырости с них всё время облезала краска. Бабушка на удивление редко рассказывала мне о детстве и вообще о ее неполитической жизни в России. Может быть, она считала, раз уж я здесь живу, то мне и не очень интересно будет об этом слушать. Даже самая запомнившаяся мне история про ее маму, Евгению Семеновну, происходила в парижских декорациях. Бабушка рассказала ее, когда мы гуляли по Парижу и я в очередной раз пожаловалась на то, что совершенно в нем не ориентируюсь. Собственно, это даже не история, а так, фраза. Приехав в Париж, Евгения Семеновна сказала: «Тут каждая улица невероятно красива! Ведь, посмотри, Наташа, все дома разные!»

У бабушки к каждому городу было какое-то свое отношение. Даже так с каждым городом у нее были свои отношения. Например, когда где-то в Париже решили проложить трамвайную линию, она воскликнула: «О! Это для меня! Я ведь обожаю трамваи!» Это так и было. В Москве, когда я жила на «Шаболовской», от моего дома до «Октябрьской» или до «Чистых Прудов» мы ездили исключительно на трамвае.

Наверное, говорить о близких людях всегда сложно. Ты не можешь вот так взять и сказать: она была такой-то и такой-то, или рассказать какой-то определенный момент ее жизни, чтобы все сразу поняли, какой она была. Не выстраивается полная картина. Только куча мелочей.

Вот мы в Париже, и бабушка в который раз заказывает *"Un café serré, et une grenadine pour la jenne fille"**. Вот она в Москве, на презентации «Полдня», стоит на сцене и выглядит очень маленькой, но, может быть, мне кажется, потому что я плохо ее вижу: в этот момент я ее «цветоносец», то есть завалена букетами выше глаз. Вот мы в Петербурге, у меня единственный выходной на съемках, я бегу встречаться с бабушкой, она звонит и просит срочно купить ей колготки. А я в Питере третий раз в жизни, опаздываю, теряюсь и в итоге отдаю ей свои колготки. Синие, в мелкую звездочку.

---

* Крепкий кофе и гренадин для девушки *(фр.)*.

Она, кстати, была в моей жизни главной «подружкой». То есть именно с ней мы долго и с удовольствием ходили по парижским рынкам, приобретая какие-то цветастые юбки, всё время делали друг другу комплименты в адрес новой кофты-юбки-куртки, менялись одеждой. Причем обмен одеждой начался удивительно рано, когда мне было лет двенадцать. Нет, конечно, мы говорили обо всяких-разных умностях вроде политики или литературы с поэзией. Именно благодаря бабушке я сумела по-настоящему полюбить разную поэзию, а не зацикливаться на двух-трех любимцах. Но всё равно это волнительное чувство, когда бабушка говорит: «Мне тут пара кофточек в спине маловата».

Для меня этот обмен носил еще и какой-то символический характер: казалось, что вместе с рубашками-юбками мне от нее передаются ум, сила, стойкость, отвага и прочие, какие-то нечеловеческие качества. То, что отражалось на всей ее жизни, на непринужденности, на том, как и что она говорила. Да что уж там, по-моему, у нее получались стойкие котлеты и отважные супы! Теперь я ношу ее часы и каждый раз, смотря на них, думаю, что эта сила со мной.

Как личность она казалась мне недосягаемой. И только теперь я понимаю, что можно быть на нее похожей.

Сейчас я отважилась выучить польский. Как раз на днях пришлось очень пожалеть, что не могу рассказать ей, как меня рассмешило слово «вализка» — «чемодан». *Valise* — чемодан или просто дорожная сумка по-французски, а суффикс «к» и так уже всем понятен.

Наталья Горбаневская

ПИСЬМО ВНУЧКЕ НЮСЕ

Милая моя Нюся!

Я только что (4 февраля, а пишу 6-го) вернулась из Нью-Йорка, где был фестиваль под громким названием «Шедевры русского андеграунда», и я оказалась одним из этих «шедевров». Фестиваль устраивало тамошнее общество камерной музыки, и музыкальная программа была действительно вся потрясающая. Я не была на первом из трех концертов, так как нас, стихотворцев, пригласили не к началу фестиваля, но видела его программу: Шостакович, Шнитке, Уствольская (которую я никогда не слышала, но один мой нью-йоркский приятель сказал, что для него это оказалось самым замечательным) и прочие. А в тех двух концертах, которые я слышала, самое сильное впечатление на меня произвели сочинения Сильвестрова и Канчели. У вас в Москве их, конечно, играют, так что поди послушай когда-нибудь. Ходишь ли ты вообще на концерты? Думаю, что да, раз сама начинала учиться музыке. Мне очень жаль, что ты бросила: у меня у самой ни слуха, ни голоса, и я всю жизнь завидую музыкантам.

Кроме концертов и лекций о музыке советских времен (ты видишь, что «русский андеграунд» тут был очень условен: кроме украинца Сильвестрова и грузина Канчели, были и люди из других бывших советских республик, а ныне самостоятельных государств), на фестивале была выставка двух фотографов и два поэтических вечера (и к ним тоже лекция-дискуссия о поэзии, но я туда не пошла, так как дискутировали по-английски, а я по-английски ненамного больше могу сказать, чем «Ай донт спик инглиш», а понять — еще меньше. Я ведь довольно глухая и поэтому на всех языках говорю лучше, чем понимаю, — а можно сказать и так: понимаю еще хуже, чем говорю).

Сначала организаторы фестиваля планировали эти вечера как некий довесок, и план был такой, что два русских поэта, живущих в Америке, будут читать на этих вечерах стихи разных русских поэтов в оригинале, а американские поэты — в переводе. Но потом они (организаторы) где-то достали денег и пригласили поэтов из России, Европы и самой Америки — оплатили дорогу, гостиницу и еще дали на карманные расходы. Поэтому стихи в оригинале читали сами авторы, а в переводе — как и планировалось, два американских поэта.

Но мне позволили прочесть еще и стихи без перевода, так как на время фестиваля как раз приходилась седьмая годовщина смерти Иосифа Бродского, и я прочла стихи, которые когда-то написала, узнав о вынесенном ему приговоре (знаешь ли ты всю эту историю? — если нет, найди и прочти; если не найдешь, я тебе напишу, как это было), а потом тот стишок, что написала на его смерть («Новые восьмистишия. 7»). Я их тебе посылаю, чтобы ты видела, что к чему.

Перед «Тремя стихотворениями Иосифу Бродскому» я все-таки попросила перевести мое к нему объяснение, так как оно имело прямое отношение к камерной музыке, а значит, могло быть интересно и организаторам, и слушателям, среди которых, наверное, было немало постоянных посетителей концертов этого общества. Эти стихи я написала, как выше сказано, узнав о приговоре Бродскому (его приговорили к пяти годам ссылки за «тунеядство», а на самом деле — за то, что он писал стихи, которые не нравились советским политическим и литературным властям), а узнала я об этом в антракте концерта камерного ансамбля старинной музыки под управлением Андрея Волконского (тоже, кстати, замечательный композитор, и его тоже играли на этом фестивале; а в СССР его сочинения исполнялись всего лет шесть, последний раз в 62-м году, и в 73-м он эмигрировал); в программе концерта был среди прочих старинных композиторов и немецкий композитор XVIII века Телеман. Вот отсюда в стихи Бродскому попали и музыка вообще, и Телеман — «дальночеловек» (Telemann: Mann — по-немецки «человек», а «теле-» — по-гречески «дально-», как в телефоне, телеграфе и вообще всякой телесвязи).

Поэтические вечера прошли с аншлагом, т. е. все билеты были проданы, и даже мы не могли помочь своим знакомым, которые не позаботились обзавестись билетами заранее. Причем публика была большей частью чисто американская, хотя и тамошних русских было много. Газета «Нью-Йорк таймс» написала, что такого — чтобы на поэтические вечера были проданы все билеты — не бывает, «потому что не может быть». Правда, по рассказам моих нью-йоркских друзей, в Америке сейчас вообще резко повысился интерес к поэзии и, более того, к стихам с рифмами и метрическим ритмом (если каких слов не понимаешь, напиши мне, я тебе всё в следующем письме объясню). Интересно, что такой поворот (а то у них все писали верлибром) отчасти связан с распространением музыки «рэп» и пения в ее ритмах. Ты, наверное, знаешь, что такое «рэп», а я вот только знаю, что такой вид музыки существует, а что это такое и с чем ее едят — понятия не имею. Но спасибо ей за то, что заставляет слушать стихи.

Кроме того, в те же дни у некоторых поэтов были выступления перед русской публикой. У меня даже два, и на первом среди слушателей был, например, Михаил Барышников. Если ты не знаешь, кто это, спроси у мамы.

Когда я приехала в Нью-Йорк, там стояла почти русская зима. Снег лежал отчасти и на улицах, а в Центральном парке всё было бело. Я раньше несколько раз бывала в Нью-Йорке, но до Центрального парка у меня всё как-то руки не доходили (то есть ноги). А в этот раз я жила в гостинице в двух шагах от него, и, когда собралась в музей «Метрополитен», оказалось, что самый короткий путь — пройти наискосок через Центральный парк. Когда я пошла в музей «Метрополитен» второй раз, то я немного проехала на автобусе, а потом пошла опять по Центральному парку, по его северной окраине (я жила почти на углу западной и южной), и там был каток, который расчищали от снега, но еще никто не катался, это было утром. Перед катком — памятник Гансу Христиану Андерсену вместе с Гадким Утенком, который поставила датская община США, а за катком — тоже бронзовая Алиса с Белым Кроликом (но он не белый, а опять-таки бронзовый), Сумасшедшим Шляпочником и Чеширским Котом, и вокруг них — детская площадка. И уже в самом углу парка — еще одна детская площадка, и написано на бронзовой же табличке, какой миллионер позаботился о том, чтобы ее тут устроить; перед ней стоят Три Медведя — нет, Три Страшных Медведя: один — на задних лапах, готовый броситься, а по его сторонам — два на четырех лапах и тоже явно изготовившиеся к атаке. Но — нигде не написано, кто автор этой скульптуры. Я специально обошла ее всю вокруг... нет, ничего, никакой таблички, ни бронзовой, ни хотя бы фанерной: скульптор остался неизвестным.

А в музей «Метрополитен» я попала тоже впервые в жизни. Когда я это сказала по телефону твоему дяде

Ясику, он меня спросил: «Так зачем же ты раньше туда ездила?!» И он прав: если у человека даже нет никакой другой цели, то ради одного этого музея стоит поехать в Нью-Йорк; а если есть другая цель, как она была у меня всегда, в том числе и теперь, — всё равно надо идти в музей каждый раз. Недаром, побывав там единожды, я через день отправилась туда снова. Там множество замечательных картин, но меня больше всего потряс Дега.

Знаешь, у нас в Париже есть замечательный музей Орсе (когда ты приедешь, мы обязательно туда пойдем), где самое лучшее в мире собрание импрессионистов и постимпрессионистов (это вообще музей XIX века), но Дега в музее «Метрополитен» не уступает нашему парижскому собранию. А кроме того, вообще, когда я стояла перед этими картинами, у меня было ощущение (которого раньше никогда не было даже в Орсе), что Дега — попросту «лучший художник всех времен и народов». Там и другие замечательные художники, такие «самые главные», как Сезанн, Ван Гог, Эдуард Мане, но все-таки и в Париже, и в Голландии (где два музея Ван Гога) я видела всех этих художников побольше картин, и зачастую более важных, а Мане еще замечательный есть в Лондонской национальной галерее. Посылаю тебе несколько открыток Дега, Сезанна и Ван Гога из собрания музея «Метрополитен». (Пойдя во второй раз, я видела и старых художников: голландцев, итальянцев — зал старых испанцев был закрыт, — но от них все-таки опять вернулась к Дега.)

Всё это письмо я пишу под Окуджаву, под компакт-диски, которые купила в Нью-Йорке, а точнее, на Брайтон-Биче. Это такой район, где живет великое множество русских эмигрантов. Идешь — вывески на магазинах и ресторанах по-русски (конечно, и по-английски). И там я тоже побывала впервые — видишь, сколько у меня было «впервые» в Нью-Йорке в мои почти 67 лет. А представляешь, сколько у тебя в жизни будет всяких «впервые»! Только в Париже, когда приедешь, ты побываешь уже во второй раз. Но в музее Орсе — впервые!*

Артур Зеданья, внук
МЫ НИКОГДА НЕ БЫЛИ ТАК БЛИЗКИ, КАК ТОГДА...

Через семь месяцев ты уже не знаешь, как упорядочить (да и нужно ли это вообще?) и что делать с массой воспоминаний. В самые неожиданные моменты некоторые детали влекут за собой цепную реакцию памяти. Оказывается, то, что было более двадцати лет назад, и все последующие события возникают в памяти бок о бок и создают сложный образ, переливающийся столькими цветами, что я не в состоянии описать его словами.

В разговорах все выглядит по-другому: под влиянием эмоций, порыва все как бы оживает, а вот написанный текст неизбежно несет в себе прошлое как законченный период, как историю.

И вот я, мой брат Петр и двоюродная сестра Анна сидим в декабре в квартире бабушки Наташи и слушаем ее любимого Армстронга и другие ее виниловые пластинки. И нас четверо, а не трое. Мы никогда не были так близки, как тогда. Удивительное дело эти моменты, когда внезапно наши родственники, друзья

* «Русская мысль», № 4443, 13 февраля 2003.

и незнакомые люди под влиянием одного человека становятся близкими, находят общий язык или несколько общих языков одновременно и становятся еще более человечными в отношениях друг с другом. Просто невероятно.

Тот путь, который обозначила моя бабушка, — путь трудный, сложный и нередко идущий вопреки всем и всему, — навсегда изменил меня и будет продолжать изменять. Это невозможно высказать или написать; единственное, что я могу или даже обязан сделать, — это упорно пытаться выразить это собственной жизнью.

Несколько дней назад я открыл банку с баклажанной икрой и вспомнил, как мы вместе с бабушкой в маленькой кухне готовили огромную кастрюлю этой икры, — и сразу ожили все воспоминания, связанные с этой кухней.

— Артур, поставь суп на плиту, пельмени в холодильнике, и сметану возьми...

Это бабушка Наташа кричит мне из-за рабочего стола, сквозь облачко табачного дыма, в перерыве между компьютерным маджонгом и переводом или между переводом и компьютерным маджонгом.

Петя Горбаневский, внук
ХОРОШИЕ ВЕЩИ

Когда я был маленький, мне много говорили о бабушке. Что она — герой, что она — поэтесса.

Но для меня она была прежде всего моей бабушкой, которая водила меня играть в соседний парк к фонтанчикам. С ней мы ходили в кафе играть во флиппер. Она водила меня в церковь в воскресенье утром.

Вырастая, я стал понимать ее важность кроме того, что она была моей бабушкой. Я понял, что это человек, который сражался за свои убеждения, за хорошие вещи. Для меня это пример.

У меня с ней было много общих замыслов. И хотя ее с нами больше нет, я буду их осуществлять. Потому что она с нами — в стихах, которые я открываю для себя, или в наших мыслях.

Иван Боганцев, сын Алексея Боганцева
ЕЙ БЫЛО НЕМНОЖКО ОДИНОКО

...Я действительно в последние годы много общался с Натальей Евгеньевной. В 2007 году я поехал учиться в Париж, и Варя Бабицкая передала мне для нее блок сигарет. Это была спланированная акция, потому что она понимала, что Наталье Евгеньевне там немножко одиноко, и мне будет немножко одиноко. Наталья Евгеньевна меня очень тепло приняла, три года я там жил — я возил ей сигареты, она меня кормила борщом из телячьих хвостиков. Я немножко жалею, что не научился его готовить, но у меня еще есть такая возможность. У нас были очень похожие встречи, я приходил вечером, она тепло принимала, знакомила со своими друзьями, а я ее со своими. Вот говорят про ее безбытность... Не знаю, может быть, я, как человек молодой, тогда ее не замечал, хотя сейчас задумываюсь и понимаю, что она существовала. Была небольшая проблема с пепельницами, которые Наталья Евгеньевна оставляла в неожиданных местах, их было очень много всегда, они всегда были полные, но меня впечатляло другое — я очень хорошо помню, как первый раз в квартире на

Алезиа попросил показать мне туалет, а она сразу заявила, что на этом унитазе сидело три нобелевских лауреата! Было еще кресло Бродского, тоже в квартире на Алезиа, потом, когда она переезжала, она просто его выбросила, и этого я не прощу ни себе, ни ей. Огромное резное кресло ушло на помойку как раз тогда, когда у меня родилась дочь и я улетел в Москву. Это характеризует черту, ужасно мне симпатичную в Наталье Евгеньевне, — какую-то простоту. Она по-простому общалась со мной, с ее гораздо более уважаемыми друзьями. Что еще сказать? Конечно, в Париже ей было немножко одиноко. Мне потом стало менее одиноко, ко мне приехали жена и дочь, они тоже очень подружились, и Наталья Евгеньевна потом всегда передавала моей дочери в Москву книги, которые мы до сих пор читаем. Ей было одиноко, и единственное, что я могу поставить себе в заслугу, помимо встреч в аэропортах, что однажды, когда мы сидели с ней вечером, и я как раз задумался над тем, как скрасить ее быт, я придумал завести ей ЖЖ. Мы сразу же сели и завели, очень хорошо помню, как мы долго выбирали ей ник. На моей жизни это сказалось так — пришлось немедленно покинуть ЖЖ, потому что я, конечно же, не справился с энергетикой Натальи Евгеньевны, которая канализировалась в одно русло. С другой стороны, наши встречи приняли неожиданный оборот, потому что я приходил к ней в гости, мы начинали спорить с другими гостями, а Наталья Евгеньевна садилась за ЖЖ, и так пробегало четыре часа. В конце она вставала, обнимала меня, и мы расходились.

Лев Оборин

Я ПОМНЮ ОЩУЩЕНИЕ АБСОЛЮТНОЙ РАДОСТИ

Когда я был маленьким, мама мне много раз рассказывала о демонстрации в 1968 году на Красной площади. Я не мог подумать тогда, что буду знать Наталью Евгеньевну Горбаневскую. А вот году, кажется, в 2007-м появилась она (и мы теперь знаем, благодаря кому) в «Живом журнале». Сразу, естественно, я добавил ее в свою ленту, читал каждый день, и меня поражало, насколько этот человек старшего поколения щедр по отношению к тем, кто идет следом уже даже не через одно поколение. Кто-то писал после ухода Натальи Евгеньевны, что попасть в ее личную антологию стихов было большой честью, больше, чем опубликоваться в любом сборнике или получить любую премию. В 2009 году вышло новое издание ее книги «Полдень», и тогда я впервые слышал ее чтение на Петровке в клубе «Улица ОГИ», которого больше не существует. Она, наверное, читала во всех тех литературных клубах, которых больше нет, которые перестали существовать буквально в последние годы, и такое ощущение, что вместе с нею уходит и эта литературная эпоха. А в 2010 году случилась катастрофа под Смоленском, упал самолет польского президента, и тогда я, незадолго до этого вернувшись из Польши, написал об этом стихотворение, которое разместил у себя в журнале Данил Файзов, а потом от него уже Наталья Евгеньевна. Она много раз говорила об этом стихотворении, что для меня было большой честью, хотя, конечно, повод был очень горький. Она показала стихотворение Адаму Поморскому, блестящему польскому переводчику, он его перевел и напечатал в *Gazeta Wyborcza*. Как-то с тех пор мы стали с ней переписываться, видеться, когда она приезжала в Москву, один раз я, придя на ее вечер, донес сумку с книгами до того места, где она тогда жила, — это была квартира Юрия Фрейдина. Она меня не узнала сразу, узнала, только когда мы уже добрались до метро. Я совершенно не помню, о чем тогда шел разговор, помню только ощущение залитой желтым электрическим светом кухни и какой-то абсолютной радости, когда я уже практически вприпрыжку шел домой. Потом было много всяких встреч, множество прекрасных историй, которые она рассказывала. В 2012-м был во Вроцлаве семинар переводчиков Чеслава Милоша. Незадолго до этого вышла ее книга под названием «Мой Милош», на которую я писал рецензию, и вот это ощущение «своего», ощущение личного выбора было в книге очень важным. Наталья Евгеньевна сделала для русских переводов Милоша вещь очень значимую: она перевела не только его стихи и поэтический трактат, вещь очень сложную для восприятия и перевода, но и много его эссеистики, благодаря которой мы сейчас понимаем величие Милоша как мыслителя. На тех семинарах, где мы разбирали наши переводы стихов Милоша и потом переводы из Тадеуша Ружевича, она предложила мне звать ее Наташей и на «ты», что меня очень смутило, и я никак не мог внутренне смириться с тем, что такая честь мне оказана, но она на этом настаивала, и в последний год жизни я так ее называл. И вот буквально девять-десять дней назад я еще был уверен, что мы увидимся с ней здесь, в Москве, что вчерашний день, который был днем оглашения результатов конкурса переводов Ружевича, будет днем встречи с нею, и очень горько было видеть ее черно-белый портрет вместо того, чтоб видеть ее. Говорилось об этом и на прекрасном вечере памяти, в клубе «Китайский летчик Джао Да», где она один раз выступала. Это был вечер воспоминаний о ней, в первую очередь как о поэте, там читали стихи люди, для которых ее поэзия сделала очень многое. Для кого-то она стала первым открытием неофициальной новой, по-настоящему мощной поэзии, остававшейся вроде бы в рамках поэтической традиции, а на самом деле глубоко ее обновлявшей. Для кого-то эти стихи стали спутниками в мире новых поэтических книг, а ее книги выходили в последнее время, слава Богу, часто, и так получилось, что все после «Чайной розы» у меня были, на какие-то из них я откликнулся отзывами. Часть этих книг сейчас со мной, я что-то из них прочту. Я хотел еще только сказать, что в эти дни очень много писалось о ней как о диссиденте, как о деятеле по-настоящему историческом, и хотелось бы, чтоб точно так же много писалось о ней как о поэте... Она — один из самых выдающихся за последние полвека поэтов, по моему глубокому убеждению. Два ее стихотворения я прочту.

> Всё исчерпывается,
> исчерчивается, как лёд коньками,
> и колется, как стекло.
> Всё истачивается,
> истаптывается под башмаками
> и как будто уже утекло.
>
> Всё истощается — и почва, и толща
> океанских вод.
> И ты источаешь без страха и молча
> свой постепенный уход.

Второе стихотворение называется «Вариация на мотив Бачинского», и история, которую она рассказывала, стоит за этим стихотворением: она не могла много
лет перевести одно стихотворение Кшиштофа Камиля
Бачинского и решила написать собственное. Я не
знаю, почему она относилась к нему как к такому, что
хуже стихотворения Бачинского. Ну, понятно, почему,
потому что она была человеком скромным и щедрым,
но это стихотворение мне нравится и кажется совершенно чудесным.

Тех любовей, что за нами
вдаль плывут под парусами,
что, как чайки над волнами,
позабыть велят, а сами

ничего не забывают,
даже если уплывают

по реке-реке до устья,
по волнам-волнам до неба,
тех, что нет, не поддаются,
и ни Висла, ни Онега

их не вхлынет, не потопит
и глушилки не заглушат,
тех любовей — вот мой опыт —
ненависти не удушат.

Поэтка. Книга о памяти: Наталья Горбаневская

И опять необходимо сказать несколько слов от себя, про Иру Максимову — самую близкую, вероятно, подругу Наташи. Всю жизнь она служила Наташе, без тени служебности, помогала во всех делах без какого бы то ни было оттенка снисходительности или повышенного почтения, спокойно и без всякой извинительности во взоре говорила «не нравится», когда что-то в Наташиных делах или стихах не нравилось, никогда ничем не жертвовала, но всегда была на месте, помогала легко. Ира была сердечницей, умерла, как все сердечники, неожиданно, для Наташки это был сильный удар. Дочка Иры, Оля Сипачева, была в детстве вундеркиндом, мало что замечала вокруг себя, а теперь профессор математики на мехмате. Там все бывшие вундеркинды. Так что Ира, кроме того что была подругой Наташи, была еще матерью очень неординарной девочки. И то и другое непросто, но она несла всё легко и весело. Вскоре после Ириной смерти, 18 сентября 2012 года, я получила от Наташи письмо по электронной почте — «Ты, наверное, уже знаешь, что совсем недавно, 7 сентября, умерла моя Ирка. А сегодня — Витька. Олька за десять дней потеряла мать и отца. Наташа». Витька — Виктор Сипачев — муж Иры Максимовой, отец Оли.

Телефон, по которому я позвонила Оле, был тот самый, который был последним московским телефоном Наташи, потом по этому телефону я звонила Евгении Семеновне, а после того как совершился обмен, это уже был телефон семьи Максимовых — Сипачевых, где теперь оставалась только Оля. Я попросила ее написать о Наташе, но, как выяснилось, Наташа мало занимала эту особенную девочку. Но рассказы ее об Ире, Евгении Семеновне и том времени полны поразительными деталями.

Л.У.

Людмила Улицкая

Оля Сипачева,
дочка Ирины Максимовой

«ЧТОБ ТЕБЕ ДОБРО БЫЛО...»

Моя мама, Ирина Родионовна Максимова, всегда называла себя «лучшей подругой Горбаневской». Видимо, так оно и было. Познакомились они, по-моему, в университете, а может, еще в процессе поступления (на филфак). Наташа была на год старше, но мама была моложе всех с ее курса — она слишком рано пошла в школу. Я знала и других близких маминых университетских подруг — и тех, с которыми она жила в общежитии, и московских. Почему-то эти подруги с Наташей не пересекались, совсем; по крайней мере, я никогда не видела их вместе — ни у нас дома, ни в гостях. Видимо, Наташа была особенной подругой. И дети у мамы и Наташи появились примерно в одно время (Ясик меня старше года на три-четыре, а Ося моложе). Я знаю, что в годы учебы мама иногда ночевала у Наташи, но это вообще, кажется, было (и остается) принято у дружных молодых людей.

В моем детстве Наташа была, но как бы в другом измерении. Виделись мы часто, а знакомы не были. Такое впечатление, что тогда она еще просто не научилась общаться с детьми (может, даже и со своими собственными). Я не помню ее совсем; единственное, что встает перед глазами-ушами, как она своим особенным способом произносит «Ирка». Я помню, как мы с мамой ездили к ней в гости на Новопесчаную улицу, помню большой двор, окруженный огромными кирпичными домами со всех сторон — похоже на замок (на детский глаз) и как-то страшновато; жила она со своим семейством в большой (по сравнению с нашей хрущобой) коммунальной (а может, и нет) квартире. Там была маленькая комната, полностью заваленная какими-то бумажками и книжками, — в этой комнате мама с Наташей бесконечно долго болтали, причем, кажется, о каких-то бумажных (хронических?) делах; изредка Наташа отрывалась от болтовни, чтобы покричать (так они разговаривали — она, ее мама и Ясик с Осей). Был еще коридор, по которому я пыталась кататься на чьем-то велосипеде, еще какие-то наполненные Евгенией Семеновной, Ясиком, Осей и криками помещения и дверь, которую ни в коем случае нельзя было открывать (чужая?). Мне казалось, что за дверью сидит и боится незнакомый человек...

Конечно, мама рассказывала... про стихи, про то, что Наташу сама Анна Андреевна хвалила. Еще про то, что ее с филфака выгоняли из-за физкультуры, а она снова поступала, и чуть ли не несколько раз. И про попытку самоубийства знала с подробностями. Однажды мне перепала пористая шоколадка (тогда это был большой дефицит), и мама рассказала, что, когда Наташу посадили, она велела передавать ей «шоколад только пористый, колбасу только сырокопченую». Еще я знала, что в их доме главной была Евгения Семеновна — она всех опекала, растила и контролировала самые ничтожные бытовые мелочи, и из-за этого Наташа до самого отъезда оставалась в некоторых отношениях маленькой безответственной девочкой. Однако зарабатывать ей приходилось, а на работу в ее положении устроиться было непросто (а может, нельзя было работать на слишком многих работах сразу). Поэтому она занималась переводами под маминым именем, и мама ездила получать ее гонорары. И еще у меня был Ясиков велосипед.

Однажды к нам приехала тетя Женя (Евгения Семеновна) и как-то даже весело рассказала, что вот только что к ним домой приходил милиционер и строго спрашивал, тут ли живет мальчик «Ярославль» (ее это очень развеселило, она много раз потом вспоминала). Оказалось, что Ясик попал под машину и сломал руку. Веселого тут, конечно, мало, но я представляю, как она успела испугаться, так что сломанная рука оказалась большой удачей.

Потом они переехали на «Войковскую», и сразу же (или даже раньше) началась долгая история с подготовкой к отъезду в Париж. Самой главной проблемой было уговорить Евгению Семеновну. Ехать она не хотела ни в коем случае, а жизни тут без «своих детей» тоже не представляла. В общем, время было ужасно нервное. А потом были грандиозные проводы. Я не ходила, а родители ходили и рассказывали, что больше всего Наташу волновала большая проблема — надо ли мыть перед Европой ноги. Говорят, в аэропорту последние слова, которые она прокричала, уже уходя, были «Мама, поменяйся с Ирой!». Евгения Семеновна завет выполнила, а это было непросто — сдвинуть с места (в смысле сложной деятельности вроде квартирного обмена) мою маму под силу далеко не каждому. Даже у тети Жени на это ушло восемь лет, а кто другой вообще вряд ли справился бы.

Мама всегда считала, что у Наташки (иначе она ее не называла) обычных эмигрантских проблем, вроде ностальгии, просто не может быть. К отъезду она (Наташка) относилась очень легко и в Париже сразу с головой окунулась в работу и новую жизнь. С деньгами, правда, было туго, в частности, из-за детей — они долго не могли пристроиться. И еще она пристрастилась к игровым автоматам — тоже расход. Кончилось это тем, что на очередной день рождения (а может, и на какой-то юбилей) парижские друзья подарили ей собственный игровой автомат — установили прямо у нее дома. В общем, жизнь била ключом. И вот, по-моему, через шесть (или восемь?) лет после отъезда Наташа вдруг сказала моей маме (по телефону), что она уже начинает понемногу привыкать.

Тетя Женя была очень деятельной и громкой. По молодости и глупости меня это раздражало. К тому же я не могла понять, как можно было отказаться ехать вместе с «самыми близкими, родными, дорогими» и пр. и при том всё время жаловаться, что она осталась без них. У нее и фраза кодовая была — «Я их никогда не увижу, никогда», после которой она начинала плакать. Толстой со своей «Войной и миром» (там в самом конце подходящее описание) некстати вспоминался. Потом-то я начала понимать, что всё совсем не так просто, но поначалу было неприятно. А еще потом случилась перестройка, и оказалось, что в Париж можно и съездить. Я, честно говоря, чуть-чуть (совсем чуть-чуть) боялась, что тетя Женя и тут откажется, но она, слава Богу, отказываться не стала. Поехали они вместе с моей мамой (хотя, может, это было и не в самый первый раз — не помню). Мама не то чтобы боялась, но немного нервничала из-за тети Жени — все-таки совсем старуха, а тут самолет, да еще и в Париж, да еще и к детям-внукам... Конечно, неспокойно. Мне и самой было сильно не по себе. И вот, пока мама оглядывалась, тетя Женя успела завести дорожное знакомство и начала весело щебетать с какой-то парижанкой — по-французски, конечно, и совершенно без всяких затруднений. Как-никак классическое образование — в гимназии обучалась, не где-нибудь.

Тетя Женя приходила к нам (сначала на «Молодежную», а потом и в свою бывшую квартиру на «Войковской») каждую неделю. Обязательно приносила черные сухари (сама сушила) и клюквенный кисель (сама варила) в качестве гостинцев. Я уж не знаю, как началась эта странная традиция, но так было всегда. Иногда приносила для меня бананы. Их можно было купить (хотя и редко), но с огромной очередью, и всегда недозрелые. Она эти очереди выстаивала (она часто выстаивала огромные очереди, чтобы что-нибудь для кого-нибудь купить или сделать), заворачивала бананы в газету и укладывала их в теплое место — дозревать, и потом приносила их мне по мере вызревания (а иногда и недозрелые). В гостях она проводила часа два и всё время что-то рассказывала — у кого была, кто что кому сказал и прочие глупости. Меня это всегда удивляло — ведь она обязательно каждый вечер звонила маме по телефону и час или два докладывала о событиях дня. Я просто не понимала, откуда могло взяться столько информации. С другой стороны, жизнь у нее была очень насыщенная, она все время проводила в разъездах — кому-то помогала, за кем-то ухаживала, к кому-то просто в гости ездила. Опять же, о Мише и Моте заботилась. Со мной она тоже иногда болтала. Вообще, с ней-то мы как раз были неплохо знакомы (не то что с Наташей), только я была сначала маленькая и глупая, а потом молодая и глупая. Многое в тете Жене меня тогда раздражало. Например, манера собирать со стола крошки — теперь-то я понимаю, что это не она одна такая была, а поколение, манера заводить долгие беседы, не заботясь о планах собеседника (это нормальная командирская линия поведения — слишком долго ей пришлось единолично быть главой большой семьи), и скромное, но назойливое хвастовство: например, она любила повторять (слишком часто), что ее самое страшное ругательство — «чтоб тебе добро было» (но она и действительно, если без глупостей, была по-настоящему доброй и самоотверженной). А ведь иногда она рассказывала чрезвычайно интересные вещи — жизнь-то у нее была мало того что долгая, так еще и весьма насыщенная. Жаль, что я ничего не запомнила. Наташу она, кажется, боготворила. И еще она (тетя Женя) была смешная. Когда разговор касался не вполне лояльных тем, она, во-первых, понижала голос; это было совершенно бессмысленно, потому что даже шепот у нее был театральным, и всё, что она говорила тихо, можно было услышать с улицы, совершенно не напрягаясь. А дикция у нее была такая, что не разобрать хотя бы одного слога было невозможно. Кроме того, она начинала «кодировать информацию» — например, говорила «отец двоюродного брата ее сына» и обязательно добавляла: «Ты меня понимаешь?» Мне кажется, тетя Женя вела дневник. И это совершенно точно — все важные вещи, например, содержание телефонных разговоров с Наташей, она записывала в особую тетрадку. А потом пересказывала эти разговоры маме, сверяясь с тетрадкой. А когда она была в Париже без мамы, она писала каждый день длинные письма — вместо дневника. И еще она до самой смерти каждый день делала зарядку. Правда, под конец она, что называется, сдала, даже затеяла какие-то отношения с поликлиникой. С мамой они стали видеться больше (жили мы теперь довольно близко) и часто ходили гулять в парк. В день тети-Жениной смерти они собирались пойти к кардиологу, тетя Женя еще вечером надела новую «комбинашку», чтобы прямо в ней утром и отправиться, да ночью во сне умерла. Меня тогда покоробило, что Наташа не попыталась приехать на похороны. Теперь я знаю про жизнь и смерть гораздо больше.

В детстве родители звали меня ежиком, и в какой-то момент я начала собирать маленьких ежей. Наташа прознала и стала передавать мне ежиков с разными оказиями. Мне казалось, что она это делала, чтобы опосредованно порадовать свою подругу. Вероятно, отчасти так и было, но еще, я думаю, она просто любила делать подарки. Однажды мне пришлось провести в Америке целый учебный год (на заработки ездила), так она мне прямо туда ежей по почте присылала. И письма писала, и даже звонила. Маме она тоже все время передавала и привозила всякие милые пустяки — безделушки, «канцелярщину» (Наташин термин) и елочные игрушки (для мамы елочные игрушки всегда были большой ценностью). Ну и, конечно, всякий там сыр, кофе и сладости. (Поначалу-то, конечно, были тонны тамиздатовских книжек, но это скорее не для мамы, а просто в Советский Союз.) У меня такое впечатление, что (как это ни парадоксально) Наташа сама питала слабость ко всяким безделушкам и елочным игрушкам. Кажется, они с мамой даже обменивались фотографиями наряженных елок, но боюсь соврать. Еще, говорят, у Наташи был «репортерский жилет» с миллионом карманов; она им очень гордилась и почти всегда ходила в нем.

Когда мама в очередной раз поехала в Париж, у Наташи появилась азалия (то ли купила, то ли кто-то подарил). И вот, чуть ли не через год, Наташа как-то позвонила (она звонила довольно часто, но в тот раз мамы не было дома) и специально попросила меня передать маме, что азалия зацвела. По мне, так это чудо — я несколько раз пыталась завести дома азалию, но через некоторое время они погибали, несмотря на все мои ухищрения. Видно, Наташа была не столь проста, как казалось.

Еще я забыла написать, что Наташа часто передавала или привозила большие конверты со своими уже набранными стихами. Мама их вычитывала, а потом передавала назад.

Я никогда не могла оценить по достоинству Наташины стихи. Впрочем, я знаю за собой особенную привередливость в этом отношении (меня и у Лермонтова только «Парус» устраивает), и мне вполне достаточно ахматовской рекомендации. Зато когда я поступила на мехмат и по какому-то поводу в беседе с одним моим близким приятелем-однокурсником упомянула фамилию Горбаневской, реакция была совершенно для меня неожиданной: как? Твоя мама дружна с самой Горбаневской?!! Рассказывай скорее — какова она, великая Горбаневская?

Николай Борисов,
сын покойного Вадима Борисова
ЭТО БЫЛО САМОЕ ДЫМНОЕ И АДСКОЕ ЛЕТО

Я помню с детства историю про смелых людей на Красной площади, просто упоминание в бытовых разговорах странного имени Горбаниха. Когда мне было лет четырнадцать, брат Митя, первокурсник РГГУ, устроил для своих однокашников у нас дома Наташин поэтический вечер. Ну и я всегда буду помнить Наташины строчки на папину смерть. Летом 2010 года, когда мама (Таня Борисова) уехала на лето, она сообщила, что у меня поживет Наташа; это было самое дымное и адское лето. Слава Богу, у меня был кондиционер и можно было не откры-

вать окон, но Наташа количеством сигарет компенси-
ровала дым от торфяных пожаров. Когда я открыл дверь,
выяснилось, что Наташин багаж потерян в аэропорту,
через пару-тройку дней его доставили. Узнал я об этом
еще у лифта, возвращаясь с работы, запах был «святых
выноси», через минуту я понял, что несет из моей квартиры, — весь холодильник был забит сырами, которые
несколько дней пролежали на адской жаре.

На мое предложение выкинуть сыры (я вообще па-
раноик, никогда не ем просроченные продукты) Наташа замахала руками и сказала, что это подарки друзьям. Мне стало страшно за друзей. Наташа не сда-
лась, и я честно кого мог предупредил, шепотом,
пользуясь тем, что у Наташи были проблемы со слу-
хом. Надо сказать, что у Наташи такие друзья, их сырами не возьмешь, а может, некоторые все-таки не стали
их есть?

Хранить в том холодильнике еду я не мог еще долго,
думал, придется покупать новый.

Перекличка
(На смерть Димы Борисова)

1.

Ни обмыть, ни обвыть. И в ужасе —
навернувшаяся просохла.
— Это в Апшуциемсе... — охнуло
стародавнее эхо, вслушавшись
в Танькин вопль
за тысячи верст.
Это небо над Балтикой — дождалось.

Как в колодец без дна, утекает
не по капле, а вёдрами дождь
(то есть жизнь, то есть даждь).
— И что же, мой до смерти друг...
Провалившийся клавиш заглох,
вцепившись в колючую горсть.

2.

Не прямо, не косо, но слов,
под нищий сбежавшихся кров,
узнаёма листва.
Когда карман пуст,
обрываешь ближайший куст
(не для славы и торжества,
но чтобы махалом густым
разогнать оседающий дым)
и сеешь, что есть, на погост.

3.

Там, наверху, — торжественно и чудно,
а тут — сметать разбитую посуду.
— Недалеко до Швеции, но трудно
туда доплыть.
                    — А звезды те же всюду.
Песок — просох, луга — отзеленели,
и ни одна звезда не смотрит в фас.
— Куда ж нам плыть?
                    — На тризну милой тени.
В последний раз
мы перекликнемся:
                    — Есть музыка над нами!
— Но музыка от бездны не спасет...

Филипп Дзядко
ШЕСТЬ ОТРЫВКОВ

1.

Я познакомился с Натальей Горбаневской в августе девяносто седьмого. Это был месяц гибели Вадима Борисова, ближайшего друга моего отца. Он утонул в Балтийском море.

Через несколько недель, я не помню точно, папа дал мне распечатку трехчастного стихотворения, которое мне очень помогло — это была «Перекличка» Горбаневской.

Этот текст произвел на меня такое оглушительное впечатление, что мне захотелось тут же написать его автору. И хотя в нашей семье фамилия Горбаневской часто упоминалась, я как-то умудрился не понять, что она — та самая, «одна из семи», одна из тех, кто давно уже в моем детском пантеоне занимали важнейшее место.

Мне показалось, что автор текста — молодая женщина, и я написал небольшой разбор ее стихотворения, стараясь называть все цитаты и переклички — то, чему учил меня Дима Борисов, дававший читать Мандельштама.

> Это небо над Балтикой — дождалось.
> Как в колодец без дна, утекает
> не по капле, а вёдрами дождь
> (то есть жизнь, то есть даждь).
> — И что же, мой до смерти друг...

Спустя пять лет я снова вспомнил это стихотворение. Мы жили на даче, мама убирала со стола на веранде, папа позвонил ей, что-то сказал, и тогда мы с братьями услышали мамин крик: в Москве умер Феликс Светов, мамин отец, мой дедушка. Это был тот крик, которым, читая и перечитывая Горбаневскую, кричали все, кто знал Диму Борисова в августе девяносто седьмого года, — у нас была «Перекличка».

Провалившийся клавиш заглох,
вцепившись в колючую горсть.

2.

После того письма о «Перекличке» мы стали переписываться. У нас в доме появились все издания Наташиных книг, с ее немного детским почерком, подписанные Людмиле Улицкой. И уже их названия завораживали — я возвращался домой и «перелетал снежную границу», шел по улице и повторял «который час», «который час», «который час», мыл кастрюлю и «тирим-тарам», и как будто горы заходили по горам.

Когда я приехал в Париж, мы встретились первый раз, я уже всё про нее успел прочитать и шел на улицу Гей-Люссака как будто в учебник истории и литературы, страшно боялся и мечтал об этой первой — уже реальной — встрече. Я не помню подробностей того первого свидания, помню знаменитое кресло и разговоры о той же «Перекличке» и «Бартоке», но главное — был суп и ощущение, что при чтении «Переклички» я не ошибся: этот великий современник, выдающийся поэт — моя ровесница, а то, что она старше меня почти на пятьдесят лет, не имеет никакого значения. За тем исключением, что она знает что-то такое, что не знает больше никто.

3.

Осенью 2007 года от Наташи пришло письмо — университет города Люблин награждает ее статусом почетного профессора и она предлагает поехать небольшой компанией в Польшу. Сейчас я понимаю, что о таких путешествиях надо снимать кино — нас было четверо: «великие Гарики» — Габриель Суперфин и Георгий Левинтон, Алексей Боганцев — один из лучших Наташиных друзей последних лет, ее чудесный волшебный помощник, и я. Мы ехали несколько часов из Варшавы в Люблин, с короткими остановками в придорожных кафе. У меня плохая память, а записывать происходящее было невозможно: это был классический роман дороги про четверых кавалергардов, сопровождающих даму, с необыкновенным ее триумфом в финале. И здесь мне снова казалось — Наташа не стареет, а, наоборот, превращается в девочку, совершающую смешное путешествие за сокровищами по своей любимой стране.

> — Недалеко до Швеции, но трудно
> туда доплыть.
> — А звезды те же всюду.

4.

Однажды я показал ей одно стихотворение, она сказала — «Так может быть, но если стихи можешь не писать, тогда их писать не нужно». Про стихи я и сам догадывался, а эта фраза помогла понять и многие другие куда более важные вещи.

5.

Переиздали «Полдень». Мы гуляли по Парижу, смеялись над шутками «великих Гариков», перебирали смешные созвучья, ели мороженое на бульваре. Рядом с ней ты в секунду — после первой ложки не самого вкусного супа или наспех приготовленных пельменей — забывал, как тебе повезло, а просто жил «нормальной жизнью», такой, какой эта жизнь, возможно, и должна быть. У Наташи это удивительно получалось — быстро перейти все снежные границы, разрешить называть себя Наташей и никак иначе, полная незаинтересованность бытом и комфортом — в том числе и твоим, бесконечная душевная щедрость, Питер Пэн, Пеппи Длинный Чулок, Робин Гуд из сказки, постоянная готовность к приключению. И каждый раз, когда ты прощался с ней, ты с какой-то сжимающей ясностью понимал: ты только что говорил с человеком невероятного мужества, героизма, отрицания любой пошлости и подлости. Только в «нормальной жизни», в дороге во Люблин, за столом с щавелевым супом эти вещи растворены в воздухе, они его часть.

6.

Когда она умерла, в это было трудно поверить. Смотришь на ее биографию, на годы жизни, на тексты, на свершения и поступки и видишь — это маленький великий университет. Смотришь на фотографию — и помнишь: это девочка, у нее еще столько всего впереди, всем окружающим на радость. И остается только крик, он же — перекличка. Она и с этим тоже успела всем помочь.

ОТ НАЧАЛА
ДО ПОСЛЕСЛОВИЯ

С Наташей меня познакомила подруга-художница в 1960 году. Подруга эта оказалась «служебным персонажем», она выполнила дело судьбы, свела нас с Наташей, и после этого исчезла и никогда в моей жизни больше не появилась. Я тогда и сама писала стихи, так что Наташино появление постепенно превратило меня из писателя стихов в слушателя, и слушателя восхищенного. У меня было такое чувство, что рядом с ней мне сказать нечего. И еще – что Наташа пишет «мои» стихи, но делает это гораздо лучше. Признаться, я до сих пор иногда пишу нечто рифмованное, но только самые близкие друзья эти мои произведения читают. Присутствие рядом Наташи тогда меня совершенно парализовало, и если я какие стихи и писала, то никому не показывала. Лишь много лет спустя, когда были напечатаны мои первые рассказы, Наташа мне сказала: вот это твое! А в шестидесятые годы я была одной из Наташиных слушательниц. До сих пор я больше всего люблю именно ранние ее стихи. Те самые, с которыми она приехала к Анне Ахматовой, и те, которые были «доахматовские». О дружбе Наташи с Анной Ахматовой будет написано отдельно – слишком большое место в жизни Наташи занимала Анна Андреевна.

Несколько лет тому назад, уже в Париже, я сказала Наташе, что она обозначила свое поэтическое пространство очень рано, и всю жизнь оставалась в этом огороженном поэтическом участке, не выходя за его пределы, но вскапывая всё глубже «свой огород». Наташа посмотрела на меня с некоторым удивлением и сказала – вот об этом и написала бы. Но об этом я так и не написала. Кто же знал, что вместо этого мне придется составлять книгу памяти Наташи.

Анализ ее творчества отныне в руках специалистов. Мое дело – собрать воспоминания.

Л.У.

Наталья Горбаневская
ТАК СЛОВА ПРЕВРАЩАЮТСЯ В СТИХИ

Нам с братом подарили Брэма, и там был такой разворот, я читала подписи под четырьмя картинками, и вдруг вижу, что это стихи:

Датский дог
Немецкий дог
Ирландский дог
Шотландский дог.

Так я обнаружила, как слова, которые не стихи, превращаются в стихи.

И еще «ирландский — шотландский» — рифма, а «датский — немецкий» — ассонанс, это вообще гениально. Я всё узнала про стихи.

...есть четверостишие, которое я сочинила в возрасте четырех лет и которое семейная память донесла, — четверостишие, которое опровергает все положения «От двух до пяти». Во-первых, оно написано ямбом, а не хореем, во-вторых, в нем присутствуют совершенно абстрактные понятия, а в-третьих — это уже не имеет отношения к «От двух до пяти», — в нем предсказана вся моя будущая поэтика:

> Душа моя парила,
> А я варила суп,
> Спала моя Людмила *(кукла)*,
> И не хватило круп.

То есть поэтика по принципу «в огороде бузина, в Киеве дядька», совершенно точно. Вдобавок я предсказала свое любимое занятие 1990—2000-х годов — варить супы. Как говорит мой старший сын: как только рухнула советская власть, мать начала варить супы. Это совпало. С тех пор я их варю, и всем нравится. Были ли еще какие-то стихи — может быть, и были, но семейная память не донесла.

...В пятом классе вторую половину учебного года я провела в лесной школе. Лесная школа — это было для детей со склонностью к туберкулезу. У меня была реакция «слабая положительная», но мама меня просто хотела вытолкнуть на две четверти из подвала. Лесная школа была в городе около Соломенной Сторожки. Это было замечательное, видимо, чье-то когда-то имение, потом перед войной там был интернат для испанских детей, потом их всех куда-то разослали и сделали лесную школу. И вот в этой лесной школе я начала сознательно писать стихи...

...Когда я была в лесной школе третью и четвертую четверти, январь—май, в феврале приходит учительница и говорит: «Поднимите руки те, кто умеет писать стихи». Надо было написать стихи ко Дню Красной армии. И масса мальчиков и девочек, которые подняли руку (эти две четверти я училась в смешанной школе). Я руку не подняла, но подумала: я могу попробовать. И написала стихи про Александра Матросова. Все написали стихи типа «Да здравствует славная Красная» и всё, а мои стихи были конкретные и всем понравились.

> Наш полк занимал деревушку,
> Мы бились всю ночь напролет,
> Добили последнюю пушку,
> Но тут застучал пулемет.

Дальше рассказывается про подвиг, а кончается:

> В глубоком молчанье мы шапки
> Сняли с своей головы,
> Мы комсомольца хоронили,
> Сына прекрасной Москвы.

Конец был уже намного хуже, чем начало. Но всем понравилось. Я была незаметная, поскольку я маленькая, плохо видящая, еще без очков. Я была незаметным ребенком, а тут я сразу стала звездой*.

* Из интервью Линор Горалик. OpenSpace.ru, 8 декабря 2011.

Наталья Горбаневская

ЛЮБЛЮ ВСЕ ВРЕМЯ
УХОДИТЬ ОТ СЕБЯ

— *Вы сказали, что в какой-то момент стихи стали писаться сами... Нельзя ли пояснить?*

— Мой принцип — разобраться и выбросить те стихи, которые я писала, а не которые писались сами. Когда-то чаще, когда-то реже, но в основном пишутся сами. Стихи — не наша заслуга. Не моя заслуга. Потому я могу хвалить себя прямо, когда знаю, что — хорошо. Не себя я хвалю. Мне просто повезло.

— *Как повлиял на стихи ваш переезд во Францию?*

— Были трудности сначала. Надо было найти новый ритм, новый бег. У меня есть книжка «Перелетая снежную границу», которая состоит из двух тетрадок, написанных до эмиграции, и трех, написанных уже в эмиграции. Средняя тетрадка, первая в эмиграции, называется «Инерция вчерашнего разбега». Это значит, что там я еще не нашла свою новую, иную иноходь, свой новый бег. И видно, что две первые и две последние тетрадки лучше, чем средняя...

— *А в чем разница между старым бегом и новым?*

— Этого я не знаю. Я только ощущала, что какие-то вещи пишутся по инерции. Вообще не люблю, когда пишется по инерции. Люблю все время уходить от себя. По инерции писать слишком легко. Можно написать полное собрание сочинений в девяноста томах. Можно было бы*.

Как мне справиться с напастью,
звуков выдержать обвал?
Кто меня такой-то властью
из ничтожества воззвал

и зачем? Для порожденья
бедных недорослей-слов,
для бесплодного уженья
водорослей в море снов.

Кто меня, как рыбу, держит
на невидимом крючке,
ждет — раздастся звон и скрежет,
ручка дернется в руке...

Надежда Яковлевна Мандельштам
ИЗ ПИСЕМ НАТАЛЬЕ ГОРБАНЕВСКОЙ

06.01.1963
«Дорогая Наташа! Очень рада была получить от Вас весточку. Хотелось бы посмотреть вас в юбке полосы вдоль, а не поперек. <...>

---

* Из интервью Марине Георгадзе. «Русский базар», № 9 (359), 3 февраля 2003.

Что мне сказать о стихах? Больше всего мне нравятся те два стихотворения, которые вы мне записали (Барток и солдатик*). Здесь многое нравится, но не всё. Как будто очень хорошо по интонации обращение к Фортинбрасу, но я его не понимаю. Дьявол, который приходит по ночам, меня злит. А если это стихи, то дьявол здесь ни при чем: они от Бога, и это уже совершенно ясно. Свинство про чернила. Стихи разве пишутся чернилами? Если да, то, может, они от дьявола или от разума. А в этих чудно про девочку, упавшую с луны, — это действительно вы. <...>

Н.М.»

25.02.1964

«Наташа! Для меня совершенно несомненно, что стихи несомненно хороши, что вы поэт и т. д. ...

Но еще один вопрос: у человека, и особенно у поэта, должен быть какой-то стержень, какая-то общая идея, какой-то корешок, который делает его лицом, явлением, событием. Вы пришли сказать что-то людям, правда?

А у вас все время полет, отрыв от земли, потребность преодолеть силу притяжения. Иначе тот толчок, который потрясает человека и толкает его на мысль, поэзию, музыку, любовь, становится у вас в чистом виде самоцелью. Может, так можно, но, вероятно, очень трудно сделать это ощутимым стержнем, вокруг которого всё станет в гармонический строй. Мне ка-

---

* Имеются в виду стихотворения «Концерт для оркестра» и «Как андерсовской армии солдат...» 1962 года. — *Примеч. А. Макарова, «Мемориал».*

жется, вам нужно знать эту "отрывающую" сущность и ваших стихов, и вас самой. Это какое-то движение частиц в атоме, которые двигаются, потому что удирают друг от друга. А человек не атом. У него есть душа. Если он хочет улететь, у него есть, наверное, для того серьезные основания. Может, надо получше себя понять... А поняв, сохранить свою собственную дикость. <...>

Мне хотелось вам сказать то существенное, что я всё время чувствую и в вас, и в ваших стихах.

Может, всё дело в воздухе эпохи? Или в вас самой? Я не знаю.

Н.М.»

14.04.1964

«Дорогая Наташа! Получила ваше славное письмо. Отвечаю, в сущности, на один пункт. Вы пишете: «Я знаю, насколько я в поэзии вне себя самой...» Я отношусь к вам гораздо серьезнее, чем вы думаете. Для меня ясно, что вы не ниже своей поэзии, а именно такая, как должна быть. Иначе говоря, ваш внутренний порыв — это вы сами, с вашей страстью к жизни, к воздуху, к езде на грузовиках, к ходьбе босыми ногами по грязной земле. Наоборот, в стихах есть та незрелость, которая неизбежна: вы хотите уйти от ощущения босой подошвы, ступающей на землю, от собственной кривизны и ошибок — ввысь... Как вы можете лететь, если еще не сумели сказать, как ходите? Выразить себя настоящую — это очень много. Но для этого нужно уметь видеть, а это очень трудно. <...>

Н.М.»

Стрелок из лука, стрелок из лука,
стрелок, развернутый вперед плечом,
она трепещет, моя разлука,
оставь ее, положи в колчан

и опустись на песок полигона,
оружье слабое отложи,
а небо пусто, а поле голо,
а горло сходится ото лжи.

Стрелок из лука, а ты ракетой,
а ты бы бомбой, покуда цел,
а в чистом поле, а под ракитой,
а сокол в рощу улетел.

Дмитрий Бобышев

ФИЛОМЕЛА* (фрагмент)

Начав читать стихи, она стала существовать для меня
как сильная и упорная поэтесса, чья словесная работа
тогда, да и всегда после воспринималась как идущая
рядом, бок о бок, с тем, что делаешь или пытаешься
сделать сам. Она читала:

Стрелок из лука, стрелок из лука,
стрелок, развернутый вперед плечом...

---

* «Филомела – страдалица из древнего мифа, насильник вы-
резал ей язык, и она превратилась в птичку, махонькую,
незаметную, но издающую прекрасные трели: соловей по-
гречески». *(А. Найман)*

Мгновенно узнавалась скульптура Криштофа Штробля, чья выставка незадолго до этого прошлась по двум столицам. Романтический бронзовый лучник с торсом, напряженным не менее, чем оружие в его руках, впечатлил и меня, но у Натальи он взял и превратился в разящие строки. Впоследствии я вспоминал не раз эти стихи и эту бронзу, пока не обнаружил ее вдруг из окна Эрмитажа во внутреннем саду Зимнего дворца: как-то без лишнего шума «Стрелок из лука» там обосновался. Но к тому времени я уже знал не то чтобы первоисточник, но более раннее, гораздо более свежее и могучее воплощение этой же темы у другого скульптора. В альбоме Эмиля Антуана Бурделя я увидел «Стреляющего Геркулеса», и он стал для меня образцом ваяния, а Штробль отодвинулся и затих, но не затихли Натальины строчки.

Она жаловалась на непонимание в Москве, браталась, тянулась к нам, к «Ладожской школе», как она по аналогии с английской «Озерной школой» именовала наш квартет, а услышав мой мадригал Ахматовой:

> Еще подыщем трех и всемером,
> диспетчера выцеливая в прорезь,
> угоним в Вашу честь электропоезд,
> нагруженный печатным серебром, —

чуть ли не всерьез просила взять ее в эту гипотетическую семерку. Еще бы не взять!

Поехали знакомить со всё еще опальной знаменитостью, но той не оказалось в Комарове, она как раз была в Москве.

Не в Комарове, не в Питере, так в Москве Наталья всё-таки была представлена Ахматовой, и та оценила ее подлинность. Вот ахматовский отзыв о ней, обращенный через меня ко всем: «Берегите ее, она — настоящая», — весьма прозорливо замечено в предвидении Натальиных гражданских подвигов. Ее автопортрет в стихах имеет полное сходство с оригиналом:

> Как андерсовской армии солдат,
> как андерсеновский солдатик,
> я не при деле. Я стихослагатель,
> печально не умеющий солгать.

Начиная с «Послушай, Барток, что ж ты сочинил...» ее стихи полны музыки. Сначала это были отрывки симфонических потоков — действительно наподобие Бартока, некоторое время звучали ирмосы, ноктюрны и побудки, а затем отчетливее стала угадываться песня. А петь она стала, как и ее давние предшественники, русские парижане первой волны, о самом насущном естестве, любви и смерти, наследуя принцип «Парижской ноты» — аскетизм и сдержанность слога, намеренно приглушенный тон и полное неприятие всего пышного, преувеличенного, велеречивого. «Не говори красно, не говори прекрасно», — заклинает поэтесса свою Музу, и та говорит емко и умно.

Есть у нее стихотворение, рисующее с какой-то выстраданной достоверностью образ трубача, раздувающего щеки, «не разумея, / что обрублен язык-говорун». Молчание — это огромная тема, столетиями живущая в поэзии, и крупный художник неминуемо упирается в нее своим сознанием. Она вызвала знаменитое тютчевское восклицание *Silentium!* и загадочный призыв Мандельштама возвратить слово в доречевую гармонию. Эта тема оказалась по силам и Горбаневской. Мало того, она еще и внесла в нее оригинальное развитие, и его смысл заключается в самоограничении, в своего рода духовном обрезании языка, то есть, иначе говоря, в отделении от него «лишней плоти», ведущей к соблазнам бесконтрольного словопроизнесения, к безответственной, хотя бы и поэтической, болтовне. Сдержанность и трезвость, присущие Горбаневской, сказываются еще на одной стороне ее литературного образа — на публичной позе, которая в *Exegi monimentum* никогда не превращается в статуарность памятника, не возносится выше пирамид, а, наоборот, остается в человеческих пропорциях, что не мешает жить ее сознанию на просторе вечных и мировых тем. Но здесь нет особенного противоречия: ее памятник не «тверже меди», как у Горация, а, наоборот, мягче воска. По существу, он и есть воск, а точнее, свеча, горящая, пока светят разум и вдохновение.

Но помимо лирического и размышляющего начала в ней как-то очень органически соединялась и жила неукротимая общественная совесть. Это привело к тому, что в критический момент истории она вошла в другую, отчаянную семерку храбрецов, выступивших с дерзким протестом на Красную площадь в полдень памятного дня и года. Тот, кто жил тогда, помнит: советские танки давят либеральные всходы в Праге, Ян Палах сжигает себя на Вацлавской площади, а мы все, тогдашние подъяремные совки, глотаем слезы бессилия. Духота, отчаяние, стыд... И вдруг дохнуло чем-то живительно свежим: нет, не все мы такие, есть еще совесть, честь и надежда.

Пой, Филомела...

Не плачь, ракита, — это ивы дело.
Не пой, бедняжка, — ты ж не Филомела.
Стучат копыта при въезде на паром.
Скрипит бумажка под расщепленным пером.
Вздыхая косо под сенью пересылки,
в последней хватке стяни концы косынки.
Стучат колеса, опоясывая земь,
раз-два, раз-два-три, четыре-пять-шесть-семь.

Роман Тименчик*
ПРЕДИСЛОВИЕ К ПОСЛЕСЛОВИЮ

Первопубликаторам литературных текстов, написанных в прошлом веке, к которым принадлежит и пишущий эти строки, видимо, для уравновешения их радости и гордости от свершения подобных задач боги праведные иногда вменяют в обязанность публиковать собственные не увидевшие света тексты

---

* С Романом Тименчиком Наташа дружила, назвала его при последней встрече в Варшаве в 2011 году «горбаневсковедом», хотела, чтоб он про нее писал. Он и написал как-то, лет двадцать тому назад, предисловие к одному ее сборнику, который должен был выходить в Париже. Наташа попросила, чтобы Рома снял в предисловии упоминание Цветаевой. Он отказался. Тогда Наташа отказалась от предисловия. А сборник так и не вышел. Мы попросили Романа Тименчика дать этот текст, и он разыскал его в своем архиве. — **Л.У.**

как документы ушедшего времени. Занятие это не без огорчений: переписать текст двадцатилетней давности не позволяют правила честной игры, но текст, написанный по привязанному ко времени поводу, в данном случае послесловие к избранному живого поэта, и не просто живого, а именно что живо пишущего, живо радующего и живо дразнящего читателя, — такой текст вряд ли может конкурировать с сочинениями коллег, знающих обо всем на двадцать лет больше. И автор послесловия сейчас бы писал совсем иначе, потому что тогда это было одновременно и обращение к будущим читателям предложенной книги, читателям во многих отношениях избалованным многообразным двойным напором чудесной поэзии многолетнего прошлого, расправляющейся из-под спуда, и вольной поэзией восьмидесятых-девяностых, и к самому автору ее, в верных читателях которого я к тому времени ходил тридцать лет. Текст был привязан к составу книги, поэтому я не особенно нажимал на отсылках, полагая, например, что читатель сам свяжет, с одной стороны, мандельштамовскую цитату о любовнике, путающемся под крик петуха в именах возлюбленной, получившем тем пропуск в страну интертекстуальности, а с другой — «случайного любовника плечо» из стихов Наташи о плахе. Я называл стихи Наташи родными ее веку, «где мертвых больше, чем гробов». Я адресовался прежде всего к Наташе, а поэтому не стал педантически напоминать, что «старый калека» — прозвище иссякающего девятнадцатого века в ахматовском «Путем всея земли», и сто лет спустя мне казалось уместным это повторить. И уж не стану выписывать все отсылки, которые, возможно, и стал бы тогда прояснять, снимая излишнюю таинственность навстречу просьбам будущего редактора, да только редактуре не суждено было состояться. Сначала Наташа полуобиженно спросила, настаиваю ли я на обозначении грядущего ее аннотатора, которому придется составлять списки общих мест второй половины двадцатого века (я был неправ, теперь мне самому приходится выступать в комической роли герольда непереутонченных намеков моего времени, поскольку племени младому никто не озаботился передать ключи к ним), как текстолога во вкусе К. Пруткова. А потом уже твердо попросила снять типологическое сближение с Мариной Цветаевой. Я ответил, что неупоминание этого, как мне тогда казалось, бросающегося в глаза обстоятельства поставит под сомнение мою литературоведческую состоятельность. Наташа текст забраковала, издатель вскоре от издательской деятельности отказался, мы с ней остались в дружеских отношениях.

Наташа во многом являла собой образец прямого поэта — и в желании видеть задним числом свою поэтическую биографию более стройной (я очень просил ее разыскать раннее стихотворение «Могила Заболоцкого», понравившееся Ахматовой, — вотще), и в доверчивом отношении к весомости литературоведческих дефиниций, которые на деле так же зыбки, как и другие людские слова. Диагностированное мною желание располагать стихи среди того, что у всех на устах, можно видеть и у великих поэтов. Высоко забираться я сейчас не буду, но припомню, как я спросил у М.Л. Гаспарова про только что дошедшие «Письма к римскому другу», он ответил с римской четкостью: «Недостойно Бродского» — и я понял, что не надо спрашивать дальше.

Про Цветаеву сейчас точно не скажу вот по какой причине. Послесловие было послано в Париж факсом, последняя (и злополучная) страничка то ли осталась по забывчивости в казенном аппарате, то ли забумажилась в его окрестностях. Так что стернианский вид сегодняшней публикации не стилистический трюк, и довольно дешевый, а профчестность публикатора.

Из «домашней семантики» (зыбкий термин, которым пользовался предмет Наташиных университетских штудий и научный кумир моего поколения Юрий Тынянов), представленной в этом давнем послесловии, расскажу про консонансы, рифмы с несовпадающими ударными гласными. В июле 1965 года в Ленинграде, когда мы с Наташей познакомились, я рассказал ей, что мой друг Дима Борисов (потом он стал Наташиным другом и адресатом ее стихов) заразил меня игрой в стиховые экспромты на консонансах. Ей игра понравилась, а поскольку мы в ту пору все самоопределялись как этакая богема, то в компании вокруг Наташи под ее руководством (и под аккомпанемент заботливо ею выпеваемой песни Хвостенко «Льет дождем июль...») было сочинено консонантное кредо:

> Не гоняйся за зарплатой,
> Укроти свой алчный норов,
> Не работай, не работай,
> А живи для мемуаров.

Без горчинки не вспомнить, какую жизнь работяги пришлось прожить Наташе и что ей надо было сделать, чтобы оказаться одной из героинь мемуаристики о родном ей двадцатом веке.

Послесловие

Настоящее послесловие призвано объяснить, почему книге не дано дежурное вступление постороннего лица. Потому, что оно неизбежно претендовало бы на некоторое подведение итогов, а в этом было бы разительное несоответствие представленному в книге литературному явлению. Дело не только в том, что, пока поэт пишет новые стихи, попытка итога отдает бестактностью и грозит провалом; дело в том еще, что существуют такие поэтические миры, которые не перестают менять свои очертания, пока жив соприродный им век. Более того, единственно верным свидетельством тому, что «старый калека», как говорил один поэт, еще не ушел за грань несуществованья, и является изменчивость, неготовость, необустроенность родных ему стихов.

Живая незавершенность прочитанной сейчас читателем книги не означает отсутствия в ней властной определенности. Последнего хватает, что называется, с лихвой. Прежние стихи, конечно, меняются при новом историческом освещении, но никакие сдвиги читательского взгляда не могут ослабить степень их первоначальной независимости. Критики отмечали обилие отрицательных конструкций в этом индивидуальном поэтическом языке. Видимо, одно из суммирующих объяснений такого языкового предпочтения в том, что эти стихи не стремятся стать любимыми стихами. Они читателю себя не навязывают.

Строки не выдают себя за те, что не могли не быть ненаписанными. Полуобязательность существования — самая суть их поэтики, и, огрубляя прямоту их же словесной игры, в последнем слове можно было бы и усечь начальное «по» и сказать, что это самая суть их этики). Лирические пьесы и впрямь могли бы не воплощаться, но, кажется, императивен импульс рассказать о возможности их появления. Стиховые былички возникают как бы на границах пишущегося стихотворения, кусками выхватывая его словесную плоть, вторгаясь в него подчеркнуто частично, с педантичной половинчатостью рифмы-консонанса. Ритуал экспромта корректно соблюден, жанровые обязательства по регистрации сопутствующих сочинению стихотворения технических обстоятельств выполнены, но лежащая перед читателем страница с типографским столбцом посредине напоминает о том, что а ведь вообще-то можно было не доводить до размеренных квадратов строф и остаться перелистыванием страниц лексикона прорусевшего датчанина или вспыхивающим огоньком протостихотворенья в обмолвках ночного разговора. Собственно поэзия живет в предыстории стихотворения, в момент, когда еще анонимный в своей поэтичности повод опознан как полузабытая цитата из то ли бывших, то ли будущих стихов, вроде имени спутника, неизменно забываемого на рассвете, доколь пииты будут писать о любви. Как сны при попытке первой словесной укладки на ходу подвергаются редактуре нарративного чистописания, так и в стихах Горбаневской явлен читателю зазор между стихотворением «внутренним», «снимым», и тем, что написалось. Погоня эта, как в античных апориях, бесконечна.

Расхожие отсылки всплывают при разговоре об этих стихах, думается, закономерно. Беседа, перепрыгивающая с клише на присловье, с реченья на трюизм, задана читателю самим поэтом. Дорожный цитатник широким слоем дневного остатка лег в ее сны. Готовые концы, готовые начала, безотказно поставляемые поэтам дремлющим умом из осеннего пушкинского эпиграфа. Запретные сны на закате века неистребимо и желанно цитатны, листы сонника переплетены вперемежку с указателями крылатых слов, как, впрочем, и с атласом шоссейных дорог и с, правда, небывалым еще индексом запрещенных каламбуров. Если верно, что поэт пишет на языке своего поколения, то это — язык современников Горбаневской, оглянувшихся с неуместной — на здоровый обывательский взгляд — пристальностью вслед привязавшейся к ним интертекстуальности. Текст оглядывает себя, всматривается в свое фрагментарное отражение в промокательной бумаге, вылавливая там только зеркала цитат, несовершенный конспект ускользающего разговора, расплывшиеся, но узнаваемые по прописным буквам топонимы. Викторинная очевидность чужого слова, конечно, делает неуместной спонтанно-вежливую читательскую отзывчивость, ибо разгадывание вслух заведомо элементарной энигмы решительно невозможно при самых мягкосердечных послаблениях литературного этикета, а будущие комментаторы этих стихов заранее обречены на прутковщину.

В разговоре текста с самим собой сквозь саднящий понедельничный привкус просвечивает веселое упрямство. Вопреки учебникам поэтовых биографий эта поэтическая система неуступчиво статична. Исчисляя всё новые инфинитивы, пробуя на вкус разные фонетические взвеси, с легкостью подчиняясь норову неопробованных размеров и хозяйски скрещивая их, система эта (не станем извиняться за безвинный объективистский синоним для одержимых музами) на свой манер противоборствует потоку времени, рассчитывая пока только на верность своих болельщиков. Да, может быть, еще на то, что друзья в поколенье, разбредшиеся по уголкам сада словесности за новыми и острыми впечатлениями, нагулявшись, вернутся к голосу, звучание которого входило в шум их времени...

ЮНОСТЬ.
ТРИЖДЫ ИЗГНАННАЯ

Изгнание – почти универсальная судьба русского поэта. Вернее было бы сказать – гонения всякого рода, от мелкой травли до физического истребления. Российское государство начинает гордиться своими гениями после смерти, порой предварительно убив. Велик мартиролог русских писателей двадцатого века. Велик и список изгнанников, начиная от «философского парохода» 1922–1923 годов. По этому поводу Троцкий когда-то написал, что «расстрелять их не было повода, а терпеть было невозможно». Но Николай Гумилев к тому времени был уже расстрелян, а Мандельштаму еще предстояла мученическая кончина на Магадане. Да и сам Троцкий получил свою порцию государственного внимания с помощью ледоруба.

Нравы власти со временем смягчались – убийства и тюрьмы порой заменяли изгнанием: высылают двух будущих нобелевских лауреатов, Солженицына и Бродского, выпускают, после принудительного психиатрического лечения, Горбаневскую. Этот ее отъезд-высылка был последним в ряду изгнаний, которые начались для нее в юности. Трижды отчисляли ее из университета, и сегодня эти истории, в Наташиных воспоминаниях, выглядят скорее комическими, но эти перипетии конца пятидесятых и начала шестидесятых годов были прологом ее будущей биографии. Наталья Горбаневская разделила судьбу лучших писателей и поэтов России. И сегодня все мы, ее друзья, начинаем осознавать, что с уходом Наташи настоящее делается прошлым, а прошлое – историей.

Л.У.

Наталья Горбаневская
«ПОД ФАРЫ И ВО ТЬМУ»

...Я всегда думала, что я пойду на филологический, хотя, когда мы уже заканчивали школу, наша математичка очень переживала, что я не иду на мехмат. С математикой у меня проблемы начались, когда началась стереометрия. Может быть, это со зрением связано, но стереометрия не пошла. Поэтому у меня по геометрии четверка в аттестате. А по алгебре пятерка. Алгебра мне особенно нравилась. И вообще если я потом кому в жизни завидовала, так это музыкантам и математикам — очень красиво. Гармония, чистота. Со словами уже всё что-то не то...

Выбор был в пользу филологического. Я хотела — почему, не знаю — поступать на чешское отделение. Уже и не помню — почему. Пришла, и мне говорят: «У нас на славянском отделении один год — прием на польское и сербское, другой — на чешское и болгарское. В этом году на польское и сербское». Я говорю: «Тогда я пойду на русское». На польское (что смешно, учитывая мою будущую биографию) никак не хотела.

И я оказалась русским филологом. Филолог я, конечно, липовый, поскольку я в своей жизни столько видела настоящих филологов. Предел моих филологических подвигов — это мои примечания к собственным стихам. Если я видела многократно Юрия Михайловича Лотмана и даже дружила с ним, если я видела два раза в жизни Владимира Николаевича Топорова, то как я могу говорить, что я филолог? Поступать было ужасно, потому что мне поставили четверку за сочинение и дали посмотреть, и я увидела, что ошибки, которые были исправлены, исправлены неверно. И еще было написано «хорошая работа». А проходной балл был 25, а у меня — 24. Когда я доказала, что исправили неверно, мне сказали: «Ну, тут же написано "хорошая работа", значит, на "хорошо", а не на "отлично"». У нас работала агитатором, когда мы жили на ул. Чайковского, замечательная женщина Елена Викторовна Златова, жена поэта Степана Щипачева. Мама к ней пошла, Щипачев написал бумагу с просьбой еще раз пересмотреть это сочинение. Так я была принята.

На факультете было женское царство, как и в школе, мальчиков почти не было, какие-то фронтовики вне конкурса. Тут мы очень скоро где-то в аудитории снюхались с Ирой Максимовой. Она была самая младшая на курсе, закончила школу в шестнадцать лет с золотой медалью, но должна была сдавать экзамены, потому что, пока разбирались с разрешением допустить к собеседованию шестнадцатилетнюю, собеседования прошли. Она набрала свои 25 баллов и поступила. И мы с ней с тех пор дружим, с осени 1953 года, уже почти шестьдесят лет. Потом я ее устроила в Книжную палату, где я работала. Потом много позже она поступила на работу в «Информэлектро», куда брали уволенных из всех других мест. И там работала уже до пенсии.

— *Как было учиться?*

— Интересно, потому что русский язык и литература. Но это было совсем не то, что в школе. Я вдруг узнала о существовании какого-то старославянского или современного русского языка. Училась я, в общем, неплохо, троек не было, а четверок много. На втором курсе стало еще интереснее, были семинары. Но, кроме того, я начала писать стихи. Я влюбилась, с человеком этим не была знакома, но это неважно, и начала писать. А кругом был всякий народ, который тоже писал, и когда уже на втором курсе мы вместе с первокурсниками решили создать литобъединение. Время всё-таки было уже такое живое, 1954—1955 годы. Я помню, кто-то к нам привел Алика Есенина-Вольпина — ни больше ни меньше. Я не могу сказать, что я тогда была в восторге от его стихов, но вот сейчас вынула из Интернета, перечитала — замечательные стихи. В общем, жизнь... Мы в стенгазетах свои стихи печатали... И очень быстро на нас, совсем еще ребятишек, напали. В факультетской газете «Комсомолия» появилась огромная статья с карикатурами, написанная аспирантами, на нас пустили тяжелую артиллерию. Больше всего на меня, заголовок был взят из моих стихов — «Под фары и во тьму». Самих стихов не помню. Я вообще потом много лет занималась тем, что изымала у других людей свои стихи или, в крайнем случае, зачеркивала, если не давали изымать.

Я действительно очень не хочу, чтобы выброшенные стихи где-то фигурировали.

— *Как формулировалась претензия?*

— Декаденты. Упадническая поэзия.

— *Как переживался этот день?*

— Ой, весело было, что на нас такую тяжелую артиллерию выпустили. Мы ходили по факультету героями. Чувства опасности не было. Я думаю, я еще многого не понимала. Я ходила еще и в университетское литобъединение, и там была такая история (я ее позже узнала). Были два поэта: Миша Ярмуш, психиатр, и Миша Ландман. Кто-то из них к слову стал говорить об очередях за хлебом в Подмосковье, и одна баба, которая там была, курса с четвертого, на них наступала...

И в том же году, когда появилась статья в стенгазете против нас, мне не поставили зачет по физкультуре — а я человек была действительно совершенно неспортивный. Мне говорят: «Мы не можем вас допустить к сессии». И тут я совершила поступок, достойный марта 1944 года. Я говорю: «Тогда я лучше заберу документы». И забрала документы и поехала в город Советск поступать в кинотехникум. Кинотехникум не киношников, а киномехаников, которые крутят ручку. Продала часы, маме оставила записку.

У мамы всю жизнь была нескучная жизнь. В эмиграции, когда дети прошли все самые тяжелые периоды, я всё думала: за что мне даны такие хорошие дети, когда я была таким плохим ребенком? У нас с мамой были очень похожие характеры, и мы дико сталкивались.

Потом я из города Советска написала маме, мама написала мне «возвращайся», я уже понимала, что я не там, где надо, и я вернулась. На факультете осенью общефакультетское комсомольское собрание постановило просить восстановить меня. У меня было очень много друзей и на старших курсах. На собрании выступила Инна Тертерян, испанист, латиноамериканист. Мы жили в одном квартале, она была замужем за Леней Козловым, это один из главных людей в киноархиве, где Музей кино, где Наум Клейман. А я дружила с Валентином Непомнящим, с Левой Аннинским... Непомнящий был на один курс старше меня, Аннинский, Козлов и Инна Тертерян — на два. У нас очень много знакомств завязывалось, когда мы ездили в колхоз, на картошку. Это был 1955 год, осень, но вспомним, что «Оттепель» Эренбурга была напечатана не в 1956-м, а в 1954-м. Обстановка была другая. И Инна выступила, все собрание ее поддержало, но меня не восстановили. Конечно, приятно, что все люди заступаются за меня. И я решила поступать заново.

До тех пор было еще одно приключение, опять приключение для моей мамы. Когда мы учились на первом курсе, у нас, как я сказала, было очень мало мальчиков. Среди них был один, который потом бросил Москву и уехал к себе на родину, в Грузию... (но русский). Женился. Потом, как выяснилось, разошелся. Приехал в Москву, познакомился со мной и увез меня в Тбилиси. Не помню, еще кто-то из друзей был на вокзале, меня просто из маминых рук вырвали и сунули в вагон. Ну, я там со своими бумагами ходила в Тбилисский университет, меня не брали. Потом вернулась в Москву, поехала туда снова, побыла-побыла, потом поняла, что опять, как в городе Советске, — это не мое место, и уехала из Тбилиси. А это уже февраль 1956 года, XX съезд, — то есть прямо накануне того, как в Тбилиси начались волнения. Слава Богу, что он был не разведен, поэтому у меня никакого штампа в паспорте не осталось и больше никогда не появилось.

После этого мама устроила меня на работу на полставки сразу в два места: Институт физики Земли и Астросовет. Я делала описания на иностранных языках. И снова готовилась поступать.

На этот раз у меня было 24 балла, но 24 был проходной. Я встретила Игоря Виноградова и говорю: «Мне четверку поставили за сочинение». Он говорит: «Ты знаешь, лучше ничего не поднимать, поскольку 24 проходной». Поступила. Это был курс Аверинцева, и мы с Сережей быстро познакомились, тем более оба что-то написали в курсовую стенгазету. Я бывала у него дома, но дальше каждый шел своей дорогой — знаменитого Аверинцева я уже в Москве не видела. Один раз потом встретила в Париже.

...Что такое 1956 год? Я всегда говорю: я никакая не шестидесятница, мы «поколение 56-го года». Поколение Венгрии, а не XX съезда. Доклад читали везде на открытых партийных собраниях, но, поскольку я в тот момент еще нигде не работала, я его не слышала, но слышала мама и всё мне подробно рассказала.

Тогда у очень многих были большие надежды. У меня надежд не возникло. У меня тому есть документальное подтверждение, но документально о нем знала только я, потому что это выброшенные стихи. Я могу их процитировать — не как стихи, а как документ.

Чижи поют рассвет,
Но почему же совы
Летают, как во тьме,
Раскинув серость крыл?
Ах, этот яркий свет
От ламп дневного освещенья,
А солнце кто-то скрыл.

Плохие стихи, лобовые образы, но свидетельство...

Сдала я экзамены, поступила, и тут же в факультетской стенгазете «Комсомолия» — разгул оттепели — я напечатала стихи, которые назывались «Цветные сонеты» и все были «оппозиционные». В сонете под названием «Белый» описывался побег из лагеря.

— Темы этой не было, вы рассказываете, что вы не знали, потом не понимали, что переменилось?

— То, что на XX съезде рассказывали, и то, что люди начали друг другу всё рассказывать, все поднялось, все между собой только об этом и говорили. Когда я поступала, я познакомилась с мальчиком, который поступал на факультет журналистики, и он мне рассказывал о репрессиях в его семье. И мы с ним сидели на скамеечке, и я помню, как я для себя сформулировала: он антисоветчик с советских позиций, а я антисоветчик с антисоветских позиций.

Я не помню, в чем это заключалось, но в принципе доклад Хрущева меня не убедил, кроме того что действительно много людей выпустили, что это не повторится. Я не формулировала этого так, но чувствовала природу этой власти тогда уже. Мой приятель был не из «линии партии», но все-таки в советских рамках.

Я себя в советских рамках уже не чувствовала. То, что я для себя это сформулировала, было мне интересно, раз я до сих пор об этом помню, хотя я только об этом подумала. Я это тогда и много лет, пока мне не пришлось действительно рассказывать о своей биографии, никому и не говорила даже.

...И вот тут стихи мои эти («Цветные сонеты») мне принесли очень большую популярность. Устраивалось очень много вечеров поэтов. Нас, филологов, позвали на факультет журналистики, мы там выступали. Я познакомилась с толпой ребят с факультета журналистики и с их друзьями-поэтами из геолого-разведочного института. Они на много лет стали одной из моих компаний.

...Стихи были очень важной частью жизни, может, и самой важной. Но жизнь вообще — свобода, музыка. Музыка для меня и сейчас важнее стихов. Я уже на концерты не бегаю, слушаю с дисков, а это не одно и то же.

Ладно, вот у нас осень 1956 года, октябрь. На мехмате вышла стенгазета. Вообще, если посмотреть историю того времени, то очень много прочитать по стенгазете можно. Есть знаменитая история о стенгазете «Культура» Ленинградского технологического, которую издавали Бобышев, Найман, Рейн. Много всяких историй. А я продолжала дружить с математиками, благодаря чему в будущем году познакомилась с Наташей Светловой, ныне Солженицыной. Газета, в которой, во-первых, была напечатана статья о только что впервые переизданной книге Джона Рида «Десять дней, которые потрясли мир». Десятки лет не издавалась и вот только что была напечатана. Самиздатский текст обсуждения «Не хлебом единым» Дудинцева. И уже в ноябре на мехмате устроили большое комсомольское собрание факультета, на которое я проникла, поскольку обзавелась билетиком корреспондента многотиражки «Московский университет». Самого главного обвиняемого, Мишу Белецкого, выгнали с собрания, поскольку он не комсомолец и не имеет права слушать. Кончилось тем, что его, аспиранта, и еще одного пятикурсника выгнали из университета. Я Мишу Белецкого видела недавно, он живет в Киеве, я была в Киеве, мы виделись. До этого он меня нашел через мейл, я так обрадовалась.

Дело в том, что газета вышла *до* Венгрии, а обсуждение было *после* Венгрии, когда вовсю пошли закручивать гайки. В начале декабря 1956 года я написала те три стихотворения, которыми отныне открывается каждое мое «Избранное».

Вот это ощущение того времени.

И дальше со мной произошла совершенно жуткая и позорная история. Арестовали Леню Черткова, и меня предупредили, что именно нужно говорить, потому что мы были вместе у Шкловского и Леня там высказывался как хотел... И я была готова к этому: вызовут — я знала, что говорить. В феврале меня берут с занятий, это еще первый курс, говорят: «Вас просят в деканат к замдекану». Меня берут под белы ручки и везут на Лубянку. И говорят: «Вы знаете, почему вас вызвали?» Ну, я начала с глупости: вместо того чтобы сказать «не знаю», я сказала: «Знаю — потому что мой друг Леонид Чертков арестован». Они говорят: «Нет, нас это не интересует». (В конце они все-таки про него допросили, и тут я сказала всё правильно.) И я начинаю думать. Меня отводят во внутреннюю тюрьму, переодевают в тюремное и оставляют. И полтора дня я держусь, а потом... Чем это было особенно позорно — тем, что это был чистый самообман. Я начинаю думать: что же я, комсомолка... Это было хуже всего. И начинаю рассказывать, что, когда, где я говорила, что при мне кто говорил. Потом мне показывают, как я потом узнала, листовку, но показывают только стишок. Они, видимо, подозревали, что это мой стишок. Я говорю: «Нет, это не я написала, это написал Андрей Терехин».

В общем, история была такова. Когда подавили революцию в Венгрии, Андрей Терехин (мой бывший сокурсник) и Володя Кузнецов (на курс моложе) сделали и разбросали на Ленинских горах листовки. Напечатали они их на машинке Иры Максимовой и ее мужа. Молодостью я ничего оправдывать не хочу, потому что мне был двадцать один год, а Ира и Витя были моложе, но они держались. А я потекла. И я начала характеризовать ребят. Причем, чтобы отмазать Володю, я говорила: «Ну, он человек слабый, он, наверное, под влиянием...», что он потом в своих воспоминаниях очень недовольно фиксирует. Есть его воспоминания об этом.

Через три дня меня выпустили, а ребята сели: Андрей на пять лет, Володя на два. А я на суде была единственным свидетелем обвинения. Вот так. Не надо меня жалеть, я сама себе это устроила. Когда я потом крестилась, я выясняла, что все грехи снимаются. Но я себе это все равно не простила. И я несколько замкнулась после этого.

Я рассказала тем ребятам из компании Черткова, что было, я старалась, чтобы при мне никто не говорил на политические темы. Но стихи оставались, стихи распространялись, стихи мы друг другу читали, но уже не было творческих вечеров, а по компаниям мы продолжали читать стихи и писать. И с Юрой Галансковым, с которым мы познакомились в ноябре или декабре 1956 года.

Чертков и Красовицкий нашли клуб «Факел», где можно было выступать. «Пойдем с нами!» — говорят. Мы пришли, а там замок (напоминаю, уже после Венгрии, и эти «самозваные» клубы прикрыли). Я говорю: «Знаете что, у нас сейчас организовано литобъединение на курсе, давайте выступите там как представители клуба "Факел"». А руководил литобъединением переводчик Владимир Рогов, племянник Романа Михайловича Самарина, мрачного человека и доносчика, которого в свое время исключили из Союза писателей. Он был деканом филфака, потом директором Института мировой литературы. Пришли ребята, были Красовицкий, Хромов и Чертков, еще по дороге мы встретили Игоря Куклеса, художника, который прочел стихи Рейна. Там было полное ошеломление, потому что на такой тихий филфак Горбаневская привела страшных людей. Я не хочу сказать, что Рогов куда-то настучал, но, во всяком случае, записано за мной это было.

Еще до того я побывала с этими ребятами в литобъединении при «Московском комсомольце»; в этот вечер Валя Хромов вступал в члены литобъединения. И там народ собрался в основном действительно комсомольцы. И они страшно критикуют Валины стихи — со своей комсомольской точки зрения. И вдруг встает молодой мальчик, на первый взгляд совсем уж комсомольского вида, и начинает защищать Хромова, говорить о Хлебникове и т. п. И мы с ним тоже подружились. Это был Юра Галансков. И вот с Юрой мы дружили всё это время. Юре я тоже рассказала, что было. Но никакой маломальской общественной деятельности я себе не допускала. И так продолжалось несколько лет. Стихи я писала, многое выкинула, но кое-что и осталось.

А, я же не рассказала, как я опять вылетела из Московского университета. 1957-й, осень, у меня целый ряд предметов был перезачтен. И тут меня вызывают и говорят: «Мы вас отчисляем за пропуски занятий». Я говорю: «Это те занятия, за которые у меня уже стоят оценки». — «Всё равно обязаны ходить». Дело в том, что все, кто был причастен к делу Терехина и Кузнецова, вылетели: и Витя Сипачев вылетел, попал в армию, потом пошел в химию и стал доктором химических наук; Ирка вылетела на год. Я была на втором курсе по второму разу. И я опять вылетаю. И тут опять комсомол за меня заступается. Комсомольское бюро нашего курса, Оля Карпинская (Ревзина ныне), еще девочки и мальчики. А секретарем бюро был отвратительный мальчишка Мулярчик, карикатура Рогова, но, поскольку все остальные за меня заступились, опять та же формулировка: «Мы не можем лишиться такого талантливого человека». Пишут письмо. Мулярчик им говорит: «Это не поможет, вы же понимаете, что ее не за это отчислили?» Это действительно не помогло, но я на всю жизнь запомнила это. Встретила Олю Ревзину в Польше, в Сейнах, когда Томасу Венцлове присудили звание «Человека пограничья», после того как мы с ней не виделись сорок четыре года, и просто душами слились.

В 1958 году я поступала на заочное отделение Ленинградского университета, филфак, опять всё заново. Набираю двадцать из двадцати. Я тот человек, который трижды поступал в университет и трижды поступил*.

---

* Из интервью Линор Горалик. OpenSpace.ru, 8 декабря 2011.

И вовсе нету ничего — ни страху,
ни цепененья перед палачом,
роняю голову на вымытую плаху,
как на случайного любовника плечо.

Катись, кудрявая, по скобленым доскам,
не занози разинутые губы,
а доски ударяют по вискам,
гудят в ушах торжественные трубы,

слепит глаза начищенная медь,
и гривы лошадиные взлетают,
в такое утро только умереть!
....
В другое утро еле рассветает,

и в сумраке, спросонья или что,
иль старый бред, или апокриф новый,
но всё мне пахнет стружкою сосновой
случайного любовника плечо.

«НЕ ДОЕЗЖАЙ, НАТАЛЬЯ, ДО ЗАСТАВ»

Об этом нельзя не сказать, этого никак нельзя упустить – Наташины ранние путешествия на попутках то в Ленинград, то в Тарту, то в Апшуциемс. Качество, противоположное клаустрофобии, любовь к разомкнутому пространству, к самому перемещению в постранстве, страсть к движению, также нежная любовь к московским трамваям и парижским автобусам. Она дорожила этим уединением-перемещением, может быть, еще и потому, что большая часть ее стихов рождалась в дороге.

Г. Корниловой

Господи, все мы ищем спасенья,
где не ищем – по всем уголкам,
стану, как свечка, на Нарвском шоссе я,
голосую грузовикам.

Знаю ли, знаю ли, где буду завтра —
в Тарту или на Воркуте,
«Шкода» с величием бронтозавра
не прекращает колеса крутить.

Кто надо мною витает незрим?
Фары шарахают в лик херувима.
Не проезжай, родимая, мимо,
и́наче все разлетится в дым.
Не приводят дороги в Рим,
но уходят всё дальше от Рима.

С 1968 года, когда стала выходить «Хроника текущих событий», Наташа путешествовала много уже по делу — с рюкзаком. Тогда же она мне и объяснила разницу между рюкзаком и «сидором». Он был довольно тяжелым, этот «сидор», набитый бумагой, с которым она путешествовала.

Мое любимое шоссе
в рулон скатаю, в память спрячу,
как многолетнюю удачу,
как утро раннее в росе.

И даже Вышний Волочёк,
где ноздри только пыль вбирают
и где радар с холма взирает,
как глаз, уставленный в волчок.

Еще и на исходе дня
Тревожный тяжкий сон в кабине,
и вздохи в зное и в бензине,
и берег, милый для меня.

Людмила Улицкая

Всем Наташиным друзьям была известна эта ее «автостопная страсть». Однажды, иронизируя, Анна Андреевна Ахматова сказала: «Ну что, Горбаневская опять на встречных путешествует?» В это автостопное десятилетие, казалось, для Наташи действительно была важнее сама дорога, чем цель, к которой она вела.

> ...Опять моя отрада мерить мили
> в грохочущих, как театральный гром,
> грузовиках, ободранных кругом,
> и взмахивать рукою, как крылом.

> Одни дороги мне остались милы,
> и только пыльный плавленый асфальт
> из-под колес бормочет: – Не оставь,
> не доезжай, Наталья, до застав.

Наташина легкость, предпочтение движения покою, была, конечно, качеством ее натуры. Тем интереснее наблюдать эту эволюцию – передвижение в пространстве обретает всё новые краски, расширяется диапазон восприятия: мир дороги, взаимодействие глаза и пейзажа, наполняется все более знаками душевного движения.

> О ком ты вспомнила, о ком ты слезы льешь
> (и, утираясь, говоришь, что слезы – ложь)
> в бетонной скуке станции Ланская,
> в хлопках автоматических дверей,
> где небо с пылью склеено... – Какая
> тоска и гарь! – Так едем поскорей!

> И вот поехали, и вот последний крик,
> как стронулся, таща тяжелый след, ледник,

теряя валуны в межреберных канавах,
в мельканьи пригородов, загородов, дач,
в желтоволосых придорожных травах
и в полосах удач и неудач.

Когда что плоть, что дух, как лед, истаяли,
куда ж нам плыть, мой друг? Куда и стоит ли?
На перестуках шпал, на парусах обвислых,
на карликовых лодочках берез
куда ж нам плыть? В каких назначить числах
отход от пристани, не утирая слез...

В более поздние годы и в ее жизни, и в творчестве движение из одной географической точки в другую видоизменяется, приобретая новое качество: география наполняется метафизикой. В 2007 году в Кракове состоялась встреча поэтов Востока и Запада. Наташа подготовила для этой встречи эссе, которое так и осталось непроизнесенным, но было напечатано в «Русской мысли». Ниже – фрагмент из этого эссе.

Л.У.

Наталья Горбаневская
ДОРОГА И ПУТЬ

...По-русски существует то почти неуловимое различение, которого нет в польском (но есть и в других языках): «дорога» и «путь». В поэзии эти два понятия, пожалуй, впервые так близко встречаются у Лермонтова: «Выхожу один я на дорогу, Сквозь туман кремнистый путь блестит». По замечанию Георгия Левинтона, этот «кремнистый путь», пройдя через Мандельштама —

«кремнистый путь из старой песни», — превращается в слышимый за гранью стиха «тернистый путь».

В начале жизни — а нам долго кажется, что она все еще начинается, — живя легкомысленно и со дня на день, мы обычно знаем лишь дорогу, дороги, передвижение в пространстве. Для меня первой такой дорогой стали многочисленные поездки автостопом в Ленинград, Псков, Таллин, Тарту, Ригу, Вильнюс. Эти дороги я и по сей день вспоминаю ностальгически, они появлялись и появляются во многих моих стихах. Вторая важнейшая дорога — но в большей и более осознанной степени путь — вела меня в эмиграцию. «Перелетая снежную границу» — так называется мой первый парижский сборник стихов, куда вошли две тетради стихов, написанных в России, и три — в Париже.

Но, живя жизнь и где-то к старости наконец взрослея, понимаешь, что главное — не само географическое передвижение, даже если перемещаешься по другую сторону железного занавеса. Не дорога, а путь. И что ни день припоминаешь страшные слова: «Я есмь путь и истина и жизнь». Страшные, потому что страшно и трудно идти этим путем, воистину тернистым, следовать Тому, Кто сказал одному ученику: «Иди за Мною», — но Он же потом сказал другому: «Куда Я иду, ты не можешь теперь за Мною идти». Страшно и трудно: «...широки врата и пространен путь, ведущие в погибель (...) тесны врата и узок путь, ведущие в жизнь». ПУТЬ — синоним «дороги», но от нас зависит, станет ли он синонимом погибели или ЖИЗНИ. Жизни и истины. Об этом пути все чаще идет речь в моих стихах*.

---

* «Русская мысль», № 4203, 25 декабря 1997.

Поэтка. Книга о памяти: Наталья Горбаневская

Стихотворение, как будто воспоминание юности из гораздо более позднего времени, – стихи про автостоп, но написанные много позже и в другой перспективе. Его вспомнил Георгий Левинтон на вечере памяти Наташи в Фонтанном доме, в Петербурге.

Л.У.

И только одного — по возрасту, видать,
а экая была бы благодать
по нашим милым западным Европам
проехаться, как прежде, автостопом,

как прежде: затемно добравшись за кольцо,
зажмурясь от слепящих фар в лицо
и вовсе без надежды уповая,
что вдруг притормозится легковая,

и, простояв, казалось бы, века,
внезапно изловить грузовика...
А прочее я всё здесь испытала:
как с Курского на юг — с Лионского вокзала

в Венецию, Флоренцию и Рим,
но лучше с Северного, где так сладок дым,
— как прежде в Ленинград ночными поездами —
и просыпаться утром в Амстердаме.

НАТАША И ЕЕ СЫНОВЬЯ

Ясик Горбаневский был первый ребенок, родившийся у моей подруги. Потом подруги нарожали множество детей, и все они называются «наши дети». Они вместе росли, дружили, некоторые переженились, произвели уже «наших внуков». Но Ясик был первым! Совсем недавно, разбирая мемориальный сор, хранящийся в фарфоровой бабушкиной шкатулке, нашла квадратик розово-желтой больничной клеенки, на которой написано химическим карандашом «5 сентября 1961 Горбаневская, мальчик». Это мне Наташа на память подарила. А имени еще не было у мальчика! Мне было всё очень интересно, но я, в сравнении с Наташей, была опытная – у меня был двоюродный брат, на десять лет младше, и моя первая материнская страсть пробудилась на нем, поэтому я умела и купать, и пеленать, и попку мазать. Мне доверяли. Но Наташиным младенцем овладела Евгения Семеновна, оттеснив Наташу. Только грудью Евгения Семеновна кормить не могла – это досталось Наташе.

Оську, когда Наташа сидела, я иногда из яслей забирала. Он ночевал как-то у меня на неудобном диванчике, плакал, спать не давал, а я на него злилась – была еще бездетная, сейчас понимаю, что надо было к себе в постель взять. С ним же был забавный эпизод, уже когда Наташа вышла. Она стоит в раздевалке ясельной группы за шкафчиком, ждет, когда детей выведут, а ее за шкафчиком и не видно. Она слышит, как одна нянька говорит другой: «Так-то он хорошенький, Ося этот, только вот ручки еврейские какието». Он и правда был хорошенький, но мы с Наташей над этими «еврейскими ручками» долго смеялись: вот какое чутье у народа – никакой генетик не докопается, а у простой женщины глаз как алмаз, никакого анализа не надо!

Для многих людей это осталось невместимым – как можно было с трехмесячным ребенком идти на демонстрацию, подвергать его опасности. Этот вопрос Наташе потом много раз задавали. Она отвечала всякий раз немного по-разному. Однажды сказала: «глупая была»! Но я думаю, что ситуация сложилась такая, что она действительно уже не могла не выйти на площадь. Перестала бы себя уважать. В стране, где народ потерял самоуважение, бесконечно важно видеть раз в сто лет женщину с коляской на Красной площади, которая говорит «нет» тогда, когда все стыдливо опускают глаза и молчат.

Поступок Наташи вызывал во многих ее друзьях смешанное чувство восхищения и ужаса – это просто безумие!

Психика женщины, имеющей маленького ребенка, настроена на защиту своего малыша. Когда существует угроза его жизни, женщина проявляет чудеса героизма, и героизм этот диктует ее природа. Женщина обычно создает все условия, чтобы ребенку было комфортно... Но что произошло с Наташей? Почему она, вопреки всем тем древним программам, которые работают в женском организме, поставила своего ребенка в положение столь опасное? Ведь в те времена и сомнений быть не могло, что за демонстрацией последуют репрессии... Значит, была какая-то мотивация в ее поведении более сильная, чем материнский инстинкт? Это было ее гражданское чувство. Возник конфликт между инстинктом материнским и социальным, конфликт с собственной совестью... Ее понятие о совести требовало этого самоубийственного действия, и она на него пошла, понимая все последствия.

Наташин поступок нарушал понятие «нормы» – отсюда и это смешанное чувство. Ужас – потому что был нарушен закон сохранения и защиты потомства. Восхищение – потому что она защищала в этот момент свободу других людей, другого народа и другой страны. Это не «нормальное поведение», оно на грани патологии. Именно этим и воспользовался КГБ, который дело Наташи перепоручил психиатрам, а те с готовностью придумали диагноз, которого и на свете нет. Суд в России существует, только правосудия нет. Так и по сей день.

Наташа отсидела свой срок. Вышла, вернулась к своим детям. К своим любимым детям. Да, она была человеком, выходящим за границы нормы. Она была поэтом, и поэтом прекрасным. И уже одно это – за границей средних человеческих способностей. У нее было обостренное чувство справедливости – и это тоже за границами средних человеческих возможностей.

Я ничего не имею против среднего человека, я и сама к этому большинству принадлежу. Но, положа руку на сердце, если какой-то прогресс в нашем мире существует, то идет этот процесс за счет тех «ненормальных», кто умеет переходить границы обыденного... И это – про Наташу. А дети ее всегда любили, гордились ею. И подрастающие внуки тоже.

Л.У.

Ира Максимова

ЖЕНЩИНА С КОЛЯСКОЙ

Наталья (в начале шестидесятых) много писала, но почти ничего не удавалось напечатать, денег не было совсем. А еще она вздумала рожать — появился на свет первый ее сын, Ярослав, Ясик. Она всегда заявляла, что рожает детей для себя и ничего не хочет от их отцов. Имя отца Ясика она скрывала от всех, даже от сына. А он был хорошим, порядочным человеком, талантливым переводчиком. Хотел быть отцом своему сыну, приходил к Наталье, предлагал деньги, помощь. Но она всё отвергла. «Это мой сын» — вот и весь разговор. Ясик рос в бедности, в яслях, на пятидневках, не знаю, что бы с ним было, если бы не бабушка Евгения Семеновна, которая всё и всегда брала на себя. Наталье и правда было не до бытовых забот, не до горшков и пеленок.

Она не такая, как все...

В 1968 году Наталья родила второго сына — Иосифа... Оське было неполных четыре месяца, когда разразились чехословацкие события. Наталья сразу заявила: этого нельзя проглотить, надо бороться, возмущаться, кричать на весь мир о своем несогласии с политикой Советского Союза. Каюсь, я была в ужасе — плакала, уговаривала ее промолчать, поберечь себя и детей. Но разве можно было ее остановить? Что было дальше — известно всем. Семеро молодых людей вышли на Красную площадь, среди них женщина с коляской.

...Арестовали всех, кроме Натальи. Ей сказали, что придут за ней, когда ребенку исполнится год. Органы были аккуратны. Наталью арестовали, как и обещали,

127

29 декабря 1969 года, она год отсидела в Бутырке, а потом — что было гораздо хуже и страшнее — в тюремной «психушке». Детей хотели определить в детдом — на этом настаивали Наташкин брат и его жена Галя, которые ненавидели свою мятежную родственницу и не желали иметь с ней ничего общего. Мы спрятали детей: я забрала Ясика, а Нина Литвинова — Осю, и отдали их только тогда, когда бабушка, Евгения Семеновна, с огромным трудом добилась права на опеку.

...Наталья вернулась, и сразу было ясно, что она, во-первых, не собирается прекращать борьбы, а во-вторых, ей придется уехать из страны. Однако уехала она только в конце 1975 года. Отъезд затянулся из-за Евгении Семеновны: она не хотела уезжать сама и не давала разрешения на выезд дочери и внуков — тогда ведь считалось, что эмиграция — это навсегда, как смерть, и она не могла перенести мысли о вечной разлуке с родными людьми. Она еще успела их увидеть — несколько раз приезжала к Наталье в Париж. Но умереть всё же хотела в Москве.

...В Париже всё складывалось нелегко. Мало работы, мало денег, много проблем. Дети росли, всё более превращаясь в настоящих французов. Ясик сейчас художник, женат на очаровательной француженке, у них сын Пьер, то есть Петя. Ося, талантливый, самобытный, неуправляемый, как мама, всё еще ищет себя, пробуя себя то в кино, то на телевидении. Несколько лет назад, в юбилей пражских событий, Наталью с Осей пригласили в чешское посольство в Париже, где их принимал Вацлав Гавел, он много шутил с Осей — всё спрашивал, сохранилась ли та колясочка, в которой он въехал на Красную площадь.

Наталья Горбаневская

«МАМА! ЭТО Я ТОТ РЕБЕНОК?»

— Наталья Евгеньевна, к тому моменту, когда вы в числе семерых смельчаков вышли на Красную площадь «За нашу и вашу свободу», у вас было уже двое детей. Как они тогда пережили повороты вашей судьбы и как сейчас относятся к своему своеобразному детству?

— Старшему сыну Ясику я после демонстрации всё рассказала. Он у меня был такой, с ним можно было говорить. Я ему, помню, как-то сказала: «Ясик, только, ты знаешь, в школе ты об этом ничего не говори». А он ответил: «В школе я обо всём этом забываю».

Ося у нас был другой. Когда я вышла из психушки, ему уже было четыре года. Я что-то такое неосторожное произнесла, он сразу передал бабушке. Ну, правильно, он и вырос-то с бабушкой. И мама мне говорит: «Знаешь, что? Когда ты была маленькая, я тебя ни в пионеры, ни в комсомол не гнала, ты сама всюду рвалась. И дети пусть вырастут, сами разберутся». Больше я с Осей ни о чем не говорила, и он ничего не знал вплоть до города Вены, куда мы приехали на нашем пути в эмиграцию. Там у меня взяли огромное интервью для радио «Свобода».

Когда это интервью передавали, мы все его вместе слушали. Вдруг Ося раскрыл глаза: «Мама! Это я тот ребенок? Который был в коляске с тобой на площади?» И с тех пор по сей день необычайно этим гордится.

А совсем недавно произошла история, которую я никому не успела рассказать. Ясика у меня дома долго ждал один приятель, а он опоздал и говорит: «Я должен был сначала Петю покормить». А его сыну Пете скоро пятнадцать, то есть здоровый парень, они должны были поужинать. «Ну да. Ты-то, небось, не потащил бы ребенка за собой на Красную площадь?» — говорю я иронически. Ясик так обиделся! «Ты понимаешь, что ты говоришь? Я вырос на этом, на том, что ты пошла на Красную площадь, я на этом взращен, а ты мне такое говоришь!» Так что для детей это... я думаю, оказалось очень важным*.

Иосиф (Ося) Горбаневский, сын
МЛАДШИЙ УЧАСТНИК

Моя мать была человеком сдержанным, иногда молчаливым, даже скрытным. Может быть, я унаследовал от нее эту черту характера. Поэтому сейчас, может быть, как раз из-за того, что она нас покинула, какое-то чувство целомудрия мешает мне слишком много о ней писать.

Последний раз я видел маму в июне 2013 года. Летом. Она специально приехала посмотреть мой последний фильм на его единственный показ в кинотеатре в Дордони, регионе на юго-западе Франции, где я уже больше десяти лет живу с моей спутницей Эльзой и нашими двумя дочерьми, Ливией и Миленой.

Мама любила приезжать к нам, часто предупреждая в последний момент по телефону. В тот раз ее приезд был предусмотрен задолго, потому что я ее заранее предупредил о показе.

* Из интервью Ксении Лученко, апрель 2012. Общество «Мемориал».

Я поехал за ней на вокзал в Брив, и на обратном пути мы как обычно провели время за курением. Время от времени молчание прерывалось разговорами о моем профессиональном будущем, о том, как у меня с работой сейчас и чего ожидать дальше. Еще было светло, и я повел машину по самой красивой дороге, она чуть длиннее, но зато перед матерью пробегали прекраснейшие пейзажи Перигора. Мы проехали Террасон и въехали в Монтиньяк, городок, в котором я живу, известный пещерой Ласко.

В машине мать прикорнула, но, как только мы приехали, оживилась — она была рада снова быть со своей перигорской семьей, которая нетерпеливо ее ждала. Для моих детей приезды «бабушки» (по-русски в тексте. — *Примеч. И. Горбаневского*) всегда были радостью, она всегда привозила им подарки, иногда она привозила какую-нибудь одежку, старательно выбранную в парижском магазине. Привозила она и шоколадные конфеты, детские книжки, русские карамельки и, конечно же, «сушки», множество «сушек» (маленькое русское печенье в форме кольца. — *Примеч. И. Горбаневского*).

Глаза у нее загорались, когда она видела бегущих к ней радостных проказниц-внучек. Девочки принимали ее как равную, показывали ей новые игрушки, таская ее туда и сюда и показывая всё сделанное ими новое. Она участвовала в их счастье, строила им рожицы, размахивала руками, вместе с ними смеялась.

Эльза приготовила ей чаю, мы немного поболтали и потом показали приготовленную для нее комнату. Моей матери было нужно немного: кровать, лампа для чтения, пепельница, стул и стол для ее лэптопа. У нас ей было хорошо. В тот день она сказала, что приезд к нам — это и немного отдыха.

В те дни она показалась нам с Эльзой усталой. Она много работала над переводами, летала в Польшу, в Москву и в другие места, много времени проводила в Интернете, писала в своем ЖЖ, беседовала с друзьями по «Фейсбуку» или по мейлам. Всё это отнимало у нее много энергии. Но она была счастлива. Счастлива отдавать свое время другим, а у нас — побыть на время с семьею.

В последние годы из-за этой усталости она забывалась сном днем, и это происходило всё чаще и чаще. Поспав, она садилась в нашем садике, когда бывало солнечно, — в тени и читала час или два. Она держала свою электронную книжку левой рукой, а правой рукой подносила ко рту сигарету, которую курила маленькими резкими затяжками.

Мы все вместе сходили на показ моего фильма. Зал был полон — около сотни зрителей. Мне кажется, что под конец показа я заметил у мамы некоторую гордость. Это была такая внутренняя гордость, которую мог увидеть только я, близко ее знавший. Когда я задумываюсь над этим теперь, я думаю, что она была счастлива и горда «успехом» своих детей. Счастлива тому, что произвела на свет семью, за которую не стыдно. Только подумайте: старший сын — талантливый художник, владеющий разными приемами живописной техники, наследник традиции великих фигуративных художников. Младший (я сам) — вечно за компьютером, создающий образы с помощью многочисленных программ. Внуки: Пьер, родившийся у Ярослава и Мари-Анж, красивый парень-подросток, он был с ней особенно близок. Милена и Ливия, наши с Эльзой две дочери, их веселые души наполняли ее радостью. Артур, старший сын Ярослава, он работает на производстве музыкальных дорожек для видеоигр в Польше. Моя старшая дочь Аня, живущая в Москве, как и ее бабушка, с детства проглатывала книги и успешно выучилась на театрального и кинокостюмера.

Да, моя мать гордилась, она была счастлива и прежде всего рада тому, что произвела такое потомство, живое наследство — восприимчивое и умное — в Польше, России, Франции.

Ее «политическое наследие», несомненно, наложило печать на людей, любящих свободу. Демонстрация на Красной площади в 1968 году против оккупации Чехословакии Советской армией, в которой она приняла участие, и сегодня остается символом и примером того, что, даже когда их немного, люди могут восстать против несправедливости. Ее поддержка движения «Солидарность» в Польше в восьмидесятые годы сделала ее позднее польской гражданкой.

И тем не менее, моя мать оставалась скромным и бескорыстным человеком. Хотя и была рада признанию, когда ей вручали разнообразные медали и дипломы. О том, что она сделала, она всегда говорила: «Это нормально». Но и сегодня она и другие демонстранты с Красной площади 1968 года остаются примером для старых и новых поколений. На одной из демонстраций протеста против аннексии Крыма Россией в Москве на эстраде, с которой читались речи, на фоне российского и украинского флагов была надпись — та же самая, которую моя мать написала своими руками на случайной тряпке-плакате, который был развернут на Красной площади в то знаменитое 25 августа. Мне тогда было три месяца, и я (как мне кажется) спал в коляске в двух шагах от матери и ее друзей-демонстрантов, отважно вышедших против советского тоталитарного строя. Этот момент изменил мою жизнь, жизнь моей семьи, моей матери и тех отважных людей, которые решили выйти в тот день на площадь «за вашу и нашу свободу!». Мне часто рассказывают эту историю про «младшего участника демонстрации на Красной площади». Только теперь я начинаю по-настоящему осмыслять это наследие. Да, мы гордимся нашей мамой, гордимся ее поступком.

В тот июньский месяц 2013 года она оставалась у нас недолго. Как обычно, на несколько дней, не больше. Но успела повидать и родителей Эльзы, которых она очень любила. Азю и Жан-Пьер тепло принимали эту «маленькую бабульку», которая всегда встречала их широкой улыбкой. Им бывало непросто вести долгие беседы, моя мать была глуховатой и не всегда хорошо понимала по-французски. Но они просто любили побыть вместе и выпить чашку чая. Жизни их были совершенно разными, политические взгляды — противоположными, но они любили и глубоко уважали друг друга. Может быть, то, что все они пережили войну, сближало их. Моя мать — Вторую мировую войну ребенком в Москве, Жан-Пьера молодым призвали на алжирскую войну, а Азю, дочь испанских республиканцев, бежала со своей семьей из франкистской Испании и эмигрировала во Францию. У эмигрантов бывает такое, что они чувствуют себя близкими, как бы одной семьей, откуда бы они ни были.

Я расстался с матерью на платформе вокзала в Брив. Отвез ее по большой дороге, чтобы точно не опоздать на поезд. Она всегда предпочитала выехать пораньше, не любила опаздывать на поезд. Заодно оставалось время выпить по чашке кофе в вокзальном кафе. К сожалению, как практически везде, флипперы моего детства исчезли, а как весело мы проводили время когда-то, играя вместе во флиппер. После того как она выпила свой крепкий кофе, я проводил ее на платформу, донес чемодан, уже пустой, без подарков. Мы рассмотрели ее билет, номер вагона и пошли к отметке на платформе. До поезда оставалась добрая четверть часа. Как раз время для ритуальной сигареты. Мы закурили и так вдвоем постояли.

Не помню почему, в тот день я не мог оставаться дольше и решил уехать до прихода поезда. Мы поцеловались, и я оставил ее на платформе. Последний взгляд, прежде чем нырнуть в подземный переход под путями: моя маленькая мама на пустынной платформе ждала поезда, и я не знал, что она поцеловала меня в последний раз.

Я всегда буду помнить, как в возрасте десяти или одиннадцати лет я вместе с ней открывал для себя маленькие парижские улочки. Китайские или греческие ресторанчики, которые она любила. Залы повторного фильма, куда любила ходить — особенно для того, чтобы в очередной раз смотреть свой любимый фильм, «Третьего человека» Кэрола Рида с Орсоном Уэлсом. Когда сегодня я слышу главную мелодию фильма, которую играет Антон Караш, она совершенно особо звучит для меня, напоминает мне ее, возвращает во времена, когда я был беззаботным ребенком и гулял с мамой в приятной летней атмосфере уже не существующего Парижа.

Последний раз я увидел маму, как всегда, лежащей свернувшись в ее кроватке. Во сне она подложила ручку под голову, как ребенок, сжав кулачок, и заснула навсегда*.

* Перевод с французского Ярослава Горбаневского.

«МНЕ ХОЧЕТСЯ В ЛЮБВИ ОБЪЯСНИТЬСЯ СТИХАМИ...»

Но нет меня в твоем условном мире,
и тень моя ушла за мной вослед,
и падает прямой горячий свет
на мой коряворукий силуэт...

***

Если страсть – это пасть и припасть,
то любовь – это боль, и любой,
кто не жил ни вслепую, ни всласть,
подтвердит, что земная юдоль

есть то место, какое болит,
и, влачась вдоль нее, инвалид,
прихватившись за сердце рукой,
не рассчитывает на покой.

Где-то там, куда простых людей не допускают, а уж тем более живых, между двумя мифологическими фигурами, одаренными красотой, силой и мощным поэтическим даром, Цветаевой и Ахматовой, стоит полутораметровая девочка, косая, с пальчиками врастопырку, нелепая, уже из другого времени. Их наследница.

С Анной Андреевной Наташа дружила до самой ее смерти, боготворила. Марину Ивановну почти ненавидела, но с обеими находилась в глубоком духовном родстве. Возможно, что литературоведы уже написали первые диссертации, посвященные генетической связи, притяжениям и отталкиваниям, соединяющим эти три фигуры. Если нет, об этом, несомненно, напишут будущие исследователи. Любовь, со времен Сафо, – важнейшая тема женской поэзии. Загадочный, всегда в ореоле тайны, герой Ахматовой; брутальный, с привкусом преступления, воин и любовник Цветаевой; эфемерный, исчезающий чуть ли не в минуту появления, почти абстрактный юноша, возлюбленный Горбаневской... Да и нужен он скорее как повод для написания стихотворения...

Любовь, любовь! Какая дичь,
какая птичья болтовня.
Когда уже не пощадить,
не пожалеть меня,
то промолчи. Да, промолчи,
не обожги моей щеки
той песенкой, что, заучив,
чирикают щеглы.

Той песенкой, где, вкось и вкривь
перевирая весь мотив,
поэт срывается на крик,
потом на крики птиц,
потом срывается на хрип,
на шепот, на движенье губ,
на темное наречье рыб
и на подземный гул.

Любовь из каждого угла,
всего лишь пища для стихов,
для глупой песенки щегла,
для крика петухов.
Так промолчи. И помолчи.
Коснись рукой моей щеки.
Как эти пальцы горячи.
Как низки потолки.

Марина Ивановна, обращающая даже мимолетное увлечение в мировую трагедию, и каждое ее чувство укрупнено, преувеличено, доведено до космической катастрофы...

– Любовь, это значит – связь.
Всё врозь у нас: рты и жизни.
(Просила ж тебя: не сглазь!
В тот час, в сокровенный, ближний,

Тот час на верху горы
И страсти. *Memento* – паром:
Любовь – это все дары
В костер, – и всегда – задаром!)

Анна Андреевна, в юности светская, богемная, – перчатки, шали, женщина-завоевание, женщина-награда... в более поздние – монументальная и величественная, почти античная:

> А ты думал – я тоже такая,
> Что можно забыть меня,
> И что брошусь, моля и рыдая,
> Под копыта гнедого коня.
>
> Или стану просить у знахарок
> В наговорной воде корешок
> И пришлю тебе странный подарок –
> Мой заветный душистый платок.
>
> Будь же проклят. Ни стоном, ни взглядом
> Окаянной души не коснусь,
> Но клянусь тебе ангельским садом,
> Чудотворной иконой клянусь,
> И ночей наших пламенным чадом –
> Я к тебе никогда не вернусь.

И бедный наш воробышек Наташка, с мимолетными влюбленностями, вспыхивающими и гаснущими между субботой и понедельником, но порой оборачивающимися в долгую и глубокую дружбу...

> Не потому что ты, не потому что я,
> а просто выгорала из-под ног земля.
>
> Не потому что я, не потому что ты,
> а просто лето, нас обняв обоих,
> поставило меня перед тобою
> так близко, что уже не отойти.

Вчерашний жар с железных крыш спадал,
и духота стихала перед утром,
но, возносясь над сонным переулком,
из трех окон не утихал пожар.

И при разлуке слез не пролилось
ни из одной глазницы обожженной,
и до сих пор, как факел обнаженный,
я вся смолой пропитана насквозь.

Наташа, наверное, сочла бы святотатством такое столкновение текстов. Но я не комментирую. Просто у каждого времени свой голос. Наташин – тихий, смиренный. И такой естественный...

Вот отрывки из двух Наташиных писем из Ленинграда в Москву, полученных мною весной 1963 года.

«У меня нет даже сил писать. Сначала, когда я получила твое письмо, я хотела отвечать на него нечто бравурное. Но было некогда. Надвигался мой день рождения, а с него всё опять переменилось.

Ну, – нет, хотела что-то тебе писать и объяснять, но, действительно, ничего не могу. Я в состоянии крайней выжженности и опустошенности, причем исключительно по собственной вине, только. Четвертый день казнюсь, благодаря отсутствию денег, пытаюсь уморить себя голодом. Но вчера попала в гости и слегка отъелась.

Люби своего итальянца, но чтоб и в голову не пришло замуж. У меня на дне рождения тоже был итальянец, но, кажется, липовый.

Когда приеду, я постараюсь что-нибудь тебе рассказать. Если не позабудется к тому времени. Опять Пушкин: Чего нам ждать? Тоска, тоска. И он же: Куда ж нам плыть?

...Хотела бы я никогда не писать стихов и вообще много не знать и не уметь. И всё то, что я тысячу раз предсказываю себе в стихах, – зачем я тысячу раз пытаюсь это обойти?..»

Письмо от 6/7 июня 1963 года

«Привет, милая! Мое письмо, невеселое и глупое, разошлось с твоим, но теперь я, как ты просишь, напишу хорошее. К моей любовной истории вернемся по приезде. Сейчас скажу тебе одно, она кончилась, я ее кончила, но вины моей нет (что поправка к предыдущему письму). Я, в общемто, спокойна и даже легко застряла в городе еще. Тем более что приехал Непомнящий, а ты себе не представляешь, какое это удовольствие – мне принимать москвичей в Ленинграде. Вообще, это такой город, Люська, я так им счастлива, что всё перед этим меркнет. Я написала о нем еще стихи.

> Вот моя Александрова слобода – Ленинград,
> Вот опала моя на Москву,
> Вот свобода, награда моя из наград,
> Плесканье волны о скалу.
> Прокричи, моя радость, обо мне прокричи!
> Я твой мученик, царь и герой,
> На канале Круштейна кружатся грачи,
> Расставание не за горой.
> В который раз пред тобой обалдеть,
> Не связать прощальных речей,
> Пора мне княжить и володеть
> В проклятой столице своей.

Я не знаю, хороши ли эти стихи, но это тот случай, когда мне хочется в любви объясниться стихами. Хотя кто напишет о нем что-либо существенное после Мандельштама?

Люська, я уезжаю в Таллин числа 10–11-го. По крайней мере думаю, что уезжаю. Пиши мне, Таллин, Техника, 16, кв. 4. Бондарь Наташе (для меня)».

Такая особая музыка была заложена в Наташину судьбу – тема плоти и страсти, женской любви, у нее постоянно сопряжена с наказанием, точнее, с казнью. Мне кажется, здесь срабатывает христианское сознание, глубоко укорененная мысль, что телесная любовь грешна, наказуема, и мотив этот постоянно звучит в Наташиных стихах. Она как будто изначально не давала себе права любить и быть любимой. Счастье ее почти без остатка умещалось в ее стихах.

Л.У.

Мой ненаписанный дневник
похож бы был на кучу книг,
на кучу не моих историй,
немых любовных траекторий,
на выцветающий петит
давно умолкших разговоров,
где горничная кипятит
холодный чай для жарких споров,
где сам герой похож на тень
холодную в горячий день,
а героиня либо в спячке,
либо в классической горячке,
и это я была бы ею,
теряла бы в кустах камею,
роняла письма и платки...

Но век не тот, и время сжалось,
бумага чистая слежалась,
по ней летящая строка
не прочертила завитка,
и, пролистав бумаги десть,
вы не найдете, что прочесть, —
бело и пусто. Но оно
и к лучшему...
Мой ненаписанный дневник
убережет мои обманы,
чтоб любопытный не проник
в мои небывшие романы.

А Я ОТКУДА?

О родословной Наташи уже было сказано. Но вопрос происхождения имеет еще одно измерение, нематериальное. Здесь рассматривается уже не кровное родство, а иного рода генетика: вера, идеалы, духовные корни. Словом, материи высокие. И высокие ноты просто сами собой напрашиваются. Но пафос снимает сама Наташа. В 1959 году, еще в самом начале стихотворчества, она пишет еще довольно робкое стихотворение... Но уже пророческое:

> Когда смолкают короли,
> пред занавес выходит шут,
> он вертит пестрой головой,
> и он умнее всех.

> Когда смолкают короли,
> суфлер тетрадку закрывает,
> где их священный бред
> дословно занесен заранее.

Пред занавес выходит шут,
и он умнее всех,
и вы хохочете ужасно,
чтоб заглушить его.

Давно умолкли короли,
и за кулисами короны картонные
на полочках лежат,
и шут пошел к себе домой,
он вертит пестрой головой,
и он умнее всех.

А в 1965-м Наташа пишет стихотворение, которое можно назвать программным. Почти случайный шут занимает свое важное место, и шутовство автора – не кривлянье и не подделка, не желание рассмешить честную компанию, – а высокое предназначение, собственное видение добра и зла, входящее в конфликт с мировоззрением большинства. Шут всегда переворачивает привычную иерархию, вызывает резкую реакцию – шок, смех.

А я откуда? Из анекдота,
из водевиля, из мелодрамы,
и я не некто, и я не кто-то,
не из машины, не из программы,

не из модели. Я из трамвая,
из подворотни, из-под забора,
и порастите вы все травою,
весь этот мир – не моя забота.

А я откуда? Из анекдота.
А ты откуда? Из анекдота.

Людмила Улицкая

А все откуда? А всё оттуда,
из анекдота, из анекдота.

Таким образом, все оказалось расставленным по своим местам: небожители занимают положенный им Олимп, увертливые совписы заседают на Поварской, в Союзе советских писателей, а Наташа занимает вольное, самою ею выбранное пространство анекдота, почти фольклора, принимает роль шута-скомороха:

...Ты, Боже, Сыне Человечий,
коли решил на эти плечи
ярмо с бубенчиком надеть,
не отпусти меня свободной,
не попусти в ночи холодной
душе моей заледенеть.

И логика здесь безупречна – скоморох попадает в конце концов на площадь. Все поэтико-исторические видения поэта Натальи Горбаневской сбываются, хотя и в усеченном, причесанном под XX век виде: сбывается Красная площадь, казнь, суд, сбывается тюрьма, сума, изгнание... И надо всем этим витает тень юродства, особой, странной разновидности святости. Все приметы совпали, картина проясняется: кристаллическая честность, принятие на себя чужой вины, святая бедность в сочетании с абсолютной щедростью, совершенное нестяжательство – никакого, никакого имущества, если не считать книг и словарей, у нее не было. И последнее, удивительное, посмертное уже обстоятельство — даже могила, в которую она легла, была ей подарена. Наташка бы долго смеялась, если бы я произнесла вслух то слово, которое приходит в голову. Я и не произнесу. Да и кто доподлинно знает, как выглядят праведники двадцатого века?

Л.У.

ДРУЗЬЯ

Как составлять список друзей Наташи? Хронологически? По степени близости? По длительности дружбы? По алфавиту? По росту? По социальной значимости? Если по хронологии и по длительности – самой первой подругой, наверное, была Нина Багровникова, с третьего класса. По близости – мне кажется, Ира Максимова. С первого курса университета. Иры уже нет... Но нашлась ее маленькая статья о Наташе. По праву ее имя должно было бы стоять первым в перечислении ее друзей.

Хотя все эти измерения близости и давности имеют право на существование, они не определяют главного качества Наташиной дружбы: у нее было редчайшее свойство – способность пребывать в дружбе полностью, стопроцентно. И по этой причине каждый, кто с ней дружил, испытывал минуты предельной человеческой близости. Так проявлялась ее бесконечная искренность и сострадание. Но она умела ссориться, конфликтовать, возмущаться, бывать вздорной и предвзятой. С годами характер ее смягчался, она уже не была столь категорична и даже как будто слегка двоился ее цельный характер: появилась некоторая гибкость... Наташа писала: «Никогда не одна, я всегда среди друзей. Мне эта потребность кажется естественной. Кстати, ни Бродский, ни Ахматова не были мизантропами, и у обоих было множество друзей, которых они любили и ценили. Уединение же, которое отнюдь не признак мизантропии, тоже необходимо. Дружбу оно не прекращает, но позволяет пережить и обдумать то, что не поддается переживанию и обдумыванию на людях».

Этот раздел оказался очень трудным и очень для меня интересным. Писем собралось очень много, часто они до некоторой степени дублируют друг друга. Некоторых близких Наташе людей уже нет в живых, другие по разным причинам не смогли написать. Некоторые – не хотели. Кто-то боялся бросить на Наташу тень, не желая ворошить прошлое. Римская поговорка жива до сих пор – о мертвых ничего, кроме хорошего. Все мы редактируем свои воспоминания, но никто не может отредактировать свою личность. И лицо пишущего очерчивается в этих воспоминаниях не менее, чем облик самой Наташи. У каждого человека есть окружение, у одного маленькое, локальное, у другого огромное. То же можно сказать и о влиянии. Естественно, что Наташина профессия создавала еще огромный круг ее читателей. Но и круг ее друзей был невероятно большим: среди них люди известные, малоизвестные и вовсе скромные. Наташа, особо почитавшая Ахматову, Лотмана, Бродского, Иловайскую-Альберти, очень дорожила всеми своими друзьями, никогда не выстраивала их по ранжиру. И это было замечательное качество. По этой причине я и решила не писать рядом с именем автора воспоминаний о Наташе его титула, ученой степени, профессии. Здесь, в этом разделе, мы все представлены только как Наташины друзья.

Л.У.

Ира Максимова

ОНА ВСЕГДА ДЕЛАЛА ЧТО ХОТЕЛА

Моя подруга Наталья — грандиозная личность, людей такого масштаба я больше не встречала. Она совершенно несгибаема и притом капризна, порывиста и очень добра. Умеет дружить, ничего не пожалеет для близкого человека. То, что она большой поэт, я тогда еще не понимала...

Мы подружились сразу и навсегда, и ничто не помешало этому — ни тюрьма, ни психушка, ни эмиграция. Да, сейчас мы живем в разных уголках мира, редко видимся, общаемся в основном по электронной почте — но, право же, это совершенно не важно, когда люди по-настоящему близки. Она сама меня выбрала — подошла первая в садике перед нашим филфаком, где мы сдавали приемные экзамены. Наталья — коренная москвичка, я приехала из маленького города Плавска. У меня, в общем-то, была медаль, но ее долго не давали, потому что в выпускном сочинении по роману «Война и мир» я ляпнула что-то о «бородинской победе французов» — не сама придумала, процитировала Толстого, но разразился громкий скандал, мне вообще не хотели давать медаль, потом вместо золотой дали серебряную — в результате я опоздала на собеседование и сдавала экзамены вместе со всеми. Наталье очень понравилась история про Бородино, она потом часто ее вспоминала, рассказывала друзьям, но мне, как вы понимаете, было не до смеха. Экзамены в университет мы обе сдали на пятерки, и нас приняли.

Наташа жила в центре города, в районе Собачьей площадки, с мамой, братом и бабушкой — отец погиб на фронте. Мама, Евгения Семеновна, была совершенно замечательная женщина. Красивая, остроумная, прекрасно образованная... Дом был небогатый, совсем не богемный, даже несколько церемонный, но не было в нем основательности, стабильности, что ли. Все чувствовали себя совершенно свободными от домашних и семейных обязательств. Делали что хотели. В доме всегда было много книг, но очень мало еды. И они все, даже бабушка, не любили сидеть дома, все время ходили по гостям — с детьми малыми, потом с внуками. Вечер дома считался потерянным вечером. Наташка, верная семейной традиции, постоянно убегала из дома, дневала и ночевала у меня в общежитии на Стромынке. Очень быстро, гораздо быстрее, чем я, она со всеми перезнакомилась, обросла кругом друзей. Как-то так получалось, что среди ее друзей были самые яркие, заметные наши ребята (она дружила преимущественно с мальчиками) — Игорь Мельчук, Саша Байгушев, Валя Непомнящий, Лева Аннинский. И те, кто учился с нами на одном курсе, и другие — это значения не имело. Она выбирала людей, приводила их — и они оставались в нашем «ближнем круге» надолго, часто навсегда. Наталья уже в те годы серьезно занималась поэзией. Охотно читала свои стихи, печатала в курсовой и факультетской «Комсомолиях». Стихи ругали, хвалили, переписывали, заучивали наизусть — скоро Наташка стала весьма популярной персоной на факультете. Училась она прекрасно, как бы играючи, но возникла неожиданная проблема: зачет по физкультуре. Не могла она его сдать, хоть тресни. Даже пойти поговорить с преподавателем — попросить заменить, скажем, бег на что-нибудь полегче — не могла. Она всегда делала только то, что хотела. Это был — и остался поныне — ее главный жизненный принцип. Кончилось тем, что она подала заявление об уходе, а через несколько месяцев снова поступила на филфак, как обычно сдав все экзамены на пятерки и набрав 25 очков. Эти годы — третий, четвертый курс — слились в моей памяти в одну пеструю череду дружеских компаний, застолий, разговоров о самом главном. Мы все учились самостоятельно думать, много читали, обменивались редкими книгами, упивались своими и чужими стихами, по несколько раз в неделю бегали в Консерваторию. И, конечно, делали глупости, много глупостей. Чего стоит хотя бы история моего замужества...

Наталья развивалась быстрее, чем многие из нас, и уже тогда достаточно ясно представляла, в какой стране мы живем и на чьей она стороне. Она поехала в Ленинград, снова, уже в третий раз, на одни пятерки сдала вступительные экзамены и поступила на заочное отделение филфака Ленинградского университета, который закончила в 1964 году. В Ленинграде бывала редко, наездами, но быстро подружилась, как обычно, с самыми яркими поэтами — Найманом, Бобышевым, Рейном. И, конечно, с совсем молодым еще Бродским. Когда после университета, в 1961 году, я собралась первый свой отпуск провести в Ленинграде, она в свойственной ей манере прямо-таки приказала мне встретиться с Бродским. Он тогда только начинал, всё было у него впереди — и ссылка, и слава, а Наталья уже разглядела. И вынесла свой вердикт: он самый сильный из нас, он будет большим поэтом. Мне, кстати, юный Бродский совсем не понравился — показался нелепым, высокомерным и вообще неприятным. И, как всегда, был погружен в очередную несчастную любовь. Когда через много лет я встретилась с ним, уже нобелевским лауреатом, в Париже, в доме Натальи, он не стал симпатичнее, но, как я сейчас понимаю, это ему не очень-то было нужно. А с Наташкой они дружили до самой его смерти...

Надо сказать, что годы перед ее отъездом были не худшими в жизни Натальи. Конечно, как всегда, не хватало денег, на работу ее не брали. Органы не оставляли своим вниманием — постоянная слежка, угрозы, наглое выпихивание из страны. Но у нее было имя, была репутация, ее стихи стали известны многим. Уже тогда за границей появились ее книги «Побережье» и «Три тетради стихотворений». Она много занималась переводами, под чужими именами, разумеется. Как-то предложили перевести с польского объемный многотомный роман; она очень быстро выучила польский язык и, как всегда, блестяще справилась с работой. Заплатили неожиданно много денег, да еще не в рублях, а в сертификатах... Вот тут-то на нас обрушилась лавина подарков. Конечно, была куплена *(со значением)* самая лучшая пишущая машинка, она мне купила всякие модные вещички, в том числе замечательные, лучшие в моей жизни английские туфли, которые я носила много лет. Ну, и множество всяких мелочей... для друзей, их детей, родственников и так далее. Наталья никогда не умела беречь деньги. Когда она уезжала, она приказала мне перебраться со своей семьей в ее большую квартиру, а маме отдать нашу, маленькую. Так мы и сделали.

Нина Багровникова
С ТРЕТЬЕГО КЛАССА

С Наташей мы познакомились в сентябре 1945 года, в третьем классе. Поначалу она мне очень не понравилась, как и большинству наших одноклассниц. К ней относились с некоторой насмешкой из-за ее косоглазия и дефекта дикции. Позже многие ей просто завидовали, так как учеба давалась ей очень легко и она всегда знала больше всех. Наташа же никогда никому не завидовала, всегда была со всеми приветлива. Даже в подростковом периоде она не особо обращала внимание на свою внешность; ей было всегда всё равно, во что она одета, что поела, это же сохранилось у нее на всю жизнь. Мы с ней быстро подружились из-за общей страсти к чтению. Вместе ходили в библиотеки, там и делали уроки. Чтение не оставляли даже на уроках, часто читали вдвоем одну книжку под партой, из-за чего нас постоянно рассаживали, но через какое-то время мы снова садились вместе. В то послевоенное время почти всем жилось очень трудно. Наташина семья (мама, бабушка и старший брат) жила в глубоком, сыром подвале. Поэтому даже строгая Наташина бабушка не возражала, что она почти не бывает дома. Мамы же наши познакомились на родительских собраниях и стали приятельницами. Они делились всеми своими заботами, а Наташка стала совсем своей в нашей семье, много занималась с моими младшими сестрами; вообще она очень любила общаться с малышней.

Кроме чтения, мы любили гулять по городу. Годам к двенадцати Наташе были знакомы все переулки и улочки в пределах Садового кольца, а позже и остальная Москва. Гуляя, мы много болтали, в основном о книгах и просмотренных фильмах; при этом о своих личных переживаниях Наташа говорила очень редко. Даже о смерти ее любимой бабушки мы узнали только от Евгении Семеновны.

В 1947-м, в 5-м классе у нас появилась новая учительница русского языка и литературы — Галина Семеновна Фундылер. На ее уроках никогда не было скучно. Она учила нас всех правильной русской речи; уже в 5-м классе учила писать сочинения, вначале — совсем коротенькие, потом — посерьезней в соответствии с программой. Наташины сочинения она всегда отмечала как самые лучшие. В это же время Наташа всерьез увлеклась поэзией и сама начала писать стихи. К сожалению, ничего из этих ранних опытов не сохранилось, хотя, по-моему, уже в пятнадцать-шестнадцать лет стихи были очень неплохие.

Никакой «общественной работой» в школе она не занималась, хотя и была, как все, пионеркой и комсомолкой. В старших классах мы уже стали понимать разницу между действительной жизнью и тем, о чем нам постоянно твердили в газетах и по радио. На этой почве случались и конфликты с учителями, особенно с историчкой и преподавателем биологии. Не только Наташе, но и другим девчонкам казалась странной теория Лысенко, многие были не согласны порицать «вейсманистов-морганистов». Из-за чего у многих были тройки.

Дмитрий Бобышев

ФИЛОМЕЛА (продолжение)

Говорят, она умерла во сне, подперев кулачком щеку. Поэтесса, правозащитница, подпольщица, мученица. Друг по жизни и сестра по поэзии, героическая женщина, великая гражданка своей родной страны, и еще — Франции, и еще — любимой ею Польши, и еще города Праги, свободу которого она вышла защитить 25 августа 1968 года на Красную площадь.

Нас познакомил Бродский, с которым мы тогда хорошо дружили. Находясь в Москве, [Бродский] сделал подарок: прислал с дневным поездом девушку. Небольшого росточка, русо-рыжеватую, как он, но кудрявую и с еще более крутой картавинкой, чем у него... Она явилась на ночь глядя, девать ее было некуда. Я предоставил ей мою раскладушку, а себе постелил в комнате брата, потревожив няньку, у которой была там выгородка.

Федосья даже не предложила нам завтрак, я увел девицу от недовольных домочадцев в пирожковую, мы с ней наконец разговорились и стали друзьями, крепко и хорошо, на всю жизнь. То была Наталья Горбаневская...

...Ее освободили в феврале 1972 года. Вместо тюрьмы ее подвергали насильственной психиатрии. Казанская спецбольница считалась особенно мрачным местом.

Наталья стала наезжать в Питер, а после того как у меня образовалось свое жилье, останавливалась у меня. Ночевала в «гостевом» углу, на завтрак я либо варил овсянку, либо жарил яичницу, в обед наше меню тоже не разнообразил. Было у меня лишь два дежурных блюда под условными названиями «варево» и «похлебка». Их рецептов я не разглашаю, ибо тех ингредиентов уже не достать, прошу лишь поверить, что было вкусно и питательно. Запомнился один момент, когда вдруг — чуть не до слез — защемило сердце жалостью. Я подносил тарелку, чтобы поставить перед ней, а она неожиданно цепко ухватилась за ее края еще в воздухе, как, вероятно, хваталась «там» за миску при раздаче. Об этих материях она рассказывала мало, больше говорили такие вот невольные жесты. Всё же я расспросил, почему она оказалась в психушке, в то время как остальные участники протеста — в лагере:

— Из-за того, что кормящая мать? Или — потому что мать двоих детей?

— Нет, из-за этого меня сразу тогда отпустили, но в конце шестьдесят девятого всё-таки арестовали... И академик Снежневский (вот кто точно будет гореть в аду!) поставил мне диагноз «вялотекущая шизофрения».

— А что это такое?

— Это советский вклад в мировую психиатрию, Димочка. Симптомы могут быть любыми. Я, например, не заботилась о состоянии детей, хотя заботилась о состоянии страны, в которой моим детям предстоит расти. А это квалифицируется как «бред правдоискательства».

— Кошмар!

— Да, кошмар. По сравнению с психушкой лагерь — это мечта.

— Почему?

— По двум причинам. В психушке, во-первых, — одуряющие медикаменты, от которых не увильнуть, потому что иначе — карцер или даже хуже. Во-вторых — отсутствие срока. Могут хоть всю жизнь продержать.

В Ленинград Наталья приехала автостопом. Еще ранее мне рассказывал Найман с веселым недоумением:

— Наша Наталья теперь чемпион страны по этому виду спорта!

Такую витальность я объяснял энергией душевного заряда, который вдруг вырвался из зарешеченной принудиловки. Это чувствовалось даже по ее стихам, но угадывалось и другое. За ней, конечно, продолжалась слежка, и автостопы были удобным способом уходить от наблюдения.

К счастью, правозащитник в ней не победил поэта, как я того опасался, — стихи ее, по-прежнему краткие, наполнились трагической сдержанностью. Они внутренне расширились, в них открылись пространство и глубина. Я услышал медитативный диалог с неотмирным и живым собеседником, сходный с тем, что созревал во мне. А мера человеческого доверия к ней была у меня такова, что я решился рассказать о собственных сокровенных думах.

— Вот и прекрасно! Тебя надо крестить, — обрадовалась она. — А я буду твоей крестной матерью.

— Но мы же сверстники...

— Это ничего. Это вполне допускается. Я же крестилась раньше, значит, я старше.

И она изложила план. Сначала мы едем в Псков (разумеется, автостопом) к одному замечательному батюшке, и он подготовит меня к крещению. Затем махнем в Ригу и на взморье в Апшуциемс, где проводит дачные сезоны Толя Найман с семьей, а оттуда — в Москву, и там я приму крещение у еще одного, не менее замечательного, батюшки. План меня устраивал во всех отношениях, я взял отпуск, и мы «ударили дорогу», как неуклюже я бы выразился теперь по-американски.

Сама поездка на попутках оказалась не столь яркой, как я ожидал, из-за суровых правил, которые мне в последнюю минуту изложила Наталья: с водителями зря не болтать, лишь коротко отвечать на вопросы, а расплачиваться — если только сам попросит. А так — «спасибо, счастливого пути» и — из кабины...

Но в Пскове ожидал сюрприз. Батюшка действительно оказался светлый. Это был отец Сергий Желудко́в, заштатный священник, живущий в домике у своей бывшей прихожанки, богобоязненной, но и бесстрашной женщины, которая приютила человека, одержимого, как и наша Наталья, «бредом правдоискательства».

А сюрприз состоял в том, что у них гостила Надежда Яковлевна Мандельштам, приехавшая из Москвы. Не знаю, чему я так удивился: она ведь раньше жила в Пскове, где, кстати, я с ней и познакомился прежде. Наверное, поразил меня контраст между этой резкой, острой на язык женщиной, сидящей в красном углу комнаты, и тихими намоленными образа́ми, на фоне которых она дымила беломориной. Это уж отец Сергий выказал ей высшую степень почтения, позволив курить перед божницей. С ней мы, понятное дело, заговорили о литературе.

Отец Сергий (Наталья его называла попросту Сергей Алексеевич) располагал к себе моментально: простой, действительно чистый, веселый, открытый — никакой жреческой важности или таинственности... Вот он наставляет меня, неофита, какие молитвы нужно учить для начала. А в то же время и церковные обычаи покритикует беззлобно и по делу — например, утомительное многочасовое стояние в храме. Иностранцы, мол, нас упрекают: «Русские ногами молятся». Высказывает даже совсем спорные мысли: о поэзии, например. Пушкину, мол, и не нужно быть святым или даже благочестивым. Если для вдохновения необходимы ему увлеченья, азарт игры, то пусть увлекается. А мы, священники, уж за него помолимся...

Пошутил, рассказал даже анекдот про святого Петра. Вот этого-то евангельского персонажа он больше всего и напоминал мне – того, кто первым сказал:

– Ты есть Христос, Сын Бога живаго.

И – обликом. И – порывистостью темперамента. Конечно, он был реформатор, ратовал за литургическое творчество, уверял, что теперешний богослужебный канон был вовсе не всегда и существует в таком застывшем виде лишь по инерции, хотел бы позволить в церкви музыку, а не только хоровое пение. Даже сыграл на старенькой фисгармонии, показал, как бы это звучало. Звучало бы здорово.

Какому начальству это могло понравиться? Да и не только начальству. Позднее я наслушался о нем всякого – главным образом от лютых консерваторов.

Но самой необычной идеей о. Сергия была «Церковь людей доброй воли», к которой, по его мнению, принадлежали те, кто даже и не подозревал, что они христиане, творя добро и следуя справедливости. К таким он относил в первую очередь академика Сахарова, почитая его как, быть может, святого и мученика.

Горбаневской он говорил прямо (имея в виду и других участников протеста на Красной площади):

– Вы и сами, возможно, не догадываетесь, какого масштаба поступок вы совершили. Ведь помимо всех очевидных значений, ради которых вы так смело выступили, вы еще сделали необязательными другие, новые жертвы. Выйди еще с вами сто, двести человек, они бы только прибавили себе страданий. А так — протест всё равно выражен, слово сказано!

Однажды на Петроградской стороне в погожий майский день встретились два поэта. Один из них вспомнил, что в этот день родилась их московская сверстница и поэтесса. Другой привел подходящие для нее строчки из Жуковского: «По-еллински филомела, а по-русски соловей». Они чокнулись за ее здоровье, пошли на почту и отправили телеграмму: «ПОЙ ФИЛОМЕЛА ПЕВЧЕЕ ДЕЛО НЕ ПРОМЕНЯЕМ ПЬЕМ ВСПОМИНАЕМ БОБЫШЕВ НАЙМАН».

Тогда она была еще жива. А теперь уже не споет нам филомела.

Концерт для оркестра

Послушай, Барток, что ты сочинил?
Как будто ржавую кастрюлю починил,
как будто выстукал на ней: тирим-тарам,
как будто горы заходили по горам,
как будто реки закрутились колесом,
как будто руки удлинились камышом,
и камышиночка: тири-тири-ли-ли,
и острыми носами корабли
царапают по белым пристаням,
царапают: царап-царам-тарам...
И позапрошлогодний музыкант,
тарифной сеткой уважаемый талант,

сидит и морщится: Тири-тири-терпи,
но сколько ржавую кастрюлю ни скреби,
получится одно: тара-тара,
одна мура, не настоящая игра.
Послушай, Барток, что ж ты сочинил!
Как будто вылил им за шиворот чернил,
как будто будто рам-барам-бамбам
их ржавою кастрюлей по зубам.
Еще играет приневоленный оркестр,
а публика повскакивала с мест
и в раздевалку, в раздевалку, в раздевал,
и на ходу она шипит: Каков нахал!
А ты им вслед поешь: Тири-ли-ли,
Господь вам просветленье ниспошли.

Вера Лашкова
ПОСЛЕДНИЙ ПРИВЕТ

Последний привет от Наташи я получила уже после ее кончины. Мне передали конверт, на котором Наташиной рукой было написано: «Вере». В конверте была псковская газета, посвященная трагической гибели отца Павла Адельгейма — его убили 5 августа прошлого года, и Наташа оказалась во Пскове в дни поминовения о. Павла.

Такой знакомый Наташин почерк, я его помню и узнала бы из многих-многих. Помню с той весны 1968 года, когда получила из Наташиных рук школьную тетрадь, в которой был текст 2-го номера «Хроники текущих событий», написанный ее рукой, и я перепечатала его на машинке; потом, кажется, был и третий рукописный, хотя могу и ошибиться. Наташа была постарше меня, но подружились мы сразу, с первой встречи, и я очень полюбила ее стихи. Они во мне так и жили, их не надо было заучивать, они сразу ложились в память.

Наташа жила с мамой и маленьким сыном Ясиком в коммунальной квартире на Новопесчаной, я бывала у нее, и она приходила ко мне на «Кропоткинскую», тоже в коммунальную квартиру; помню, однажды она пришла такая радостная, потому что купила польскую пластинку — пели аранжированную классику, только не словами, а звуками «та-та-та» и быстрее. Наташе это очень нравилось, она ставила пластинку по нескольку раз. Она тогда «болела» Польшей, уже знала язык, читала и переводила, очень любила польское кино.

Мы много гуляли по Москве, и Наташино умение ориентироваться в иногда совсем незнакомых местах меня поражало — у нее было точное знание, как надо пройти туда, куда было надо, и при этом она шла, казалось бы, наобум, но совершенно уверенно — и всегда выходила правильно.

Когда в мае 1968-го родился второй Наташин сын — Оська, она попросила меня стать его крестной. Тогда это было совсем не просто — окрестить ребенка в церкви, — потому что родителям надо было показывать свои паспорта, их записывали в какую-то особую книгу, а потом уже следовало ожидать неприятностей на работе. И я попросила отца Димитрия Дудко покрестить Осю. Он назначил приехать к нему — в домик недалеко от храма, где он служил: там жила его прихожанка и верная помощница. Ехали мы на такси, потому что путь был неблизкий — от Новопесчаной на

Преображенку, и крошечный Оська спал у меня на руках, сладко посапывая. И во время самого крещения он вел себя кротко, но когда мы возвращались обратно, он (уже одетый в крестильную рубашечку и вновь запеленутый) вдруг заголосил так, что можно было оглохнуть. Бедный Оська — у него была причина так кричать: оказалось, что кто-то из нас, пеленая его, заколол пеленку булавкой, а она открылась и колола ему тельце.

В двадцатых числах августа 1968 года я уехала в археологическую экспедицию в Молдавию, и через несколько дней, рано утром, Илюша Габай пришел в нашу палатку и сказал: «Танки вошли в Чехословакию». Почти сразу мы вернулись в Москву, всех демонстрантов на Красной площади арестовали, но Наташу отпустили и оставили на свободе под поручительство матери.

Очень нелегкими были ее отношения с Евгенией Семеновной, хотя они любили друг друга, но молнии так и блистали... Они жили в одной комнате, росли два сына, Наташа была очень нежной и заботливой матерью.

А тучи над нею сгущались. Ее арестовали под Новый год и содержали под следствием в Бутырской тюрьме. Евгения Семеновна осталась одна с двумя малышами, и Наташины друзья старались, как могли, помогать ей в нелегком быту. Но власти предупредили, что лишат ее опекунства, если она не перестанет пускать нас к себе. И мы придумали. Шли в магазин, накупали всего необходимого и приносили к дверям квартиры; потом звонили в звонок и успевали быстро сбежать (молодые ведь были) по лестнице вниз и слышали, как открывалась дверь, и Евгения Семеновна, причитая и даже негодуя, уносила сумки. Конечно, она знала, кто их приносил, и вскоре смирилась с таким «партизанством».

Но надо было носить в тюрьму передачи, это позволяли делать один раз в месяц и всего пять килограммов строго перечисленных в списке продуктов. Это для Евгении Семеновны было уже трудно, и, по счастью, когда я принесла Наташе первую ее тюремную передачу (в Бутырки) и назвалась ее сестрой, тюремное начальство предпочло это «признать». И уже потом мне удавалось носить передачи, а в Наташином тюремном формуляре было записано, что я ее сестра. Я этим очень гордилась и даже надеялась, что когда-нибудь мне разрешат с ней свидание. Но вот этого уже власти «не позволили», на свидание после приговора приходила Евгения Семеновна, кажется, с обоими мальчиками, и в Казанскую психбольницу меня тоже не пустили, я только слышала Наташин голос из-за двери.

Наташин почерк.

Ее адвокатом была Софья Васильевна Каллистратова, добрая и мудрая, совершенно родной человек и к Наташе относилась как к дочери. Ее консультация была на Арбате, рядом с родильным домом им. Грауэрмана, и очень часто я к ней заходила — поговорить и что-то обсудить. Однажды она открыла папку, лежащую на столе, и я увидела написанные Наташиной рукой листочки. Это были стихи — три стихотворения, написанные в тюрьме, и там мое любимое, «Воспоминание о Пярвалке»:

> На черном блюдечке залива
> едва мерцает маячок...

Оно такое щемяще-трогательное и такое Наташино.

Ее осудили и приговорили к принудительному лечению в закрытой психиатрической больнице, при этом срок не назначался. Наташа оказалась в Казани и оттуда писала мне письма — как «сестре». Они бесценны, но их отобрали у меня на обыске, о чем я до сих пор горюю.

Наташу выпустили в 1972 году. Она была совершенно измучена и подавлена, несмотря на радость освобождения; давление и гнет на нее со стороны властей не прекращались, и ужас пребывания в психушке не оставлял Наташу. Я думаю, что невозможно представить себе того, чему она подвергалась в Казани, и, несомненно, это было пострашнее и тюремного, и лагерного заключения.

Наташа вынуждена была эмигрировать, чему власти — слава Богу — не препятствовали. Евгения Семеновна отказалась ехать, и Наташа с двумя сыновьями уехала. Помню прощальный вечер, уже в новой, отдельной квартире на «Войковской». Эти вечера были всегда шумными и хмельными — да и как иначе? Мы все знали, что прощаемся навсегда. Помню, что кто-то принес ящик сухого вина, красного грузинского; но когда стали открывать бутылку, оттуда залпом выстреливало что-то кислое-кислое, и так бутылка за бутылкой — весь ящик. Никто не смеялся, было очень горько.

Мне посчастливилось видеть Наташу в Париже, первый раз — в 88-м году, они жили тогда на улице Гей-Люссака, рядом с Люксембургским садом. У нее была работа в редакции «Русской мысли», она стала совершенной парижанкой — в смысле знания Парижа, и ходить-бродить и ездить с ней по городу было так здорово. Наташа никогда не ездила в метро, а только на автобусах, и особенно любила автобусы с задней площадкой, где можно было стоять и рассматривать всё вокруг; они ходили очень быстро и, кажется, даже по расписанию.

Мальчики выросли. Ясик стал художником, Оська, младший, учился, как он говорил, «на гениального режиссера», и Наташа была, по-моему, абсолютно счастлива. Это она умела — любить жизнь и принимать ее такой, какая она есть, а опыт страданий научил ее быть терпимой к людям: она действительно умела никого не осуждать — и это такая драгоценная и редчайшая добродетель.

В Париже Наташа прожила вторую половину жизни и очень любила этот город, называя его «городом П.». Она писала стихи, много переводила и часто ездила в свою любимую Польшу. Рано утром, проснувшись, она сразу шла в ближайшее кафе и выпивала там чашечку крепчайшего «двойного» кофе, обязательно с сигаретой — тогда в кафе можно было курить.

Еще у нее было любимое занятие — играть во флиппер. Эта игра напоминала наш настольный хоккей или футбол, где надо было двигать фигурки игроков на доске. Флипперы стояли почти в каждом кафе, и Наташа была таким азартным игроком, что я дивилась; она могла играть сколько угодно и сердилась, если я звала ее. Она говорила: «Отойди и не смотри мне под руку»...

Уходя в кафе, Наташа включала автоответчик на телефоне, и он исправно ее голосом сообщал всем звонившим: «Ушла в кафе, скоро буду». А вернувшись, забывала его отключить, и иногда он полдня без устали повторял одно и то же.

В Париже у Наташи никогда не было собственного дома, не было устоявшегося быта, но гостей Наташа очень любила угощать, вернее — кормить. Всегда в холодильнике стояла огромная кастрюля с грибным супом или щами и обязательно котелок с гречневой кашей, хотя гречку приходилось покупать в русских магазинах, что было совсем не дешево.

Однажды мы задумали насолить капусты, чтобы всегда можно было наварить щей. Я долго не могла найти «правильную» капусту, потому что в магазинах, да и на рынках продавали твердые, сухие и зеленые кочаны, которые совсем не давали сока. Наконец у одного араба я увидела два больших кочана хорошей капусты и купила их. Но как правильно солить капусту, я точно не знала, думала, что Наташа умеет; оказалось, что она никогда капусту не солила, но быстро нашла замечательную и подробнейшую инструкцию в Интернете, и капуста получилась на славу и потом пользовалась большим спросом.

Наташа легко перебиралась из одной квартиры в другую, легко обживалась на новом месте, привыкала к новому кафе, вот только флипперы из них постепенно исчезали, и приходилось уже довольно далеко ездить, чтобы поиграть на где-то еще уцелевшем.

Семья с годами увеличивалась: у старшего сына Ясика — два сына, у младшего Оськи — три дочери, и Наташа была замечательной бабушкой для своих внуков, нежно любила и заботилась о них и даже гордилась ими. Всем бы такую бабушку — скажу я. И ДРУГА.

Людмила Улицкая

Воспоминание о Пярвалке

На черном блюдечке залива
едва мерцает маячок,
и сплю на берегу залива
я, одинокий пешеход.
Еще заря не озарила
моих оледенелых щек,
еще судьба не прозвонила...
Ореховою шелухой
еще похрустывает гравий,
еще мне воля и покой
прощальных маршей не сыграли,
и волны сонно льнут к песку,
как я щекою к рюкзаку
на смутном берегу залива.

Наташа Доброхотова
«СОЗВАЛА АКУЛА РЫБОК...»

Я и рассказывала уже, и писала, что чуть не всем обязана Наташе Горбаневской. И не я одна могу так сказать. Наташа неслась по жизни от одной сферы к другой, создавая вокруг себя турбуленции, соединяя людей, которые иначе просто не могли встретиться, причем «в режиме наибольшего благоприятствования» — потому что рядом с ней. Когда выяснилось, что Наташа бывает у Ахматовой, мы прямо обалдели: вот, свой человек, сидит запросто — и только что от Анны Андреевны. В то время, в 1962 году, вышла у нас великая индийская книга «Панчатантра», и я рисовала к ней картинки, ни на что не рассчитывая, конечно, но очень красивые (они все потом потерялись). Наташа взяла папку, сказала: «Анна Андреевна сейчас живет... (не помню в какой семье), а Ника Глен работает в восточной редакции "Художественной литературы"» — и унесла.

И произошло чудо. Так мне потом и сказали знакомые книжники: это чудо, такого не бывает, больше не рассчитывай. Издательство затеяло какой-то эксклюзивный проект, искало неизвестного художника, желательно непрофессионала — а тут вот она я. Задумали они книжечку малого формата, богато иллюстрированную, отлично изданную. Корейский автор XVI века Лим Чже, повесть «Мышь под судом», изящная социальная сатира. Может быть, они хотели серию, но это издание так и осталось единственным. Книжку я сделала, на радостях бросила свою химию — работу в НИИ, а дальше пустилась в рискованное свободное плавание. Наташа помогала мне найти работу, и не раз. Например, в энциклопедии для младшего возраста — «Малышовке» — познакомила через третьи руки с худредактором Светланой Мартемьяновой, потом они с Галей Корниловой впихнули меня в «Пионер», это уже была тихая пристань, надолго. Всего и не вспомнишь. И не помню, чтобы я ей когда-нибудь сделала что-то хорошее — вот разве паковаться помогла при переезде на новую квартиру, и в этой квартире пол вымыла, вместе с Верой Лашковой.

Это, может быть, и не надо? Вам не надо рассказывать, какая она была смешная и временами нелепая, и над ней смеялись — за глаза. Например, как она дала пощечину Евтушенке — подпрыгнула или просто на цыпочки встала? Особенно же из-за ее влюбчивости. Один эпизод, даже и не смешной, расскажу.

Это всё те же 1962–1963 годы. Вернулся Алик [Гинзбург], у него в Лаврушинском постоянно клубился народ, мы тоже как-то попали, всё было рядом, мы жили у «Библиотеки Ленина». И с Аликом у Наташи возник бурный стремительный роман. Заходим мы к Алику с кем-то, он просит «не говорить Горбаневской, что я в Москве». В тот же день я встречаюсь с Наташей на углу улицы Фрунзе, она, наверно, с работы, какое-то было дело у нас, — и идем к метро, и она рассказывает, как она счастлива, какая у них любовь — а я-то знаю, что Алик уже вкручивает — и вдруг: а, вон идет Юра Галансков — и машет ему, и бежит навстречу. А Галансков идет от Алика, и мне бы побежать быстрее, схватить его за руку, предупредить, но я стесняюсь, мы почти не знакомы. Ну и вот, позвонила она вечером совсем убитым голосом, что всё кончено...

Не знаю, они же, наверно, потом помирились? А тогда через пару дней Наташа послала в Лаврушинский двух ребят, совсем молодые были у нас приятели, назывались «ковбои» — требовать обратно свои стихи, подборку. Правда, очень переживала.

...Зимой 1969 года Галя Корнилова, лучшая Наташина подруга, и я по командировке журнала «Пионер» отправились в Вильнюс. Кажется, надвигался какой-то ленинский юбилей. Так журнал, измученный календарными датами, придумал поместить школьные сочинения из разных республик, и нам достался Вильнюс, потому что Гале туда нужно было по семейным делам Натальи Трауберг. Кажется, я с ней тогда не была знакома, а потом мы очень дружили. Заодно Горбаневская поручила нам передать конфиденциально письма ее конспиративным друзьям, они там где-то полулегально снимали комнату.

Здесь у меня какая-то путаница. Кажется, мы не сразу вселились в гостиницу, а заехали сначала к Вергилиюсу Чепайтису, мужу Трауберг, они тогда расставались, с этим и была связана Галина поездка, она с Вергилиюсом тоже дружила. А путаница, потому что я не помню, почему мы искали конспиративную квартиру с чемоданом. Адрес был на конверте, Чепайтис нам сказал, где эта улица, мы и решили, видимо, сначала покончить с поручением. Вильнюс — город маленький. Но старинный! Был уже вечер. Эту крошечную улицу мы прошли из конца в конец раз пять, встретили за это время человек шесть, не больше, и каждого спросили, где этот дом. Улица оказалась односторонняя, на каком-то обрыве, а дом нашелся во дворе, уже в полной темноте мы методом тыка обнаружили вход, похожий на дощатую пристройку, высчитали, какой этаж может быть примерно третьим, а номер на двери, к счастью, оказался выпуклым. Так что нам открыл немного испуганный молодой человек — он, наверно, давно прислушивался, кто там шепчется и топчется на лестнице — и спросил, не видел ли нас кто-нибудь на улице.

Дальше мы очень славно прожили несколько дней, ходили в гости, приглашали к себе местную литературную элиту. Да, один вопрос возник: у нас в это время был скандал с Солженицыным, и наши литераторы подписывали письмо. Галя спросила эту самую элиту. «Это ваши русские дела», — надменно ответили нам. Настроения, с которыми потом выставили «балтийскую цепь», вполне были сформированы.

По своим пионерским делам мы посетили школу одаренных детей, для которой педагоги летом ездили по деревням и поселкам, собирали ребят в классы балета, музыки, живописи. Нам страшно понравился директор школы. Он подарил нам по значку — большая редкость, только для особо почетных посетителей. Галя свой приколола к пальто, я — к жакету или кофте. На другой день я ушла в другой кофте. Мы прошлялись весь день, возвращаемся, Галя останавливается в дверях: «У нас был обыск». Я бы не заметила. Но значок с моей одежки пропал. Какой-то коллекционер поживился.

Обратно мы летели на самолете, с нами был Том, сын Трауберг. Сколько ему было? Семь-восемь? А я ужасно боялась летать. Мы приземлились, Галя сказала весело: видишь, и ни разу не упали!

В аэропорту нас встретила Трауберг и сказала, что Горбаневскую взяли...

...Стихи она читала постоянно, в самых разных местах, даже полуофициально. Кажется, в кафе «Молодежное», или еще была похожая площадка. Там она первый раз прочла «Как андерсовской армии солдат...». Кто-то спросил: о чем это? Она сказала: да вот, не печатают меня... Позже, когда она уже вернулась из психушки, до отъезда, мы сами ей устраивали чтения — у Люды Кузнецовой (в Булгаковском доме), у подруги-художницы Гали Лавровской в мастерской.

Много еще можно рассказать — о театрах, например: когда она находила жемчужное зерно, старалась со всеми поделиться. То студенческий театр с «Голым королем», то польский театр с постановкой средневековой мистерии. «Трехгрошовая опера», премьера, после которой толпа зрителей, расходясь, плясала и вдоль Тверской, и по бульвару. Или таскала меня в библиотеку Архитектурного, смотреть журналы про американский авангард. Про книги что и говорить —

впрочем, не одна она вбрасывала что-нибудь в этот водоворот.

Печататься ей очень хотелось, пыталась проникнуть хоть в детские издательства. Стишки такие вы знаете? —

Созвала акула рыбок,
Червяков, медуз и губок.
— Слух мой очень-очень гибок,
Голос очень-очень гулок.
Я сегодня буду петь,
приходите посмотреть!
Ну и что же? И пришли.
Посмотрели и ушли.
Посмотреть-то посмотрели,
А послушать не смогли:
Из большой акульей пасти
Выплывали вместо песни
Пузыри да пескари...

* * *

Как андерсовской армии солдат,
как андерсеновский солдатик,
я не при деле. Я стихослагатель,
печально не умеющий солгать.

О, в битву я не ради орденов,
не ординарцем и не командиром —
разведчиком в болоте комарином,
что на трясучей тропке одинок.

О — рядовым! (Атака догорает.
Раскинувши ладони по траве — — — —

а на щеке спокойный муравей
последнюю кровинку догоняет.)

Но преданы мы. Бой идет без нас.
Погоны Андерса, как пряжки танцовщицы,
как туфельки и прочие вещицы,
и этим заменен боезапас.

Песок пустыни пляшет на зубах,
и плачет в типографии наборщик,
и долго веселится барахольщик
и белых смертных поставщик рубах.

О родина!..
Но вóроны следят,
чтоб мне не вырваться на поле боя,
чтоб мне остаться травкой полевою
под уходящими подошвами солдат.

Таня Чудотворцева
«ВСЕХ ЗАБРАЛИ, А Я НЕ УСПЕЛА!»

Про Наташку я впервые услышала в 1965 году. Дело было так. Я тогда — тоскующая, вполне бездомная девочка. Только-только школу закончила. Не очень понимала, как, куда и зачем надо тыркаться. Готовилась в художественный институт. И все время проводила у Юры Фрейдина, который мне в то время был чем-то вроде отца. Мне казалось, что он уже такой взрослый, солидный, опытный и очень заботливый. И вот я, как на работу, к нему и ходила. Каждый день! От него в студию или на курсы. Домой возвращалась только ночевать. Это всё — чтобы было понятно, в каком я была виде, когда Юра однажды мне торжественно сказал: Чуда, сейчас придет самая потрясающая женщина, которую я только знаю! Я удивилась и поинтересовалась, чем же она такая замечательная. Он сказал: во-первых, она меньше тебя ростом (потом посмотрел повнимательнее на меня и пробормотал: ну, может, такая же), во-вторых, она поэтесса! В-третьих — у нее есть сын, и зовут его Ярослав. Скажу честно: ни то, ни другое, ни третье меня не вдохновило и не восхитило. Наконец вошла женщина, в черном английском костюме (потом, когда я ей это рассказывала, она всегда почти кричала: Чуда, я никогда не носила такого! Но я прекрасно запомнила ее наряд, так как она напомнила нашу завучиху в школе).

Юра ей говорит: Наташа, это Чуда, моя юная подопечная. Она на меня так строго посмотрела. Я не сразу поняла, в какой глаз ей надо смотреть, чтобы разговаривать, была Наташка, как все помнят, косовата. Тогда я еще не понимала, что в этом ее фантастическое обаяние. Скорее, я ее испугалась. Она переспросила: Чуда? Это с чего бы? Тут Юрка ей всё объяснил про мою фамилию, что это моя кличка и пр. В общем, первое знакомство было невзрачным. Стихи меня не интересовали, я про нее ничего не слышала, а наличие сына Ярослава у достаточно уже взрослой тети меня никак не удивило. Через год я была уже женой Коли Котрелева и про Наташу Горбаневскую ничего не слышала, пока с удивлением не узнала, что эта женщина-герой (как ее назвал Юра Фрейдин), оказывается, довольно близкая подруга моего мужа. Мы несколько раз встречались, в гостях, еще где-то. Но никаких личных отношений у нас не завязывалось еще довольно долго. Правда, было время, когда она прибегала к нам почти каждый день, так как жила в доме с голубыми окнами напротив нашего дома на Сивцевом Вражке. К слову, у меня до сих пор цела моя студенческая акварель этого дома. Писала я ее прямо из окон своей комнаты. Наташа приходила, дарила Коле свои стихи в тоненьких, самодельных машинописных тетрадочках, подписывала их непонятным для меня тогдашней словом: медиевисту и другу. Я же гадала, кто это такой друг-медиевист, пока мой грамотный Коля мне не объяснил. Даже в 1968 году, когда родился второй сын Ося и я в связи с этим собирала для него Катькины шмотки, которые приходила забирать строгая Наташа Светлова к нам на Сивцев Вражек, — даже и тогда никакой особой приязни у нас не было. Не стало ее, как это ни удивительно, и даже тогда, когда после ее выхода на Красную площадь мы так переживали за них всех, а за Наташу особо... Просто она для меня оставалась подругой мужа.

А вот стали мы близкими людьми благодаря исключительному случаю. Щедрость Наташиной души, ее невероятный нрав и характер, а моя отвратительная детскость стали тому причиной.

На дворе шел уже 1973 год, у нас было уже двое детей. И я была вполне взрослой особой, двадцати семи лет от роду. Мы ехали на день рождения к Маше Слоним, куда 6 ноября каждый год съезжалась почти вся Москва; я же — только второй или третий раз. Ехать мне было неохота, я тогда мало кого знала. Приехали. Народ уже вовсю гуляет. Все почти в той или иной степени в подпитии. Я тогда не пила совсем. Стала бродить по огромным, как мне тогда казалось, пространствам (сами мы жили в коммуналке в крошечных комнатушках). Муж мой сразу куда-то исчез в знакомой и дружественной толпе. Я же слонялась и не знала, чем себя занять. И так набрела на кухню, где увидела нарядную и торжественную Наташку в окружении незнакомых молодых людей, которые смотрели на нее с обожанием. Она что-то читала, на столе горела свеча, было темно. Я постояла, послушала. Мне стало скучно. И я подошла к столу и погасила свечку. Наташка мне сказала: не балуйся, Чуда! И свечку снова зажгла. Всё повторилось. Я опять ее погасила. Неудержимая наглая глупость меня просто подталкивала еще раз напакостить. Тут Наташа взвилась и пригрозила мне, что, мол, если я еще раз так сделаю, она мне даст в глаз, и вновь зажгла свечу и продолжала что-то декламировать. Мальчики с опаской поглядывали на меня. А я совсем потеряла всякий страх и погасила в третий раз! И тут Наташка подскочила и в самом деле забабахала мне довольно сильную оплеуху! Я выбежала с кухни и со слезами бросилась разыскивать своего мужа с криком: вон отсюда! Меня оскорбили! Он уже был порядочно пьян и ничего не понял, кто-то суетился, охал. Я держалась за щеку, от обиды у меня непрерывно текли слезы. Он покорно поплелся домой, так ничего и не поняв.

Наутро я ему всё напомнила и, возмущенная таким, как мне казалось, произволом, стала требовать, чтобы он звонил своей Горбаневской и сказал ей, чтобы она никогда больше к нам не приходила! Настолько я была поглощена своей обидой, что свою же наглость даже и не замечала. Коля звонить, конечно, не стал. Я обижалась. Кричала: либо я, либо Горбаневская! Выбирай! Он мне терпеливо объяснял, что я его жена, а Наташа — его старая подруга. И выбирать он не будет. Я постепенно успокоилась, забылась, но слышать про «обидчицу» не хотела. И вот проходит, наверное, недели две. Я как-то возвращаюсь с прогулки со своими маленькими детьми. Было уже начало зимы. Пока я их раздела, разделась сама, дверь в мою комнату стала как-то отворяться сама. Мы часто свои двери в коммуналке не закрывали. Но тут мне показалось что-то странное. Я не без страха заглянула туда и с удивлением обнаружила, что на одном стуле и на кровати сидят трое: Саня Даниэль (я его тогда увидела впервые), некто Лева Лурье из Питера (как потом выяснилось) и... Наташа Горбаневская. И тут произошло что-то, что меня потом всю жизнь не оставляло не только своею неожиданностью, но и фантастичностью. Она встала, как на торжественном собрании, и так же торжественно сказала: Чуда! Я пришла мириться и привела своих друзей, чтобы они были свидетелями!

Надо сказать, что в первую секунду я подумала, что Наташка еще раз пришла как следует мне вмазать. Но услышав ТАКОЕ, я обмякла, дико разволновалась. Наташка, видя мое смущение, подскочила ко мне, обняла, расцеловала... Что было дальше, я толком не помню — то ли мы пили чай, то ли водку. Это уже неважно. Важно то, что величие и щедрость Наташиной души меня потрясли на всю жизнь и оставались со мною до самой ее смерти.

А дальше — сорок (!) лет нежнейшей любви и дружбы. Вспоминаю, как она спросила у меня: Чуда, что тебе подарить на Татьянин день? Я, не задумываясь, сказала — стихи, но первую строчку я тебе расскажу (мы только приехали из Молдавии с детьми. И, подъезжая к Москве, муж мой Коля очень лирично и распевно, глядя в небо, пропел почти что: «Не встретила бы нас Москва дождем!» Я ему говорю: а дальше? —

а дальше ничего, сказал он. А мне уже послышались стихи). А Наташка и впрямь подарила и даже посвятила мне стихи, начинающиеся этой строкой.

Вспоминается, как она, не задумываясь, в жару, одевшись слишком тепло, в гостях у Саши Грибанова содрала с окон занавеску, обмоталась и, несмотря на наши уговоры, что она слишком прозрачная, пошла так гулять!

Мы ездили к ней в «Город П.», как всегда она называла Париж, ставший ей родным. И всегда, всегда она с распахнутыми, счастливыми руками, с невиданным для небогатого, мягко выражаясь, человека гостеприимством нас всех потчевала, принимала, гуляла, рассказывала и всегда и всем радовалась. Последний раз мы встретились 21 августа прошлого, 2013 года, когда она приехала на 45-летие событий на Красной площади. Она пришла ко мне на Арбат, мне кажется, прямо оттуда. И была ужасно расстроена. Я спросила ее: Наташ, что такое? — Да обидно, говорит. Я немного опоздала (там были какие-то молодые люди, ее поклонники и последователи, которые развернули транспарант «За нашу и вашу свободу!») — их всех забрали, а я не успела! Я ее утешала, но она так и ушла расстроенная.

Тане Чудотворцевой,
задавшей мне первую строчку

Не встретила бы нас Москва дождем,
но лучше уж дождем, чем вязким зноем,
но лучше зноем, чем по ребрам батожьем,
но лучше батожьем, чем сломленным устоем

179

и ненадежной крышею на трех
от зноя и дождя сгнивающих опорах,
где выдувает сено из прорех
пустой сквозняк, чей звук — не звон, а шорох.

Не встретила бы нас Москва вообще,
но лучше уж Москва, чем холм безлесный,
чем тот сквозняк, ползущий из щелей
зернохранилища развалины бескрестной.

Наталья Горбаневская
ДОЖДЬ В МОЕЙ ЖИЗНИ

Просьба о дожде застала меня как бы врасплох. Дождь
у меня и в стихах, и еще больше в жизни играет очень
большую роль. Скажем, так: плохое настроение — выхожу под дождь — возвращаюсь в полном порядке.
Дождь как бы идет всю жизнь, и уже трудно из него
что-то выделить. Дождь, дождь и дождь. Иногда до-
ждик. Если учесть парижскую погоду («переменную
облачность» или почти постоянную непогодь), то моя
жизнь в дожде за последние двадцать пять лет только
окрепла. Но через несколько дней вдруг резко и ясно,
как одно из самых сильных жизненных впечатлений,
вспомнился дождь, совсем не попавший в стихи.
Дождь в детстве (но сразу отметаю его яркость и силу
за счет детства — у меня детские воспоминания очень
скудные), не вспоминавшийся давно-давно. Эта рез-
кость-ясность-яркость-сила отнюдь не означает, что
описание хоть в чем-то сравняется со зрительным
и чувственным (т. е. формально — осязательным, но

всем телом: шеей, спиной, лопатками, ногами, насквозь промокшей одеждой) воспоминанием. Даже наоборот: чувствую, что описание будет сухим и формальным. Это был 44, 45 или 46-й год, т. е. мне было восемь-десять лет (скорее всё-таки 44-й и восемь, т. е. еще война). Лето. Мы жили на улице Чайковского (ныне, слава Богу, снова Новинский бульвар), в подвале не сгоревшего во вторую бомбежку Москвы, когда сгорело всё здание, флигеля Книжной палаты (особняк князей Гагариных архитектора Бове). На этом месте теперь дом Большого театра, дом 16—20 (наш был 20). Естественно, сколько можно времени я проводила на дворе, а не в сыром подвале. И тут хлынул ливень. И я побежала под этим ливнем по Садовому кольцу, посреди улицы. Ливень был такой, что движение остановилось (а оно и было тогда небольшим). Тротуары были более чем залиты. Потоки воды клубились, сталкивались, бурлили (и т. п.). Люди все шли босиком, с туфлями и ботинками в руках, я была тоже босиком (но, видно, и перед тем так во дворе гуляла — во всяком случае, в руках у меня ничего не было; или бросила во дворе?). Добежала я то ли до Зубовской, то ли даже до метро «Парк культуры» (рационально — помню, что до Зубовской; глазами — вижу тетенек, перебирающихся через потоп у метро «Парк культуры»; как это сочетать, не знаю, скорее верю глазам). Конечно, я тогда себе словесного не отдавала отчета, но несла меня жуткая радость. Почему-то ливень вызывал неудержимое желание бежать, нестись (не на месте бегать и носиться, как тоже бывает, а «куда-то» в одном направлении) — и ведь всю дорогу, ведь шла же. Добежав (куда — см. выше), я, может б и дальше бежала бы, но тут вспомнила, что баб наверно, меня уже ищет и что надо скорее домой, «а то попадет» («попадет» у нас дома никогда не было физическим — только нотации, но я их ужасно не любила). Обратно, наверное, не бежала, а шла. Вот и всё*.

Виктор Дзядко

КАК Я НЕ СТАЛ НАТАШИНЫМ ОТЧИМОМ

Моя история короткая и дурацкая, просто смешная. Она скорее не про Горбаневскую, а про ее мать.

Я познакомился с Наташиными друзьями после ее отъезда (где-то в 1977—1978 годах). Это Арина Гинзбург, Таня и Дима Борисовы, Вера Лашкова. И так или иначе для всех них она была «Столпом и Утверждением». И только единственный, кто ее не мог терпеть, — Володя Гершуни (по легенде, у них был роман по переписке из разных психушек, который ничем не кончился, но в Гершуни страсть не утихала и по прошествии многих лет. Помню кусок какого-то его текста про Наташу: что-то вроде: «...кто на площадь выходит как на панель...»).

А все остальное про нее: да, безбашенная, бесстрашная, но — герой, и я понимал, что никогда ее не увижу, не познакомлюсь. Череда уехавших людей, провожаемых, как в смерть, в «Шереметьево», у меня уже была...

Но произошло то, что произошло, Наташа в Москве, получилось, что и знакомиться было не надо, сразу на «ты», она жила у нас дома, приезжала на дачу в Кратово. Есть у нас там такая маленькая черная книжечка, где все любимые друзья оставляют свои отзывы о Кратове. И Наташа туда написала стихи:

---

* «В моей жизни», № 2, 15 июля 2003.

За всё, за всё благодарю!
За дождь, за мед, за смех, за лень,
За Аньки-маленькой победы,
За Аньки-старшей красоту,
За Зойки-тоненькой обеды,
За Витьки-папы доброту!

Абсолютно свой человек, с вечной сигаретой «Честерфилд», сидящий без конца за компьютером, бегущий куда-то, звонящий, спешащий, абсолютно неприхотливый, с редким чувством юмора, безбытный, прекрасный. Не знаю, стоит ли рассказать — лето, я приезжаю с дачи, Наташа за компьютером, в зубах сигарета, и дорожка из пепла от компьютера до туалета. Обидеться на нее или что-то сказать было невозможно.

Вернусь к сюжету: какое-то начало восьмидесятых, я молод и не женат. Друзья мои Борисовы в одну из наших частых встреч говорят: вот, мол, проблема — Наташину маму, Евгению Семеновну могут уплотнить (вот он, совок! кто сейчас это поймет?!). Кто-то ей сказал, что одной занимать трехкомнатную квартиру не по чину, будет подселение. Что делать? Надо ей выходить замуж. Жених — я. Мне двадцать пять с чем-то, я иду знакомиться с невестой. Замечательная, статная, в моем тогдашнем представлении чем-то похожая на Ахматову. Далее встреча с моими родителями (папа — 1909 года, мама — 1920-го, Евгения Семеновна, кажется, постарше).

Я ее встретил у метро «ВДНХ», пришли к нам на Звездный бульвар. Завтрак, папины пироги с капустой. Они говорили о чем-то своем, мои родители, привыкшие к моим диссидентским друзьям, обыскам и допросам, не сильно удивились, что я «обязан» жениться.

А я сидел и думал: «Участь моя решена, я женюсь». Идиотизм, комизм и некоторый ужас. Неожиданно всё прошло прекрасно... Даже не знаю, знала ли тогда Наташа о моем сватовстве. Уже потом, спустя годы, когда мы познакомились, мне с ней интересно было говорить совсем о других вещах.

Тем более что Наташиным отчимом я так и не стал — объяснили, что эта квартира даже по тогдашним законам никаким уплотнениям не подлежит.

Сусанна Черноброва
ТРИ ЭПИЗОДА

1.

Я сначала познакомилась со стихами Наташи, а потом уже с ней самой. Поэтому она для меня навсегда в первую очередь поэт. Впервые мне ее стихи прочитал мой друг юности Сеня Рогинский...

Потом в Тарту мне попал в руки машинописный сборничек стихов 1964 года «Граница света». С ними связан такой эпизод. Наташины стихи передавались в Тарту из рук в руки. Я решила, что греха нет дать почитать их своей подруге Лиде Филатовой, такой же, как я, стихоманке. Она дала их ее другу Володе Френкелю, а он дал еще кому-то, кажется, из газеты «Советская молодежь». На следующее утро я шла мимо открытого кафе «Птичник», где собиралась рижская, как она именовала себя, богема. Разумеется, оно кишело стукачами. За каждым столиком шелестели перепечатанными и переписанными от руки стихами Наташи. Вечером мне позвонил мой будущий муж, а тогда еще даже и не друг, Рома Тименчик, и сказал, что удивлен моей популяризаторской деятельностью — все-таки лучше было этим стихам не попадать куда не следует. Помню, что очень расстроилась тогда.

2.

Летом 1966 года я с ней познакомилась. Я приехала в Москву и жила у своей подруги Марины Журинской. Мы дурачились, играли в шарады, много шлялись по Москве шумной компанией, пили кофе в стекляшках. Помимо Наташи приходили еще Лена Толстая, Юра Фрейдин, Гарик Суперфин. Наш с Ромой и Наташей общий приятель пригласил меня съездить в Переделкино, пока Рома бегает по архивам. Вечером в Переделкино мы провожали Наташу, уж не помню откуда куда. Последний кусок дороги приятель предложил Наташе пройти самой. Она воспротивилась, сказала, что боится темной улицы. «Может, хоть ребенок пойдет со мной?» — спросила она. Тот возразил: «За ребенка отвечаю перед Ромой». В конце концов мы проводили Наташу до дому. На обратном пути он обратился ко мне: «Как вам нравится этот Наташин поступок? Какая трусость!»

Августовским днем 1968 года мы поехали на дачу под Ригой. Надо было отвезти Юрию Михайловичу Лотману «Спидолу». Юрмих и Зара недавно были в Праге и глубоко переживали за своих чешских друзей. Взяли с собой «Спидолы», чтобы слушать «Би-би-си» и другие западные станции, в Риге сильно глушили. В лесу по «Немецкой волне» услышали про выход нескольких человек на Красную площадь. Фамилий еще не назвали, сказали только про женщину с коляской. Рома заметил: «На свете есть только одна женщина, которая способна с грудным ребенком выйти на площадь». Через некоторое время назвали фамилии. Она.

3.

Наташа несколько раз приезжала в Ригу. Она проводила время с рижской компанией, так называемой «кодлой». В этом городе в августе 1965-го написано стихотворение «Окраины враждебных городов», написано после глупейшей ссоры: Наташа хотела идти гулять, а «кодла» — сидеть в застолье. Наташа обиделась, ушла бродить сама и вернулась торжествующая со стихотворением:

> Окраины враждебных городов,
> где царствует латиница в афишах,
> где готика кривляется на крышах...

У нее, вероятно, возникало острое чувство отверженности вне дома:

> Не тронь меня, кричу прохожим,
> не замечающим меня,
> чужие комнаты кляня,
> слоняюсь по чужим прихожим.

В Ригу она приезжала прощаться в 1975-м, ночевала у нас, даже перепеленала нашу четырехмесячную Лизу. Подарила автограф стихотворения 1974 года. Строчки из него запомнились на всю жизнь:

И к этим до дна промороженным и до горячки
                                              простывшим
впотьмах распростертым убогим моим Патриаршим
прильну и приникну примерзну притихну поймешь
                                          ли простишь ли
сбегая ко мне по торжественным лестничным маршам.

В предпоследний раз мы ее видели в Париже в феврале 2010-го. Она нас принимала у себя, кормила супом. Пошла нас провожать на улицу... Мы немного заблудились, путь удлинился. Наташа почувствовала себя нехорошо, все время останавливалась. Ведь у нее уже была операция на сердце. Мы посидели на скамеечке, предлагали вызвать такси, отвезти ее домой. Наташа отказывалась. Накануне у меня сломался фотоаппарат, и снимков той встречи нет.

Окраины враждебных городов,
где царствует латиница в афишах,
где готика кривляется на крышах,
где прямо к морю катятся трамваи,
пришелец дальний, воздухом окраин
вздохни хоть раз, и ты уже готов,
и растворен навстречу узким окнам,
и просветлен, подобно крышам мокрым
после дождя, и все твое лицо
прекрасно, как трамвайное кольцо.

Наталья Червинская

ОНА РАБОТАЛА ПОЭТОМ

Всё мое общение с Наташей было на уровне быта, которым она не интересовалась, и даже денег, к которым она не имела никакого отношения. Помню я всякие бытовые вещи: туфли, блузку, ползунки для моего сына, ковбойскую шляпу для ее внука, баночки детского питания из Вены, устрицы в Париже, пельмени в Москве и в Нью-Йорке.

И вся эта проза жизни, поскольку она была связана с Наташей, оказалась связана и с историей.

Знакомство наше началось так: мой рижский друг Ромочка — Роман Тименчик — дал мне пакет с туфлями Горбаневской и велел отнести в починку. Объяснил, что Наталья сносила туфли, путешествуя автостопом. Сапожник, взглянув на эти полуистлевшие туфли, чинить отказался. «Что ж это твоя подруга такая бедная? Кем она работает?»

Не говорить же было: «Она работает поэтом». Я сказала: «Учителем».

Я уже знала про нее, у нас была общая компания. Возможно, что и встречала, но не заметила. Не очень она была заметная.

А компания была, как оказалось со временем, довольно замечательная. Назову только тех, кого знала сама, круг общения Наташи был, конечно, намного шире: Гарик Суперфин, Дима и Таня Борисовы, Сеня Рогинский, Тименчики, Грибановы, Коля Котрелев, Гарик Левинтон, Боря Михайлов, Маша Слоним, Анатолий Найман, Люся Улицкая, Владимир Кормер, Леня Чертков, Таня Никольская, Витя Живов — можно еще долго продолжать...

Если объяснять, кем стали эти люди, то справочный аппарат займет полкниги. Я не называю их по имени-отчеству, что было бы для меня совершенно неестественно. Более того, на самом деле они были Ромка, Миха, Коляня, Люська, Супер, Сенька. И Горбаниха.

Большинство из них были тогда начинающими литературоведами и историками, людьми тихих кабинетных профессий. В другой стране они бы прожили спокойную академическую жизнь. Но их исследования были опаснейшей деятельностью: они восстанавливали прерванную связь времен, подлинную историю русской литературы, историю страны. Они начинали новое религиозное движение, возрождали гражданскую жизнь.

Должна сказать, что никаким «поколением» мы себя не осознавали. Жили, как нам казалось, достаточно скучно. Даже над опасностью своей деятельности они не особо задумывались. Хотя давали за нее не кафедры, а сроки.

Я очень не люблю разговоры типа: «Я не занимаюсь политикой! Не надо лезть в политику!»

Что есть политика в несвободном государстве, тем более в тоталитарном? Наталья хотела писать стихи. Гарик и Сеня — заниматься исследовательской работой. Но если государство не разрешает человеку жить нормальной жизнью, то нормальная жизнь становится политикой. Одним из обвинений, предъявленных Гарику Суперфину, было: «Сомневался в авторстве "Тихого Дона"». Сеню Рогинского посадили за подделку подписи на библиотечном пропуске. Натальины стихи посчитали симптомом вялотекущей шизофрении.

(Все это, казавшееся давно забытой экзотикой, почти средневековьем еще несколько месяцев назад, сейчас становится опять реальным и возможным в России, оживает как в фильме ужасов.)

«Стиль» — то, о чем Синявский говорил: «У меня с советской властью расхождения чисто стилистические», — был для нас чрезвычайно важен. Как мне теперь кажется, стиль этот был — отсутствие солидности. Постоянная самоирония. Нам было в середине семидесятых уже около тридцати или за тридцать; многие благополучно становятся солидными в этом возрасте.

Но мертвенная солидность была стилистикой советской власти. Они внедряли солидность с помощью Уголовного кодекса и народных дружин. Солидность, тупая агрессивность — то, что теперь возродилось и называется зубодробительно-уродливым словом «скрепы».

Именно поэтому в нашей компании совершенно не принято было говорить прямолинейно и с пафосом. У нас были игра и ирония. Мне кажется, что друзья мои были не просто легкомысленны, а героически легкомысленны.

Наташку, нашу Горбаниху, о которой слышала я достаточно много шуточек и иронических замечаний, я узнала ближе уже после ее освобождения из психиатрической больницы, и встречались мы довольно часто с 1972 года и до ее отъезда.

После туфель была еще история с блузкой. Я к шитью совершенно неспособна, но раз в жизни сшила блузку, да не просто блузку, а на манер мужской рубашки, что у нас называлось «батонок», с воротником на пуговках, в подражание чему-то фирменному и заграничному.

Предмет получился дикий, весь перекошенный. Я отдала Гарику Суперфину кучу всякой одежды и обуви, тогда собирали вещи для семей заключенных и нуждающихся. В том числе и эту невнятную блузку. В свое оправдание могу сказать, что отдавались и вполне приличные предметы — я была девушка буржуазная, жила в писательском доме и работала кинорежиссером.

Прихожу я вскоре к Наташе. Она идет в гости и, к моему ужасу, надевает мою домодельную блузку, приговаривая осудительно: «Ну кто ж это красивую материю так изуродовать сумел, это ж руки оторвать надо!»

Я ей так никогда и не призналась.

Теперь все вспоминают о супах, изготовлением которых Наташа в последние годы увлекалась. А тогда она готовила обед детям так: варились пельмени на второе, а в пельменной воде варилась картошка и морковка, и это был суп. Всю жизнь она пельмени любила. В Париже пельменей вроде бы не было, а в Нью-Йорке я для нее покупала.

Помню день рождения, и Осик маленький ноет: «Я хочу, чтоб пришел Юлик со своей балалайкой!» Это было особенно смешно, потому что в те времена ходил анекдот о начальнике, приказавшем Рихтеру ехать на гастроли: «Возьмете свою скрипочку и поедете!» Потом действительно Ким пришел и пел, к удовольствию Осика и всех нас.

И дальше помню: весна, балкон, какая-то вечеринка. Мы с Наташей курим на балконе. Я редко делаю людям комплименты, мне неудобно говорить с авторами, с художниками. Но тогда я, подвыпивши, сказала: «Наташка, я вообще не понимаю, хорошие ли ты стихи пишешь. У меня нет никакой возможности объективно оценить, потому что мне всё время кажется, что это мой собственный голос. Это то, с чем просыпаюсь, засыпаю, вроде бы мой внутренний монолог».

И она, конечно, была счастлива. Я так рада, что сказала ей это.

Действительно, в эти годы — с 1972 до 1975-й — у меня в голове все время звучали ее голос, ее слова. И действительно, ни тогда, ни сейчас я не могу судить о ценности ее стихов для развития русской поэзии, о ее месте, роли, значении и так далее. Стихи для нас были нашей внутренней жизнью, частью нашей личности. Но обычно это были стихи, скажем, Пушкина. В юности — Блока, позже — Мандельштама. А тут была наша Наташка, над которой в компании вовсю иронизировали. Наташка в моей дурацкой блузке — и эти стихи. Такой подарок судьбы: твой собственный личный поэт.

Наталья для меня всегда существовала в двух измерениях. Я чувствовала, что главное в ней — вне времени. Но и временное, нелепое, трогательное, ежедневное — как же я это любила. То, как легко было ее рассмешить. Прелестную картавость. То, как она курила, держа локоть на отлете, каким-то странным, немного военизированным движением. Вообще «андерсеновский солдатик» — это, безусловно, автопортрет. Такое игрушечно-отважное, решительное существо, как маленькая птичка, защищающая гнездо.

Когда она решила уезжать в 1975-м, я тоже подавала документы, хотя уехала только через два года после нее.

Она меня потащила с собой в Питер: «Надо попрощаться, больше ведь никогда не увидишь!» Из поездки помню я черную, грязную воду в канале, в Новой Голландии. Смотрим вместе в эту воду, и я думаю: «Больше я этого никогда не увижу... Всё. С концами. Не в этой жизни островной повстречаешься въяве и вживе ты со мной, только парус кружит и пружинит над волной Ахерона...»

Вообще мы так упражнялись в ностальгии заранее, еще на месте, что, уехав, уже никакой ностальгии не чувствовали. Да и времени на нее не было. И ностальгия оказалась гораздо более сложным явлением, вкрадчивым и непроходящим.

Еще ходили мы тогда к Кириллу Косцинскому. Бобышев расспрашивал Косцинского о войне. Например, приходилось ли Косцинскому, служившему в военной разведке, пытать пленных? Косцинский ответил, что да, приходилось. Еще Бобышев сказал, что в случае войны постарается, чтоб его в первом же бою убили, потому что не хочет воевать за эту страну. Косцинский порекомендовал кончать самоубийством еще до призыва, потому что на войне нельзя стараться, чтоб убили, — физиологически невозможно. Мне эти вопросы не нравились, но Наталья защищала Бобышева. Как потом и других «ахматовских сирот», как и всех своих друзей.

Ездили мы с ней в Комарово. Шли долго по тропинке к кладбищу, я рассказывала про свое первое замужество, а Наталья — про свой первый роман. Такой был девичий разговор.

Наталья устроила меня ночевать в комнате какого-то поэта. Не помню какого, не помню, как туда попала. Помню белую ночь, поэзию Серебряного века и клопов. Клопы не давали ни малейшей возможности уснуть в постели поэта (сам поэт находился неизвестно где, и имя его мне неизвестно; но уверена, что замечательный был поэт. Кто еще мог бы претерпевать муки на этом ложе?). Я сидела на подоконнике всю белую ночь, читала серебряную позэию, там были замечательные сборники... Думала о предстоящей жизни в эмиграции. Которая, повторяю, оказалась совсем другой.

Еще той осенью я сопровождала Наталью на электричке в деревню, к знахарке. На меня знахарка посмотрела волком, сразу почувствовав цинизм и скепсис; а с Натальей они говорили долго, серьезно и деловито, совершенно на равных. В чем состояла хвороба — не знаю, не спрашивала.

Наталья получила визу, и я одолжила ей деньги на отъезд. Это было для нас сюрпризом — на отъезд нужны были деньги, а не просто разрешение начальства. Деньги, категория уже нового мира, в который мы отправлялись. Я пришла к ней с деньгами, и разговор у нас был о Цветаевой. Я с азартом высказывала свое отрицательное мнение, а Наташа с огромным удовольствием со мной соглашалась. Она всю жизнь вела борьбу с Цветаевой. Наш друг Саша Сумеркин посмеивался по этому поводу: поэты всегда ругают тех предшественников, которые им наиболее близки. Бродский Цветаеву безбоязненно превозносил, потому что имел с нею так мало общего. Наталья же, с ее безбытностью, с ее задыхающейся поэтической речью, набегающими друг на друга строчками, с ее совершенно невыносимой для обычных людей жадностью к общению и любви, — конечно же, она от Цветаевой должна была всячески отрекаться...

Я несла свой невежественный бред: почему Цветаева все время о себе да о себе? Мало ли в двадцатом веке других проблем? «В моем родном двадцатом веке, где мертвых больше, чем гробов...»

Я и сейчас так думаю, хотя не о Цветаевой. Неправда, что после Освенцима нельзя писать стихи. Но нельзя, святотатственно — писать мелодраму, сентиментализм. А романтизм — и вовсе преступно, если вспомнить, что под флагом романтизма проделывали. У Наташи ни сантиментов, ни романтики нет.

«И почему Цветаева перечисляет все варианты эпитета? — распространялась я. — Выбрала бы и лаконично употребила один...»

И Наталья всё поддакивала, но потом попросила посидеть тихо, так как ей нужно сделать важный звонок. Насколько я помню, говорила она стоя.

С серьезной почтительностью, которую я никогда в ней не предполагала.

— Андрей Дмитриевич! Это Наташа Горбаневская. Поздравляю вас с получением Нобелевской премии.

Я потом рассказывала: «Оказывается, наша Наталья умеет стоять навытяжку! Как юный пионер! И даже у нее есть авторитеты, и она умеет к кому-то относиться с почтением!»

Это, значит, было 9 или 10 октября 1975 года. За два месяца до ее отъезда.

А к Нобелевской премии Бродского — двенадцать лет спустя — она относилась совершенно как к своей собственной. Как к семейной удаче. Показывала мне в Нью-Йорке какое-то цветастое платье: «Это мое нобелевское, это я купила, чтоб к Иосифу в Стокгольм поехать!»

Проводы ее в «Шереметьево» не помню совершенно. Только холод, темноту и почему-то маленького Павла Марченко на руках у Ларисы Богораз.

В первом письме из эмиграции Наташа радостно сообщила: «Оказывается, ребята, и без вас можно прожить!» Некоторые возмутились такой бестактностью. А меня поразила трагическая детскость: она действительно, всерьез боялась, что без своих друзей не сможет жить.

Деньги я тогда дала в долг, не подарила. За что мне задним числом очень стыдно. Но считалось, что при пересечении границы все немедленно достигают буржуазного благополучия. Наташа не достигла никакого благополучия ни тогда, ни потом, но долг вернула — в виде пинеток, ползунков и детского питания для моего сына, названного в честь Оси Горбаневского Иосифом.

Привозила это добро девушка из Вены, Розмари Циглер, замечательная, бесстрашная, имя которой мне ни в каких мемуарах теперь не попадается — а ведь кроме комбинезончиков и баночек с протертой тыквенной кашей Розмари привозила в Москву «Хартию-77», а из Москвы вывозила «Чонкина», рукописи Гроссмана, наверняка и многое другое, о чем я не знала.

По поводу присылавшихся моему сыну детских припасов я сочинила колыбельную; там с благодарностью перечислялись все антисоветские организации и эмигрантские издания мира. Сеня Рогинский попросил списать слова. Листочек с колыбельной изъяли у него на обыске, и Сеня видел его потом с надписью: «Горбаневская?» — из-за имени Оси гэбэшники посчитали мою поэзию стихами Горбаневской.

Потом появился очень испуганный молодой человек из Парижа с тяжелыми мешками книг от Наташи. Получилось нечто вроде библиотечки на дому, избы-читальни. Там одних «ГУЛАГов» было экземпляров пять. Звонили конспиративно разные люди, например, Бенедикт Сарнов: «Я уже тот кусок пирога съел. Можно я зайду и возьму какой-нибудь другой кусок?»

Вскоре мы уехали и увиделись с Наташей уже в Нью-Йорке. Она прилетела из Калифорнии, где работала с Чеславом Милошем, заканчивала перевод «Поэтического трактата». У меня устроили чтение. Почему-то у меня много было тогда знакомых поляков. Сидели все на полу, мебели не было.

За выступление в одном из нью-йоркских университетов ей заплатили пятьдесят долларов, а Евтушенке — пятьсот. Наталья была эмигрантка с нансеновским паспортом, а Евтушенко приезжал официально, как полноправный представитель советской культуры. Назначавшие поэтам цену американские слависты не понимали, что известность и успех в странах с цензурой, тоталитарным режимом и подтасованной несвободной конкуренцией означает не поэтический талант, а большую способность к коллаборационизму.

В 1981 году Наташа позвонила из Парижа — арестовали Сеню Рогинского. И она велела бороться. Мы и боролись, хотя от борьбы нашей проку оказалось мало.

Я тут сказала: она велела. Наталья в своих интервью рассказывала, что в семье на нее никогда не давили и что она вообразить себе не может, как это — давить на другого человека. И внучка ее Анечка рассказывает: бабушка никогда на нас не давила.

Она, конечно, не давила — как может такой воробей давить? Но она от тебя ожидала. С уверенностью ребенка, который берет за руку и говорит: «Пошли!» Ребенок не спрашивает — есть ли у тебя время и не болит ли у тебя голова. Ребенок уверен, что у тебя те же безграничная энергия и интерес к миру, что у него. И ребенку невозможно отказать, потому что он от тебя доверчиво ждет помощи, любви, интереса.

Наталья ожидала от своих друзей помощи, любви, интереса и, безусловно, — порядочности. Той порядочности, которая вызывается ощущением себя не просто обывателем, действующим на уровне ежедневности и быта, но и человеком, существующим в истории, понимающим, что всякий твой шаг и к истории имеет отношение.

Неясно выражаюсь, но именно это чувство вызывала она у меня, и за это я ей всегда была и остаюсь благодарна.

Потом я приехала в первый раз в Париж, участвовать в прикладной выставке. Этот вечер приезда мне вспоминается как один из счастливейших в моей жизни. Мы гуляли по Парижу, а потом Наталья меня научила есть устрицы! И пить коктейль — шампанское с ликером, кир руайяль! Такой был у нас роскошный вечер. Я очень люблю красивую жизнь. И Наташа на самом-то деле тоже любила, только у нее красивой жизни было мало. Но перед друзьями Наталья щеголяла своим Парижем.

Потом мы сидели у нее дома, она проигрывала записи «Аквариума» и «Звуков Му». Она тогда, в начале перестройки, очень увлекалась этой новой русской музыкой.

Последний раз Наташа приезжала в Нью-Йорк в 2003 году. Владимир Фельцман и Мария Бродская, с активной помощью нашего друга Саши Сумеркина, уже в то время тяжело больного, организовали музыкально-поэтический фестиваль подпольного искусства шестидесятых-семидесятых годов.

Поселили приехавших поэтов в отеле «Империя», который выходит килем на площадь перед «Линкольн-центром». И теперь я всякий раз прохожу мимо и вспоминаю: «Империя похожа на трирему...»

Мы провели вместе почти неделю. И очень веселились. Я служила при Наталье котом-книгоношей и собакой-поводырем и каждый вечер описывала происходящее в письмах Люсе Улицкой.

«...Как же я люблю Горбаневскую! — "Кысь" — говорю я ей. — Что, что? — "Кысь", "Кысь" же, — кричу я ей в глухое ухо, под мерзким снегом возле *Columbus Circle*, — "Кысь", Татьяна Толстая, антиутопия с аллитерациями и каламбурами...

— Ах, не говори мне больше об этом, не надо, — и руками слух замыкает, как целомудренный князь Мышкин, когда ему одноклассники непристойности кричали. — Не знаю я никакой "Кыси", не читала я этой Толстой ни одной строчки...

Тут я Горбаниху прямо чуть не расцеловала — единственный русский литератор, который ни о какой "Кыси" не слыхал...»

«...Появляется человек типа преуспевающего эстрадника. Одет в какой-то сатиновый пиджак — то ли парча, то ли подкладка. По бровям понимаю, что поэт Р.

Наталья меня представляет.

Он: Как же, как же — ведь вы были невесткой Филби?

Наталья: Что ты за чушь городишь? При чем тут Филби?

Я: Неужели тебе никто не говорил про моего первого мужа?

Наталья: Не знаю, не помню, если и говорили, то забыла. И как тебя так угораздило?

Есть ли еще человек среди наших соотечественников, который не считал бы родство с поганым шпионом совершенно незабываемым фактом?»

«...Я говорю: Может, мне с вами не ходить, вы все поэты, вы будете про свой бизнес разговаривать.

Лев Рубинштейн: Да ну что вы, что ли, мы начнем ямб и хорей обсуждать!

А права оказалась я. Они даже на прозу и прозаиков не сбивались, а всё про свое. Кто где напечатался, кто совсем с ума сбрендил, кто, хуже того, мемуары написал. Наталья и про Бобышева слушать отказывается: Я, — говорит, — виновата, я его крестила, но плохо воспитала.

После ресторана она хотела за всех платить.

— Мне столько денег дали!

— Но ведь им тоже дали?

— Ах, но они ведь из России!»

Это был 2003 год, в России выдавались гранты, заграничные поездки, выплачивались премии... А Горбаневскую из «Русской мысли» уже уволили по возрасту, то есть работать-то в газете она продолжала, но уже совсем бесплатно. И в России как поэта ее тогда помнили разве что друзья и ровесники, приехавшие на фестиваль, «преклонные шестидесятники», как замечательно выразился Константин Кузьминский.

Мало кто тогда вспоминал и о демонстрации 68-го года, и о «Хронике». Слово «диссидент» было скорее ругательным даже в либеральных кругах и несколько комическим.

И Наталья, жившая в крайней нужде, в забвении, почти не замечала этого. Она радостно, с увлечением выполняла роль бабушки. Это был новый этап ее жизни, и, казалось, ничего больше ей и не надо было.

«...поехали на Брайтон. Наталья закупила тонну книг для себя и тонну для внука Пети».

Огромный книжный магазин на Брайтоне похож на гастроном, заполнен базарными золочеными книжками. Но Наталья немедленно нашла шедевр: «Москва—

Петушки», в издании редкостной красоты и остроумия.

И отказалась купить «Голубую чашку» Гайдара. — Нет, не могу. Там в конце «А жизнь, товарищи, была совсем хорошая». Тридцать пятый год. Не могу.

«...Перед Натальиным чтением в "Русском самоваре" публика подходила медленно, и Рейн довольно бестактно рассказал анекдот о поэте, к которому на вечер никто не пришел — кроме одного Маяковского. В этот момент появился маленького роста довольно веселый и оживленный человек. Я говорю:

— Ну вот и Маяковский пришел, можно вечер начинать. То есть Барышников пришел нашу Наташу послушать!

Люсечка, читала она два с половиной часа, без пауз и комментариев, один стих за другим. После первого часа был небольшой перерыв, во время которого половина людей смылась, включая Рейна, Кузьминского (одетого в хитон, папаху, посох и корабельный канат) и Барышникова, который потом, в отличие от других, долго извинялся.

Наталью это ничуть не обескуражило, ни на кого она не обиделась, продолжала читать еще полтора часа. Читает она хорошо, и стихи красивые, но она просто самая настоящая старомодная блаженная. Не сумасшедшая, как многие наши знакомые, а блаженная.

...За нашим столом сидел Барышников! Все поэты полезли с ним фотографироваться, и он это делал очень охотно. Компактный, покладистый, с челкой на лбу, поэты на него лезут со всех сторон — вылитый ослик в зоопарке.

...Лена Шварц, выслушав все два с половиной часа чтения, нашла у Натальи две неправильные буквы: земля от дождя ПОчала. Вместо ЗАчала. Они долго спорили, мне велено было дома по словарю проверить. Наталья оказалась неправа, но не признает:

— У тебя, — говорит, — словарь плохой, не Даль.

Самое смешное, что потом Шварц читала свои стихи, и у нее там: "Это светлого ангела роды". Ясно из контекста, что ангел не рожает — с чего бы ему, — а что он родился. Тогда это не роды, а рождение. Так вот одна из них зачала, а другая родила. Акушерско-филологический конфуз.

...Осталось мне только найти для внука Пети ковбойскую шляпу и посадить Наталью на самолет... Через два месяца я совершенно оклемаюсь. Отнесу всю одежду в химчистку после французской махорки, за месяц приду в себя от Натальи, еще за два очнусь от встречи с живым Барышниковым...»

Купленные две тонны книг мы заталкивали перед отлетом в Наташин баул. Пихали, пихали — и книги прыснули из лопнувшего мешка, разлетелись по полу. Пошли в магазин уцененных товаров на Бродвее покупать чемодан подешевле. По дороге Наталья рассказала мне, что «Полдень» — любимая ее книга, которой она гордится.

— Потому что, — сказала она, — это я сама написала.

Я даже остановилась, потому что сразу же догадалась, что она имеет в виду, но хотела убедиться.

— А всё остальное?

— Ну, понимаешь, ведь стихи не сама пишешь. А «Полдень» — это была действительно работа, которую я сознательно делала.

Она потом в уцененном магазине рассказывала, что этому ее Ахматова научила — стихи не следует причислять к собственным заслугам. Что они не тобою сдела-

ны, а как бы при помощи тебя, через тебя. Это не до-
словно, конечно. Но потом я узнала, что Наташа говорила и писала об этом много раз.

Я довезла ее до аэропорта, рейс был отложен, мы
долго и суматошно дозванивались в Париж ее внуку
Артуру. Я боялась, что придется сидеть в аэропорту несколько часов, вернее — стоять у входа, потому что Наталье надо было постоянно курить...

И как же я была довольна, что она отпустила мою
душу на покаяние, как радовалась, что не надо было
еще несколько часов провести с нею! Ехала домой, думала обо всех своих заброшенных на время ее приезда
делах...

И больше мы уже никогда не увиделись.

В 2003 году мне казалось, что она так и останется
в роли бабушки до конца жизни. Но четыре года спустя, в 2007 году, молодой друг сделал для нее страничку
в «Живом журнале». Довольно скоро Наталья превра-
тила то, что могло бы стать невинным старческим раз-
влечением, в совершенно профессиональный интер-
нетный журнал, посвященный русской поэзии, правам
человека, сообщениям о книгах, встречах, событиях.
Я, как и многие другие, просматривала ее журнал каждый день.

У Евг. Шварца в мемуарах есть такое придуманное
им определение: «согласившиеся работать». Это о людях, которые не споря, не отказываясь берут любую
ношу. Именно «согласившейся работать» всегда была
Наташа. Вот и Гарик о ней сказал: другие говорили
«Хорошо бы...», а она шла и делала.

Интернет оказался для Натальи замечательно под-
ходящим инструментом, благодарной средой обита-

ния. Как мне кажется, для нее начался совершенно новый период жизни. Ее поэзия последних лет, которую мы, ровесники, уже мало понимали, оказалась близка молодым. Молодые поэты стали ее друзьями. Последние годы Наташиной жизни были заполнены общением, поездками, выступлениями, работой, признанием.

Отправляясь в очередное путешествие, она всегда писала в своем журнале: «Улетаю!» И, казалось нам, еще долго будет лететь.

Она тогда в Нью-Йорке сказала мне:

— Тебе надо писать. Ты злоязычная, но добрая — у тебя хорошо получится.

Злоязычная — да. А вот доброй меня никто особенно не считает. Но писать я вскоре начала. Когда мой первый рассказ был напечатан в «Знамени», от Наташи пришло письмо, состоявшее из одного слова: «Ура!»

И она, при всей своей занятости, мои тексты не просто читала — вычитывала! Запятые расставляла! («Какие же вы, русские писательницы, безграмотные!») В ноябре 2013 года я увидела Наташино имя в жюри «Русской премии», на которую меня выдвигало издательство, и очень веселилась: Наталья будет меня по работе, за деньги читать — наконец-то!

И через неделю увидела в «Фейсбуке» сообщение о ее смерти.

Я обрадовалась сказочной легкости ее ухода. И сразу же пошла к той полке, где много лет собирались у меня Наташины книги, и начала читать, и читала потом много дней.

Как же реальны — вовсе не метафоричны — обещания поэтов, что душа их останется жить в словах. Голос и интонация человека сохраняются в размере и ритме в гораздо большей степени, чем в прозе. Поэзия — я имею в виду не тексты, написанные короткими строчками с рифмами в конце, а поэзию — явление безусловно мистическое. Хотя во всем другом я мистику не люблю и мало в нее верю, но способность сочинять стихи, создавать квинтэссенцию языка, с такой невероятной плотностью смысла, звука, исторических аллюзий, музыки, с сохраненным в сбивчивости ритма дыханием — не есть ли это некоторая форма почти что психического недуга, невероятное убыстрение ассоциативного, аллегорического, алогичного мышления, почти эпилептический припадок?

Уже после ее смерти я получила от нее еще один подарок: единственное понятное мне объяснение слов «страх Божий». Я у многих спрашивала: что это значит? Как можно любить и бояться одновременно? Я ненавижу то, чего боюсь. Никто мне никогда толкового объяснения не дал. И вот, через несколько дней после смерти Наташи, когда я читала всё ею и о ней написанное, нашла понятный мне ответ.

Ее спрашивали, боялась ли она чего-либо в молодости, прибавилось ли у нее с возрастом страхов. Она отвечает — ничего особенно не боялась: «А что я боялась своей матери — это, как бояться Бога: бояться опечалить. Никаких страхов не прибавилось, и бороться с ними не приходится. Вот кроме страха Божьего — не делать плохо, чтоб не огорчить. Но это-то страх нужный».

Все просто и понятно: она не хотела опечалить Бога. Она не была героиней, она не искала мучений и сложностей. Просто у нее выбора не было.

О Наташе теперь говорят: «диссидент», «правозащитник», чуть ли не «общественный деятель». Хуже того, называют героиней — слово, для нашего поколения абсолютно чуждое и казенное.

В конце добавляют, а иногда даже забывают добавить: поэт.

Наташа была и есть — поэт. Всё, что она делала, исходило из того, что она была поэт. И то, как она себя вела, иногда — нелепо, всегда — трогательно, и то, как она наивно, по-детски любила своих друзей и как ее все любили.

А если говорить о героизме, то я всегда представляю себе не Красную площадь. А вот сидит она одна-одинешенька в квартире, молодая женщина на последнем месяце беременности. И часами перепечатывает «Хронику текущих событий». В любой момент в квартиру могут вломиться, могут ее арестовать. Ведь как страшно! И в этой ситуации она не просто перепечатывала, лишь бы поскорее закончить: она продолжала корректировать и редактировать, правила стиль, расставляла запятые. Храбрости такой не научишься; но какой пример профессионализма, преданности языку!

Несмотря на мой скептический характер, я всегда чувствовала, что общаюсь с человеком необычайным, лишенным всякой фальши. Старалась при ней вести себя получше. Однажды сказала что-то злое, банальное — и она так радостно засмеялась! Приняла за шутку. Она не различала в своих друзьях ничего, кроме хорошего.

Всё ей пришлось испытать — и суму, и тюрьму, и тяжкий труд. Но она свою жизнь считала легкой и счастливой. А потом просто уснула.

Всё. С концами. Не в этой жизни
островной
повстречаешься въяве и вживе
ты со мной,
только парус кружит и пружинит
над волной
Ахерона.

Раскачайся, ладья,
на стигийской воде,
вот и я в ладье
отплываю в нигде,
только парус дрожит
и скрипит ненадежная пристань.

Оттолкнись
от занозящих душу досо́к,
размахнись,
под весло примеряя висок,
и, с подошв отрясая песок,
наклонись —
но привстань,
оглянись —
но оставь
этот остров и этот острог.

Людмила Улицкая

Маша Слоним
А МЕНЯ НЕ ПОЗВАЛИ!

1.

Сорок пять лет назад «великолепная семерка» вышла на Красную площадь. Протестуя против вторжения советских войск в Чехословакию. Среди участников были мои родственники и друзья. Меня туда не позвали. Я даже не знала, что они затевают эту отчаянную акцию. Я потом думала: вышла бы я тогда на площадь? Скорей всего — нет. У меня был двухлетний сын. А Наташа Горбаневская вышла. С восьмимесячным Осей в коляске! (С трехмесячным! — *Примеч. Н.Г.*) На днях Наташа мне напомнила, что эта коляска была моей, то есть Антошкиной. Мы ее отдали маленькому Осику. Так что хоть не я, но моя коляска оказалась причастной к этой исторической акции. Горжусь!*

Наташа тут же ответила мне в ЖЖ:

«Антошка на два года старше Оськи, и коляска, в которой его уже не катали, стала местом развлечения родителей, которые в нее прыгали и качались (очень молодые были). Поэтому до меня она добралась в довольно растерзанном состоянии, ручка этой большой коляски время от времени делала кульбит (или как это там назвать), а коляска становилась вертикально. В конце концов Илюша Габай прикрутил ручку к коляске толстой проволокой, и она уже никак не складывалась — ни правильно, ни кульбитом. Потому-то на

* Текст из «Фейсбука».

208

Красной площади возникли сложности у тех, кто нас задерживал: в багажник коляска никак не лезла!»

2.

Семьдесят семь — смешная цифра. Она сама бы посмеялась. Наташа, Наташка — вечная девочка. Вечная странница. Поэт. Я не помню, когда это было, но знаю, что увидела Наташу раньше ее стихов. Это была компания моего старшего брата Паши. Опасная компания — как считал мой осторожный папа. И он был прав, конечно. И пишущая машинка «Эрика» была опасным предметом, а она у меня была. И отдельная квартира — тоже. Наверное, мы подружились в эту ночь. Я печатала тогда очень медленно, Наташа — со скоростью профессиональной машинистки. Я делала закладки — четыре-пять хрустящих листочков папиросной бумаги, копирка, подтаскивала исписанные мелким почерком обрывки бумажек. Это были не стихи, это была «Хроника текущих событий». Потом по поручению Наташи я ездила в Ленинград за какой-то особой бумагой, которую можно было купить только там.

А потом — голос в приемнике. 25 августа 1968-го. Переделкино, дача Чуковского, я с двухлетним сыном Антошкой. Обида, что мне не сказали, не взяли. Облегчение, наверное. Какой страшный выбор был бы для меня. Наташа его сделала... Всё, что Наташа делала, было точно выверено, взвешено на каких-то ее очень точных весах. Как и ее стихи. Никакой шелухи, ничего лишнего. Только личное. «Это я не спасла ни Варшаву, ни Прагу потом...» Наташа жила без быта, вне быта, но везде создавала какой-то свой мир. И даже уют. Квартиры, которые она снимала, быстро становились ее и только ее. Иногда к ужасу хозяев. Города, в которые она приезжала, быстро становились родными. Она подарила мне свой Париж, который исходила пешком вдоль и поперек и по которому протащила меня. Через три дня жизни в Лондоне у меня в гостях она знала город лучше меня. Наташа, умница, тонко чувствовавшая людей и всё вокруг, всю жизнь оставалась ребенком. Она умела удивляться, радоваться и восхищаться. С ней можно было говорить о чем угодно: хочешь — о поэзии, хочешь — просто посплетничать. А хочешь — помолчать. И вдруг: «А давайте я вам прочитаю свои последние стихи»... Последние стихи она нам прочитала в конце этого лета, в свой последний приезд в Москву, в гостях у Зализняков — Андрея и Лены. С Гариком Суперфином. Я пыталась записать ее на айфон, но не получилось. Так что записи не осталось, зато у всех осталось какое-то щемящее чувство счастья от этого вечера. От последней встречи...

Это я не спасла ни Варшаву тогда и ни Прагу потом,
это я, это я, и вине моей нет искупленья,
будет наглухо заперт и проклят да будет мой дом,
дом зла, дом греха, дом обмана и дом преступленья.

И, прикована вечной незримою цепью к нему,
я усладу найду и отраду найду в этом страшном дому,
в закопченном углу, где темно, и пьяно́, и убого,
где живет мой народ без вины и без Господа Бога.

Арина Гинзбург

ОНА БЫЛА УСЛЫШАНА

Мы с Наташей Горбаневской были знакомы — страшно выговорить — почти шестьдесят лет. С первого курса филфака, как сейчас помню — было это на литобъединении. И уже тогда было известно, что Наташка сама пишет стихи, и притом хорошие.

Я всегда помню ее ранние стихи и теперь люблю и помню наизусть...

> Послушай, Барток, что ты сочинил?
> Как будто ржавую кастрюлю починил,
> как будто выстукал на ней: тирим-тарам,
> как будто горы заходили по горам...

С поразительной, прямо феллиниевской (кабириевской) концовкой:

> А ты им вслед поешь: Тири-ли-ли,
> Господь вам просветленье ниспошли.

Мой муж Алик Гинзбург был тоже хорошо знаком с Наташей по временам неподцензурного стихотворного сборника «Синтаксис», за который в шестидесятых был арестован на два года. Так что неудивительно, что наши с Наташей судьбы и дальше шли где-то рядом, почти параллельно, иногда расходясь, иногда сближаясь, а порою даже тесно переплетаясь.

Конечно, в «диссидентские времена», которые я особенно нежно люблю, дружбы наши были, может быть, глубже и крепче, чем обычно. Процесс Синявского и Даниэля, сразу вслед за ним суд над Гинзбургом, Галансковым и Лашковой, «Хроника текущих событий» и все волнения вокруг нее, Солженицынский фонд и помощь зэкам и их семьям, знаменитая Красная площадь и Наташина психушка. И, конечно, маленький Оська, оставшийся без мамы.

Собирая сейчас наш архив, я нашла много писем к Наташе и от Наташи — тюремно-лагерная-психушечная переписка. И часто с рисунками Ясика, которые она неизменно вкладывала в письма, которые писала с воли.

Вновь довелось нам встретиться и в эмиграции. Мы с ней вместе работали в «Русской мысли» почти пятнадцать лет. Странное это было время, и на память о нем остались воспоминания горькие и светлые, часто забавные, порою тягостные.

И все-таки, как ни странно, самыми важными и определяющими для Наташи, по-моему, стали последние десять лет. Казалось, что она все время куда-то шла, ехала, летела. Это было постоянное движение вверх и вширь. Теперь, оглядываясь назад, я понимаю, что эта третья, заключительная глава ее жизни была итогом всей судьбы. Это было соединение опыта советского противостояния и эмигрантского преодоления. Она оказалась как бы связующим звеном между несколькими поколениями и даже, может быть, между несколькими странами и языками, между разрубленной на части русской поэзией и общественной традицией.

Как мне кажется, она была услышана и воспринята в нынешней России, по крайней мере теми, кто не потерял способности слышать и понимать. И она была воспринята с честью.

А сама она как-то подобралась, помудрела, подобрела, я бы даже сказала — расцвела. И на этой высокой ноте ее и застала смерть. Но что-то мне кажется, что она успела выполнить всё, что ей было предначертано сделать. Выпустила в жизнь свои стихи, вырастила сыновей, порадовалась внукам... И Господь послал ей легкую и тихую смерть. Какая, в сущности, трудная, но счастливая жизнь.

Малгожата Казьмерска
«БОЖЬЯ КАРА»

В течение многих лет Наташа была моей соседкой в Париже. Мы с Александром жили совсем рядом, и она часто по московской привычке заходила «на огонек», без звонка (от чего Александр ее, к моему стыду, отучал).

Она была частью моей повседневной жизни, о которой трудно что-то рассказать. Мы ели, пили, играли в маджонг — но когда Наташа разговаривала с Александром, я редко в этом участвовала: по-русски я тогда не всё понимала и говорила с трудом, так что они себе говорили, а я и не прислушивалась. Но со мной она говорила по-польски...

А еще я Наташу стригла. Когда у нее отрастали волосы, она забегала к нам (или ко мне, когда Александра не было), и я стригла сухими ножницами густоту ее кудрявящихся волос — так, как садовник придает форму дереву или кусту.

Но однажды Наташа на меня обиделась. Понятия не имею, в чем там было дело, — я никогда не хотела ее хоть чем-то задеть — но она обиделась и перестала приходить. И вот в один прекрасный день (а лето тогда было особенно жаркое) она вдруг позвонила снизу в домофон и спросила, можно ли войти. Когда я открыла дверь, то увидела ее остриженную наголо голову и остолбенела.

На немой вопрос в моих глазах она ответила коротко: «Это кара Божья». Потом согласилась выпить кофе, закурила и начала рассказывать.

«Волосы у меня уже так отросли, что в эту жару мне уже казалось, что на голове у меня лежит толстый, горячий кот. Но прийти сюда я не могла — я ведь на тебя обиделась! Поэтому я взяла ножницы и сама начала стричься. У меня не получалось, я обстригала себя всё короче, и в конце концов кое-где появились пролысины. Тогда я схватила электробритву Ясика и сразу побрила всю голову. И когда я увидела, как я выгляжу, я начала вспоминать, за что на тебя обиделась — и не могла вспомнить. Вот тогда я и решила, что это Бог меня покарал за то, что я на доброжелательного человека обижаюсь из-за каких-то глупостей. Так что я пришла, чтобы извиниться».

И еще одна история.

Наташа была неисправимой курильщицей. Но после первого инфаркта врачи ей курить запретили. Она носила тогда прилепленный к плечу никотиновый пластырь. И вот однажды она как-то позвонила в домофон и зашла. Я сделала ей кофе (слабый). Она сидела и молчала. Я вертелась на стуле со своим кофе, мне страшно хотелось курить, но я сдерживалась. Наташа тоже стала вертеться и, не выдержав, спросила: «Гося, ты что, курить бросила?» И, услышав объяснение, вознегодовала: «Я сюда пришла, чтобы поговорить по-польски и дымом надышаться! А от пластыря с никотином организм думает, что курит, только воздух вокруг такой невыносимо чистый — вот он и балдеет.

Я подумала; ты-то наверняка куришь, вот и пришла дымом подышать».

Я уверена, что там, где она сейчас, всё устроено так, как ей нравилось: она в любой момент может затянуться сигаретным дымом и, когда ей захочется, поговорить по-польски.

Владимир Буковский
ПАРИЖ СТАЛ СКУЧНЫМ

...Первой, кого я увидел в аэропорту Цюриха*, была Наталья Горбаневская. До этого мы знакомы были только заочно. Мне надо было привести в порядок бумаги, и она приехала в Цюрих. Вместе разбирали неделю мои записи. Так началось наше сотрудничество.

Октябрь 1977 года. Мне надо было написать книгу — очень быстро, за четыре месяца. Внук Черчилля предложил мне бунгало (одноэтажный домик) в своем поместье в Сассексе. Я там поселился. Работал ночью, спал днем. Еще там жила дикая черная кошка по имени Генриетта, которая питалась фазанами. Писал я от руки, так как печатать не умею. Не успевал. Рукопись надо было сдавать в Лондоне машинистке. Наталья тогда работала в «Континенте», и Владимир Максимов, главный редактор, отпустил ее ко мне помогать. Она приехала с печатной машинкой — и началась работа. Я диктовал, она печатала. Жила в бун-

---

* 18 декабря 1976 года в Цюрихе состоялся первый в истории политический обмен между СССР и Западом: диссидента Владимира Буковского обменяли на генсека чилийской компартии Луиса Корвалана. — *Примеч. ред.*

гало около месяца, и благодаря ей мне удалось закончить книгу.

Наталья была гениальным редактором. Там изменит чуть-чуть, тут подправит и значительно сократит — это как кружева плести. Она не только перепечатывала, а сразу редактировала.

Это творчество на одной волне продолжалось и дальше. Так мы «написали», например, статью «Почему русские ссорятся» для того же «Континента».

Мы общались очень часто в Париже. Каждый раз, когда встречались, шли есть морские продукты. Но это произошло не сразу. Наталья после тюрьмы не могла есть рыбу — там кормили гнилой килькой, и у нее развилось что-то вроде аллергии. Как-то раз я привел ее в парижский ресторан и говорю: моллюски не рыба. Она решилась, попробовала «морских зверей» (как потом стала называть), и ей очень понравилось.

Ей очень нравился Париж. Она была необыкновенно легким человеком, незлобивым, увлекающимся. Ее часто можно было найти в кафе, пьющей кофе, играющей во флиппер и курящей *"Gauloises"* без фильтра. Губа у нее была уже практически черная, прокуренная. После операции на сердце она уже не могла больше курить и пить столько кофе, но продолжала играть во флиппер. Хозяйством не занималась, когда детям — Ясе и Осику — надоедала гора грязной посуды, они принимались за дело.

Я пригласил Наталью к себе в Кембридж. Она прожила у меня десять дней. Предложила сварить борщ, — весь дом был в свекле, но борщ она сварила.

Наталья была верным и надежным соратником. Очень любила Польшу, познакомила нас с польской литературой, много переводила. Поляки ей отвечали тем же: ценили, дали гражданство. Она и меня познакомила с поляками.

Сейчас я в Париж не езжу. Он обуржуазился — раньше на Елисейских Полях в четыре часа ночи можно было купить книжку, сесть в кафе и читать, а сейчас всё закрывается в полночь. Связей старых остается всё меньше. Практически все умерли. Париж стал скучным.

Юлий Ким

ИДУ НА СТАТЬЮ

Наташина муза перекликается с цветаевской (хотя сама Наташа больше любила Ахматову). Энергичный синтаксис, решительная фразировка. А главное — высокое нервное напряжение, лирический или эпический пафос с глубокими переливами дружеской или любовной нежности.

С ее требовательностью к человеческой порядочности и чести она не могла не стать самой отчаянной диссиденткой, и сразу же приняла участие в двух важнейших акциях: она была первым редактором великой «Хроники текущих событий», и она — разумеется! — вышла на Лобное место в августе 1968 года протестовать против оккупации Чехословакии в компании семи единомышленников. И заплатила за это чудовищной казанской спецтюрьмой.

А по прошествии многих лет, уже в наше полулиберальное время, на вопрос: «Кто же это были — герои или безумцы?» — Наташа ответила:

— Ни то ни другое. Совершенно обыкновенные люди, как вы, да я, да целый свет. Никто не думал о какой-то миссии, никто не отличался особой храбростью, просто терпеть эту мерзость молча оказалось невыносимо.

Это и есть формула нашего диссидентства, провозглашенная еще Толстым: «Не могу молчать». То есть открыто протестую против гнусностей режима. То есть иду на статью.

(Нынешний режим возвращает диссидентские времена и опять лепит статьи за открытый протест — Наташин пример снова актуален!)

То есть диссидентство наше было дело не столько политическое, корпоративное или религиозное — оно главным образом было СОВЕСТНОЕ, и тут без Наташи было не обойтись.

И таки настала эпоха гласности — хотя частично и ограниченной, но все-таки небывалой! И, слава Богу, Наташа ее застала.

Николай Котрелев
ОНИ ХОТЕЛИ ЖИТЬ ТАК...

...Я знал Наташу с 1959 года и все думал: как же так случилось, что ее общественно-политический темперамент, мощное, напряженное содержание ее жизни за это время прошли мимо меня? Мы иногда встречались часто, иногда редко — в Москве, потом в Париже... Лет десять назад мы с ней оказались вместе в том углу, где сходятся Пруссия, Литва и Польша, где всё замешено на взаимном недоверии, ненависти, претензиях до сих пор, и вдруг Наташа как-то роняет, по-моему, ничем не спровоцированно: «Коль, ты знаешь, это же был район "юденфрай"...» И у нее слеза катится. Вот этот переход от простой (или непростой) жизни к тому, что у всех на виду, для меня и есть, может быть, самое дорогое в моей памяти о Наташе.

Мы познакомились с ней у Алика Гинзбурга. Это был живой мир. Не «антисоветчина», не борьба — люди жили так, потому что они хотели жить так. Была комната в коммуналке с большим окном, из которого Алик выпал по пьяному делу и сломал руку (когда через год после этого он прыгнул с полуторного этажа, сломал ногу и на похороны Пастернака уже шел на костылях). Была чудная Аликова мама Людмила Ильинична, и были две девушки, Наташа и Мина, которые беспрерывно варили кофе. Наташа потом всегда варила кофе, первую половину жизни, во всяком случае, я ее помню непременно беспокоящейся о кофе. Наташа была человек такой... как будто ему на концерте Бартока вылили за шиворот баночку чернил. Она так и жила, как невзначай облитая чернилами. Неуемный человек или, наоборот, абсолютно свободный.

На фотографиях мы видим Наташу (Тынянов говорил, что документы врут) в таких-то кофточках, с такими-то рюшечками, оборочками... Свитер! Бесформенный, с длинными висячими рукавами. Автостоп из Москвы в Ленинград, и не раз, и туда-обратно, и в Тарту. И нелепая тартуская студенческая фуражечка на голове. И никаких рюшечек. А именно уверенность... да какая уверенность, что только так можно жить. Вот эту естественность нечасто или почти никогда не находишь в людях. Безбытность полная!

Когда мы встретились... А провожались ведь на всю жизнь, навсегда, и до второго пришествия, а тут в Париже, на Гей-Люссака встретились... — какая безбытность! Ужас! И какая радость! Всегда сквозь эту безбытность — откровенная, восторженная радость, когда в телефон: «Нет, я у вас на Пасху, мне у вас очень нравится!» И никаких возражений, всё становится на свои места...

Сергей Неклюдов
ПО НЕЙ МОЖНО БЫЛО ЗАПОЛНЯТЬ АНКЕТУ...

Кажется, я могу вспомнить довольно точно, дело было в 1962 году осенью, видимо, в сентябре, на старом еще филфаке МГУ, в Москве на Манежной площади. Я сдавал «хвост» по общественно-политической дисциплине, какой — не помню. Мы ждали преподавателя, он не шел, студенты начали расходиться, осталась одна девушка с густой копной волос, в нелепой длинной юбке, в очках, и как-то мы разговорились. Мы не удосужились узнать, как друг друга зовут, и даже до следующего дня не удосужились почему-то. Знаете, был такой тип бесед, когда прощупывается собеседник — насколько с ним вообще можно разговаривать, и до какой степени, где эти пределы? Но, как некая сигнальная лампочка, вспыхнуло имя моего друга Гарика Суперфина, всё дальше пошло хорошо, легко. Она мне рассказала много из того, что меня не то чтобы убедило, но удивило. Например, что в XVIII веке было два великих поэта, в XIX — четыре, а в XX их восемь. Я не берусь сейчас воссоздать набор имен, хотя частично их помню. С арифметикой я даже согласился, а вот с наполнением не вполне. И, надо сказать, когда впоследствии у нас было много случаев обсуждать с ней разные вещи, мы эстетически не вполне сходились, я бы сказал так. Она велела мне — «велела», может быть, не то слово, — просто сказала, что я должен ходить на концерты Баршая, вручив мне абонемент, и мы стали ходить на концерты Баршая. Вообще в тот период мы виделись очень часто, благо жили недалеко — она на Песчаной, я на Хорошевке — по крайней мере, раз в неделю на протяжении нескольких лет. С этого достопамятного экзамена она мена повела (а ведь мы даже не знали, как друг друга зовут) в один дом, сказав: «Там свадьба, пойдемте туда». Я до сих пор не знаю, чья это была свадьба, и никогда больше хозяев этого дома не видел. Она меня ввела в квартиру и оставила. Наташа меня всегда поражала своей, как это сказать... Тем, что по ней можно было заполнять анкету: любимая страна — Польша, на тот момент, конечно, любимый поэт — Галчинский. Был целый ряд твердых и основательных ориентиров, делавших жизнь не то чтобы простой, но какой-то надежной, было хорошо и комфортно. В моих воспоминаниях Наташа остается молодой. В последующие годы мы... нет, не ссорились, ссорились мы как раз тогда, когда у нас были отношения более близкие, более горячие, более частые. А потом наши лыжни разъехались куда-то в разные стороны. Мы встречались относительно редко, и чем дальше, тем реже и реже. И я рад этому. Потому что Наташа для меня осталась там, в начале 1960-х годов, такой, какой я ее примерно описал, такой, какой я ее помню живо, и никакие последующие встречи не могли перебить этого впечатления. С ним я и остаюсь.

Катя Корнилова, дочь Гали Корниловой
ОНА ПРОСТО ВЫШЛА ИЗ ЛЕСА...

Моя бабушка Анастасия Ивановна недолюбливала Наташу Горбаневскую. Она говорила: «У нашей Галины все подруги какие-то никчемные, нет никого положительных, солидных. Только Ира — серьезная женщина». Иру Роднянскую она очень уважала. Наташа приходила к нам часто, они жили на «Соколе», а мы на Тухачевского. Они с мамой подолгу, по полдня, сидели на кухне, пили кофе, а мы с Ясиком гуляли «за домом», потом скапливалось много немытых чашек из-под кофе, они, видимо, за разговором все время доставали чистые. У Наташи был черный свитер с широким вырезом, он все время съезжал на сторону, так что одно плечо открывалось, и сигарета в руке. Такой богемный вид.

Когда Наташа была в Казани и моя мама с Евгенией Семеновной поехали к ней, я осталась с бабушкой. Бабушка сердилась и произносила долгие монологи в адрес моей мамы и Наташи, а папа сказал, что Наташа, как бы ни относиться к ее стихам (а он сам к ее стихам относился не очень), все равно есть современная Жанна д'Арк и уже вошла в историю, а бабушка махнула на него рукой и фыркнула: «Ну ты скажешь тоже, Жанна д'Арк!»

В Казани маму сначала к Наташе не пустили, она не решилась соврать и назваться сестрой, а пустили только Евгению Семеновну, и мама сидела в коридоре и ждала, и рассматривала «картину маслом», большую роспись на противоположной стене — веселые белозубые загорелые советские мужчины и женщины катались на лодках по синей реке и отдыхали на берегу.

В правом нижнем углу стояла подпись: «художник Вах-
рамеев». Потом низкорослый человек в форме отпер
решетчатую дверь, за которую ушла Евгения Семеновна, и, обращаясь к маме, крикнул: «Иди!», мама поняла, что ее прогоняют, встала и пошла к выходу, но
в спину ей закричали: «Куда?!! Сюда иди!» Она повернулась, прошла в решетчатую дверь и попала в большую комнату с большим столом, стоящим по диагона-
ли, за столом по разные стороны сидели «содержащие-
ся» здесь и их родственники. Маму посадили как раз
напротив Наташи, и она смогла через стол ее обнять.
Наташа была в своей собственной кофточке, светло-
серой, с длинными, распущенными по плечам волоса-
ми и неожиданно веселая.

За год до чехословацких событий, летом 1967 года,
мы жили в Пярвалке, в Литве. Это красивая рыбацкая
деревня на Куршской косе, между Куршским заливом и
морем. Там было упоительно, дюны, лес, залив, настоящие рыбаки коптили настоящего угря, и все еще про-
живала чета настоящих куршей. Каждое лето в Пярвал-
ку приезжали Наташа Трауберг с Вергилиюсом Чепай-
тисом и детьми Томасом и Марией, Юрий Глазов с женой
Мариной и детьми, мои мама и отчим, иногда — Юрий
Сенокосов с женой, Олег Прокофьев с единственной
на всех машиной, Томас Венцлова, которого все звали
Птенчик. Прибился котенок, да и того назвали Лулий
Сенокосов. Но все это была погранзона, погранични-
ки каждую ночь как расческой расчесывали широкий
песчаный пляж, так что след злоумышленника или
шпиона был бы на рассвете немедленно обнаружен.
Приехать туда можно было только по специальному
пропуску, который каждый год оформлял для нас Верги-
лиюс Чепайтис. Но Наташу Горбаневскую не ждали и

пропуска не заказывали. Однажды утром она просто вышла из леса. Не помню, кто первый ее увидел и сказал маме, кажется, Наташа Трауберг, и мы побежали следом за мамой, и я увидела Наташу Горбаневскую, стоящую у небольшой сосенки, в брюках, свитере и с рюкзачком, очень спокойную, ее спокойствие как будто не смешивалось с волнением окруживших ее друзей. Она рассказала, что приехала вечером и, не доходя до контрольного пограничного пункта, свернула в лес и ночью лесом обошла его, в лесу же под кустом заночевала, а утром вышла к деревне. Мне было десять лет, я не формулировала свои впечатления, но всё спрашивала маму, а был ли у Наташи компас, и как это она спала на голой земле и т. д., потому что эта спокойная бодрость, свобода перемещения, легкость и компактность, в том числе и в смысле скарба, волновали.

Пока Наташа была в Казани, к нам часто приходила Евгения Семеновна с Ясиком, а то и с маленьким Осей. Очень хорошо вижу ее перед собой, слышу ее нервную речь, стирающийся до хрипоты голос, высокочастотные вскрики, она вскрикивала и плакала. Худенькое белое лицо с морщинами, светлые с красноватыми веками глаза, совсем белые волосы в маленьком пучке. Они с мамой тоже сидели по полдня, а то и дольше, на кухне. Евгения Семеновна говорила и говорила, часто упоминала Иру, т. е. Иру Максимову, Наташину подругу. И так продолжалось лет двадцать, с недолгим перерывом после Наташиного возвращения в Москву и до отъезда во Францию. Евгения Семеновна наотрез отказалась «покидать Родину» (моя бабушка ее очень одобряла). Наташа просила мою маму поговорить с Евгенией Семеновной, уговорить ее уехать с ними, и мама (уверена, не она одна) много раз пыталась склонить ее к отъезду, ведь Евгения Семеновна так любила внуков и Наташу, и так очевидно мучительно было для нее это расставание. Но «это моя Родина, я хочу умереть здесь», — говорила она. И Евгения Семеновна продолжала приходить к нам, только теперь одна (мама, правда, тоже ее навещала), приносила и читала вслух письма от Наташи и Ясика, показывала фотографии, и радовалась им, и также плакала, и вскрикивала, и вынимала из рукава белый платочек и вытирала глаза. Она летала к ним в Париж, но всегда возвращалась.

В конце восьмидесятых моя мама встретилась с Наташей в Париже. Они не виделись лет пятнадцать, и мама рассказывает, что нашла Наташу совсем не изменившейся, разве что похорошевшей и очень веселой. «Сколько я знала Наташку, всегда она была веселой», — говорит мама. Наташа с видимым удовольствием показывала маме город, кормила устрицами в ресторане, моей маленькой дочке прислала красивые детские вещи и, главное, Снупи, мягкую игрушку, ставшую любимой.

В 1991 году я прожила у Наташи на улице Гей-Люссака, недалеко от Люксембургского сада, неделю, но саму Наташу не видела, только говорила с ней по телефону; она была в Праге и, как сказал Ясик, встречалась с Гавелом. Ребята поселили меня в ее кабинете. В первый момент на пороге этой комнаты я застыла, объятая паникой: количество рукописей, книг, раскрытых словарей, бумаг, в том числе, разумеется, и пыльных, обрекало меня на немедленный приступ удушья (я астматик, тяжелая аллергия на книжную пыль как следствие произрастания в такой же вот «литературной среде»). «Бедные Ясик с Осей, что они со мной будут делать?» —

мысленно простонала я, но чудесным образом ничего со мной не случилось, мне отлично жилось и дышалось в этом кабинете. Может быть, парижская книжная пыль сильно отличается от московской, а может быть, дело в самой Наташе.

Когда я в следующий раз приехала в Париж и встретилась с Наташей, оказалось, что и для меня она не изменилась за долгие годы (конечно, я видела ее на фотографиях), все в ней было приятно привычным и сладко знакомым с детства. Упругость в движении джинсовых ножек, аккуратные стопы чуть повернуты внутрь, неширокие плечи расправлены, одна рука часто в заднем кармане джинсов, в другой сигарета, или обе руки легко упираются в бедра, уверенность и спокойствие в движениях, очки она поправляла расправленной маленькой крепкой ладонью поверх стекол. Она с годами только похорошела, выглядела, что неудивительно, очень по-европейски в свитерах с длинными рукавами, закрывающими часть кисти. Светлые глаза с косиной, легкая веселость в повадке и спокойствие. Наташа жила уже в другом месте, в районе вокзала Монпарнас. У нее был уютный кабинет с окном в маленький садик, спала я на матрасе почти под ее рабочим столом, на меня иногда слетали страницы рукописей, но меня это уже не пугало. Наташа бывала недовольна, когда я что-то покупала из еды, потому что покупать следовало в определенных местах, она показывала где: свежий хлеб в крошечной пекарне по соседству, овощи — в лавке у знакомого продавца. Видно было, что она радуется этому быту (она вообще всегда казалась мне довольной жизнью).

Наташа взяла меня с собой на воскресную литургию в «свой» храм. У них в храме тоже было как-то легко, после службы всех-всех (!) угощали чаем с кексами и бутербродами там же, в притворе, и это было непривычно, суперприветливо и чинно. Батюшка тоже был приветливым и интеллигентным, со всеми беседовал (по-русски, но с характерным эмигрантским грассированием), во время этого скромного чайного фуршета Наташа общалась и с ним и с другими прихожанами.

Та неделя была для католиков Страстной, и в католическую Великую пятницу в Нотр-Дам выносили для общего поклонения хранящиеся там святыни. Весь огромный собор был заполнен людьми. Когда я уже выходила из собора, ко мне по-русски обратилась незнакомая женщина, извинилась, сказала, что поняла, что я русская, и ей захотелось подойти, познакомиться. Расспрашивала меня про московскую жизнь, про себя рассказала, что уже давно живет во Франции, профессиональная певица, выступает с концертами. Поинтересовалась, где я остановилась в Париже; узнав, что мои парижские друзья имеют отношение к «Русской мысли», заметно разволновалась и спросила, не могут ли они быть знакомы с поэтом Натальей Горбаневской, которая, она знает, тоже работает в «Русской мысли». Оказалось, она исполняет цикл песен на стихи Горбаневской и мечтает пригласить ее на свой концерт. Вечером я рассказала Наташе про случайное знакомство, и Наташа захотела с этой женщиной, Ольгой, созвониться. Уже гораздо позже в Москве при встрече я вспомнила про тот случай и спросила Наташу, и она сказала, что они с Ольгой познакомились и подружились.

Мы гуляли по городу, погода за час менялась от дождика к солнцу и обратно, и Наташа то повязывала на коротко стриженную голову шарф, то снимала и с нежностью говорила как раз о том, как в Париже действительно мгновенно и много раз за день меняется погода. Говорила она с приятной картавостью, «р» — как будто камешек перекатывается. И с веселой гордостью: «Знаешь, Катька, ведь Париж — самый маленький из больших городов». И еще, помню, сказала, когда шли по рю де Сенн: «Вот рю де Сенн, а мы с Ясиком говорим "Сенная"».

В ноябре 2001 года мы с дочерью приехали в Париж всего на два дня из Бельгии и собирались ночевать у Наташи, о чем с ней заранее договорились по телефону. С вокзала сразу к ней не поехали, а, наоборот, гуляли по городу, потому что моя дочка попала в Париж впервые, где-то ужинали, а потом позвонили Наташе. «Ну куда же вы пропали?! — возмущалась она. — Я же котлеты приготовила!!» Нам стало стыдно, мы немедленно метнулись к ней и еще раз поужинали, и Ясик приехал к нам на велосипеде, и Толя Копейкин на машине, и был еще кто-то, к сожалению, не помню кто. А совсем поздно Толя предложил показать моей дочке ночной Париж, и мы с ним и с Наташей поехали кататься. Конечно, было здорово, очень красиво, как и положено ночному Парижу, а на одной плохо освещенной и уже совсем пустынной улице Толя вдруг резко затормозил. На противоположной стороне меняли вывеску магазинчика, прежняя, видимо, уже ненужная, стояла рядом. Это была длинная и широкая лента плотного белого пластика, по ней темно-синими крупными буквами было написано *"tzaritza"*. Царица. Толя с Наташей очень воодушевились, посовещались и решили, что надо брать. Толина машина была совсем маленькой, и *"tzaritza"* поначалу никак в нее не влезала, но потом упругой дугой встала между нами, уперлась в потолок, прижав нас всех к дверцам. Мы еще где-то останавливались, сидели в кафе, гуляли, видно было, что Наташа с Толей очень хорошо понимают друг друга, они все время находились в диалоге, и им было хорошо, и нам с ними тоже.

Не могу сказать, что я хорошо чувствовала Наташу, я не угадывала ее настроения, она как будто была отделена невидимым воздушным слоем, возможно, и моего собственного поверхностного отношения, но рядом с ней было спокойно и как-то просторно и легко дышалось.

Моя тетя, младшая мамина сестра, много лет работала библиографом в Книжной палате, а устроила ее туда Наташа Горбаневская, которая работала там библиографом, а до этого там много-много лет работала Евгения Семеновна. Наташа мою тетю не знала и сказала своему начальнику: «Я с ней незнакома, но если мозгов у нее хотя бы вполовину, как у ее сестры, она нам подойдет». Тетя рассказывает: «Где-то году в 1964-м директор Книжной палаты увольнял одну женщину, руководителя отдела статистики, которую весь коллектив очень ценил за профессионализм и эрудицию, и было общее возмущение и общее "бурление", потом общее собрание, на котором лишь одна Наташа Горбаневская встала и, "невзирая на чины и звания", очень резко, громко и категорично выступила в защиту этой сотрудницы». После этого Наташе пришлось уйти из Книжной палаты, и она долго была без работы.

Людмила Улицкая

Илья Иослович

ИСТОРИЯ С ЛОГАРИФМИЧЕСКОЙ ЛИНЕЙКОЙ

Вообще-то я в жизни мало встречал людей с такой здоровой психикой, как у Горбаневской. И Наташа всегда была в абсолютно рабочей форме.

Вот небольшая личная история.

У меня было трудное время в весеннюю сессию на мехмате в 1958 году. Разные личные обстоятельства, то да се — было не до занятий. А тут еще сокурсник Коля Опыхтин со своей кулацкой гнилой идеологией частника написал на меня злобный донос, что я не принимал участия в расчетах по групповым лабораторным работам по аэродинамике, — и мне на кафедре велели все эти пять работ пересчитать самому. И всё это еще до зачетной сессии. Немыслимое дело. Я был убит — вылететь из МГУ, идти в армию... В полной апатии я сидел в общежитии в комнате у Наташиной близкой подруги Иры Максимовой. Тут вошла Наташа и спросила: «Что у тебя такой вид, в чем дело?» Я объяснил. Она спросила: «А что, собственно, надо сделать?» Я ей показал формулы и таблицы для заполнения. «А как считать?» — «На логарифмической линейке». — «А как на ней считают?» Я объяснил. «Так, начали!» — она взяла линейку и стала считать, я заполнял таблицы. За три часа мы всё это закончили, она сказала: «Привет!» — и пошла дальше.

ЛИТЕРАТУРНЫЙ КРУГ

В шестидесятые, семидесятые годы было в Советском Союзе несколько человек (как считать? Десятка два, быть может, на всю страну?), которые были, каждый в своем сообществе, абсолютными моральными авторитетами. Позицию этих выдающихся людей нельзя назвать «антисоветской», она была скорее «поверх-советской», потому что явления культуры или науки, которой занимались пока не названные поименно люди, рассматривались глубоко, талантливо, иногда даже с учетом той деформации, которую вносила советская идеология во все те области, куда вторгалась. Таким безусловным моральным авторитетом у биологов, у генетиков послевоенного поколения был Владимир Павлович Эфраимсон, математикам достался академик Петр Сергеевич Новиков, физикам – Михаил Александрович Леонтович. У ленинградских филологов был академик Лихачев, у востоковедов – академик Конрад, для многих гуманитарных людей нашего поколения – Юрий Михайлович Лотман. Ну, конечно же, Сахаров, Солженицын, отец Александр Мень – я очень люблю называть эти имена в такой сцепке, у меня есть на это свои основания. Я сказала – десяток? Нет, глупость! Гораздо больше. Забыла про Лидию Корнеевну Чуковскую, Лидию Яковлевну Гинзбург и еще про многих, разбросанных по городам и городкам страны, о которых мы просто не знали.

Для Наташи таким верховным авторитетом была Анна Андреевна Ахматова. Я никогда не наблюдала Наташу в обществе Анны Андреевны и сама лишь однажды сидела с ней за одним столом, но прекрасно помню ощущение драгоценного музейного экспоната, именно такое впечатление она производила в последние годы жизни. Я, в свои девятнадцать, понимала свою полную неуместность и мечтала бы в этот момент оказаться под столом. А Наташа читала ей стихи, беседовала. Интересно, с каким выражением лица? Много лет спустя, когда я однажды была в редакции «Русской мысли», шли мы с Наташей по коридору, а навстречу Ирина Алексеевна Иловайская, и она поздоровалась, а у Наташи сделалось такое выражение лица – немножко как у подчиненного перед начальством. Нет, не искательность, но всё же снизу вверх. А я и представить себе не могла, что независимая Наташка может на кого-то смотреть вот так почтительно, поученически... Но, правду сказать, Наташа Ирину Алексеевну любила. Именно эта искренняя любовь и восхищение снимали некоторое чувство неловкости, которое я тогда испытала. Ахматову же Наташа мало сказать любила – боготворила. Надеюсь, что с выражением лица у нее было всё в порядке.

Впрочем, я наблюдала и отношения других великих женщин с их молодыми подругами-почитательницами, и они меня огорчали внутренним неравноправием. Уж очень они перед ними блеяли, а те порой помыкали своими поклонницами... Ну, с этим еще надо разобраться. Женская стихия, как ни смотри, вещь опасная.

Другое дело Учитель. Таким Учителем для очень многих лингвистов стал Юрий Михайлович Лотман. К тому же он создал научную школу, которая после его смерти не совсем развеялась. Но ореол Тарту тех лет связан был, конечно же, с его именем. С Лотманом – Юрмихом – и Зарой Григорьевной Минц Наташу связывали теплые дружеские отношения.

И, конечно, из великих прошлого века был еще Иосиф Бродский, с которым Наташа дружила с ранних лет. Он был «старшим другом». Хотя по возрасту – младшим! Она умела любить всяких друзей – скромных и никому не известных и облеченных славой. Наташа была широка и великодушна в дружбе. И зависти, ревности не знала совсем. Она как-то сказала: «У меня масса своих бесов, но беса зависти среди них нет». Впрочем, при всем Наташином эгоцентризме чувство реальности ее не покидало. Кроме всего, с годами все сильнее ощущение, до какой степени произвольна система иерархии, которую каждый человек выстраивает. Теперь – о тех, кого Наташа возводила на пьедестал, и как строила отношения...

В Наташиной жизни по степени влияния, воздействия ни один человек не сравнится с Анной Ахматовой. Но было у Наташи много дружб и встреч с людьми, имеющими в мире огромное влияние. Некоторые она описывает сама. Проходит время, меняются очертания городов и улиц, меняется оптика, и даже в наше негероическое время на смену старым героям приходят кое-какие новые.

Сегодня Наташины стихи, переводы, воспоминания переместились в то место, где правки уже невозможны. Картина полная и окончательная, и, похоже, она стала сегодня тем моральным авторитетом, который она и сама всю жизнь искала. И находила.

Роман Тименчик, литературовед и автор нескольких книг об Ахматовой, обнаружил среди бумаг Анны Андреевны страницу машинописного текста: «В хоре юных женских голосов, раздающихся сейчас в русской поэзии как никогда свежо и разнообразно, голос Натальи Горбаневской слышен по-своему твердо. Это стихи ясные, но в то же время раскованные, несвязанные, то, что в театре называется "органичные" – поэзия шестидесятых годов. Эти стихи окрыляет внутренняя свобода, эмоциональное отношение к миру, глубокое размышление, способное породить и музыку и гротеск. Стихи Горбаневской чужды штампов и красивостей. Легко владея стихом, она тем не менее не стремится ошеломить звуковым и словарным звоном и, отмеряя стихотворные вольности, склоняется в сторону простоты и просветленности.

Факт появления стихов Натальи Горбаневской в печати приятен и сам по себе. Но признание ее стихов кажется мне только началом вступления в поэзию молодой волны, целой группы поэтов, чьи стихи, безусловно, займут свое место в читательском сознании. Зная эту молодежь, я возлагаю на нее свои надежды...»

Л.У.

Наталья Горбаневская

ХОЧУ ПРИЙТИ, ПОЧИТАТЬ СТИХИ

— Расскажите, пожалуйста, и о знакомстве с Ахматовой, и о том, почему оно так много значило.

— Я несколько раз пыталась познакомиться с ней. Сначала, где-то в июле 1961 года, Дима Бобышев повез меня в Комарово, но, когда мы приехали, оказалось, что она в Москве... Я училась тогда на заочном в Ленинградском университете и два раза в год ездила сдавать сессию. А зимой с 1961-го на 1962-й не ездила, потому что незадолго до того родила. И вот зашла в «Литературную газету», где работал мой близкий друг Валентин Непомнящий, и говорю: «Скоро еду в Ленинград, меня познакомят с Ахматовой». А Галина Корнилова, тоже моя близкая подруга, говорит: «Ахматова сейчас в Москве, пойди познакомься». Я говорю: «Ну что ты, как я пойду». — «Нет-нет, вот тебе телефон, позвони». — «Может, ты сама позвонишь?» — «Нет, звони». Позвонила. «Хочу прийти, почитать стихи...» У меня была идея, что не стоит надоедать великим поэтам с какими-то там стихами моими. Она говорит: «Приходите». И назначила прямо на послезавтра. Я пришла на Ордынку, к Ардовым. Вышло очень хорошо, что я не попала к ней на год раньше. Потому что у меня перед тем в смысле стихов был очень плохой период. Хотя писала довольно много, я их потом почти все выбросила. Крайне неудачный был период. А тут, весной 1962 года, я успела написать несколько стихотворений, включая два моих, условно говоря, классических — «Как андерсовской армии солдат...» и «Концерт для оркестра». И Анне Андреевне они очень понравились. Она и мне сказала, что понравились. Это всякому можно сказать, чтоб человека не обидеть. Но на следующий день сразу позвонила Галя Корнилова и сказала, что очень понравились. Анна Андреевна скоро должна была ехать в Комарово и пригласила меня заходить... И вот я приезжаю в Ленинград, подхожу к университету, кого-то встречаю, может, Асю Пекуровскую или еще кого... я не так уж много знала там людей... и этот кто-то мне: «А говорят, Ахматовой понравились твои стихи». Моя слава бежала впереди меня. Мои ленинградские друзья раньше полупризнавали меня за то, что москвичка... Женщина — это еще они могли простить, но — москвичка! Но тут как бы признали вполне. Ну, может, я преувеличиваю. Перед тем, правда, у меня не было таких хороших стихов. Есть хорошие стихи периода 1956—1961 годов, но это после страшной чистки, которую я позднее произвела. А там была масса непроваренных, непрожеванных стихов, попыток сочинительства. Так что они даже правы были, не вполне меня признавая. Итак, с мая 1962 и до января 1966 года — последний раз я видела Анну Андреевну в Боткинской больнице — я регулярно виделась с Ахматовой, когда ездила в Ленинград. Кроме того, в то время она подолгу жила в Москве, и я навещала ее в разных московских домах. Она не всё время была на Ордынке. Почему-то надо было постоянно из дома в дом переезжать, и вот пару раз я ее перевозила — брала такси, заезжала за ней... Машин тогда практически ни у кого не было. Она действительно меня любила, это я могу сказать. Я же, когда ее видела, — будто каждый раз орден получала, и ни за что, незаслуженный. Но самое главное было даже не это. Самое главное — что я с ней начала становиться человеком. Потому что я стояла на очень скользком пути. А скользкий путь — это что такое? Для поэта, я считаю, вообще опасно в молодости, для женщин — еще более опасно... Это, условно говоря, выбор такой «цветаевской» позиции. Я очень увлекалась Цветаевой как поэтом, как человеком. Вот, поэт — это нечто необыкновенное, уникальное, вот, поэт ходит один среди людей и притворяется непогибшим... Такая романтическая, блоковско-цветаевско-байроновская линия очень опасна. Она может дать прекрасные стихи в случаях очень сильного таланта и натуры, но натуру может и разрушить. Меня Ахматова не отучала от любви к Цветаевой, меня общение с Ахматовой отучило... Я видела, что Ахматова знает себе цену, знает, что она — великий поэт. Не в таких словах, может быть. Знает, что такого поэта русского уже больше нету. Но она не играет эту роль. Нету того, что называется «ролевое поведение» и что, повторяю, очень опасно, и для девочек — особенно. Для меня это случилось вовремя. Мне было двадцать шесть лет, я была еще достаточно молода, чтобы с этого пути свернуть... Хотя уже тогда лучшие стихи писались сами... Я это еще не вполне понимала. Какое-то время очень сильно пыталась писать стихи, быть героем своих стихов... Был такой случай, свидетелем его я не была, но мне очень быстро пересказали — то ли кто-то из ленинградцев, то ли Миша Ардов. Как-то к Ахматовой пришла чтица по фамилии Бальмонт... Как говорили мальчики, на афишах покрупнее пишут «Бальмонт», помельче — «Блок», поскольку она читала Блока. Так вот, она посидела у Анны Андреевны, а уходя, ей так восторженно сказала: «Говорят, у вас есть "Поэма без чего-то"?»

Ахматова была счастлива, развеселилась невероятно и всем это рассказывала. Я очень люблю эту историю, и теперь вот вам тоже задаю вопрос: что было бы с Цветаевой, если б ей сказали: «Говорят, у вас есть "Поэма чего-то"?» Она бы этого человека убила на месте. Она бы писала кому-нибудь трагические письма. И я начала всё больше отходить от Цветаевой, у меня начали раскрываться на нее глаза, на стихи и на прозу. Я знала, что она великий поэт. Но это такой чужой и враждебный мне мир. Скорее, не он мне, а я ему враждебна. Он мне не враждебный, потому что я для него не существую. Мир человека, зацикленного на себе самом. Поэт — с большой буквы. Творец — с большой буквы. Творца с большой буквы мы пишем только Одного. А поэта с большой буквы писать вообще никогда не надо, по крайней мере по-русски. Нельзя. Даже Пушкина я не пишу «поэтом с большой буквы». Поэт и поэт. В те же годы, 1963—1964 годов, читаю письма Цветаевой к Тесковой, все ее жалобы на жизнь. Читаю: «В Праге жить ужасно. Хочу в деревню. В деревне жить ужасно». Потом она приезжает в Париж: «Ах, милая Прага!» Это человек, которому везде было плохо. Я могла стать такой — я точно стояла на этом пути. Но я давно уже человек, которому везде хорошо. Ахматовой в Москве было хорошо и в Комарове было хорошо. Точно существовало два географических места, где ей было хорошо. И на Ордынке, и у Марии Сергеевны Петровых — дом, где я у нее очень часто бывала и где бывала после ее смерти. Не было у нее этих жутких жалоб. Мы читаем у Чуковской, как Ахматова трудно жила. Иногда ей кто-то помогает, а иногда никто не помогает. Но нет такого, как у Цветаевой: «Ах, почему я, бедная, должна мыть посуду!» Почему? Я тоже не люблю мыть посуду. И если у меня кто-нибудь моет, это очень приятно, а если нет — я не делаю из этого мировую трагедию. И я действительно от всего цветаевского отвратилась. Может быть, одно стихотворение Цветаевой до сих пор люблю. Из «Верст» 1916 года:

> Вот опять окно,
> Где опять не спят.
> Может, пьют вино...

— и так далее. Оно как будто еще почти и не цветаевское, не трагическое. Я не говорю, что нельзя трагического, у Ахматовой очень много трагического. Но у Цветаевой трагедия — это значит: никто так не страдал, не страдает, не будет страдать, как страдает она, и в общем-то никто не поймет, как она страдала... Но если не поймет — то зачем писать? Я стала и остаюсь очень резкой антицветаевкой. Хотя, кто любит Цветаеву, это человека в моих глазах никак не дисквалифицирует. Ахматова меня не учила писать стихи, но она научила меня жить, будучи стихотворцем; внушила иерархию ценностей. Не ставить себя на первое место. Знать себе цену, но не требовать, чтобы все ходили, тебя ценили, носили на руках и так далее. Итак, знакомство с Ахматовой — вообще главное событие в моей жизни. За жизнь тамошнюю, здешнюю, за какую ни считай. Самое главное*.

---

* Из интервью Марине Георгадзе. «Русский базар», №9 (359) 3 февраля 2003.

Людмила Улицкая

Наталья Горбаневская

Я ЕМУ ГОВОРИЛА «ТЫ»...*

...Его (Бродского) первые стихи привезли в Москву в 1960 году. В тот момент это было открытие. А потом он в том же 1960-м приехал в Москву, позвонил мне. Мы с ним гуляли по улицам. Был ноябрь — такая осень мрачная: не дождливая, но мокрая. Мы с ним разговаривали и как-то сразу подружились. Он еще не знал, как ко мне обращаться. Ему двадцать лет, а мне двадцать четыре — в этом возрасте это огромная разница. Я как будто бы уже признанный поэт, а он еще мальчишка. Я ему говорила «ты», а он не рисковал меня на «ты» называть и обращался как-то по-польски: «А какие стихи Наташа любит?» Я тогда училась заочно в Ленинградском университете, и мы договорились, что я приеду и позвоню. Я действительно приехала, он меня тогда познакомил с Димой Бобышевым. А с Рейном, который был «учителем», он меня боялся познакомить, потому что считал себя еще недостаточно влиятельным, чтобы представлять. Он мне сказал позвонить Рейнам и представиться знакомой Сережи Чудакова, одного из приятелей Алика Гинзбурга (ему, Чудакову, посвящено стихотворение «Памяти друга»). Я звоню и представляюсь: «Здравствуйте, я Наташа Горбаневская, знакомая Сережи Чудакова». И жена Рейна мне радостно кричит: «Да мы знаем, кто вы, приходите!»

* Дружеские отношения Наташи с Бродским имеют долгую историю, и связь эта закончилась только со смертью Иосифа. — **Л.У.**

Это был период, когда у меня были очень плохие стихи. Я их почти все потом выкинула. А с людьми этими подружилась и каждый раз с ними виделась, когда приезжала в Ленинград. Была еще такая история, которая во всех воспоминаниях искажена. О том, как Дмитрий Евгеньевич Максимов отказался мне поставить зачет за курсовую работу, а Бродский написал на него эпиграмму. Был январь 1963 года, сразу после посещения Хрущевым выставки в Манеже и его встречи с деятелями культуры и интеллигенции. Я писала работу — анализ стихотворения Блока, посвященного Ахматовой. Прихожу к Максимову, а он мне за работу поставил «посредственно». И он, якобы друг Ахматовой, сказал: «Как вы можете приходить с работой, в заголовке которой Ахматова?» И отказался поставить мне зачет. Я ему говорю, что тройка за курсовую — это автоматически зачет. Но его еще долго пришлось добиваться.

Во всех воспоминаниях на эту тему, даже лучших, этот эпизод не приведен точно, потому что никто не помнил эту фразу. А я сказала Иосифу: «Что же он мне говорит?» И Иосиф написал эпиграмму. Повода никто, разумеется, не помнит, и все осуждают Иосифа за то, что он эту эпиграмму написал. Так что я дала повод к творчеству Бродского. А потом еще один. Летняя сессия у меня была в мае, и я оказалась в Ленинграде на свой день рожденья. Бродский просил три рубля у Кости Азадовского на бутылку, чтобы прийти не с пустыми руками, а тот не дал. И тогда он вместо бутылки принес мне двустишие: «Петропавловка и Невский без ума от Горбаневской». Так что спасибо Азадовскому, который ему не дал три рубля.

Мы дружили, но близкими друзьями никогда не были. Может быть, единственный, очень близкий разговор у нас состоялся уже в начале 1964 года, когда от него ушла Марина [Басманова], и он опять вернулся в Ленинград. Мы встретились и очень искренне говорили. Но это вещи, которых я повторить не могу. Я обещала.

А самое замечательное — это как он мне рассказывал про будущую поэму «Исаак и Авраам». Он куски читал, а остальное рассказывал. Он из головы и с помощью бумажки какие-то куски читал — поразительно! Для меня это был совершенно неведомый способ стихописания. У Пушкина тоже есть планы не только больших вещей, но даже планы стихотворений. И у Бродского был тот же способ. У меня, например, совсем другой — это такое жужжание, которое слышишь и фиксируешь. У Мандельштама и Ахматовой оно так же зафиксировано. На нее поэма наваливалась, жужжала у нее в голове — поэтому столько вариантов. А Бродский в этом смысле — как Пушкин*.

Томас Венцлова
ОНА НАСТОЯЩАЯ

Бродский говорил, что искушению тоталитаризмом в России не поддались только две дамы — Анна Ахматова и Марина Цветаева. Наталья Горбаневская стала их достойной наследницей. Она распоряжалась этим наследием свободно, по своему желанию, и имела на это право. Ахматова ценила ее стихи и говорила Бродскому и его друзьям: «Берегите ее, она — настоящая». Она считала даже, что Наташа должна войти в поэтиче-

* Из интервью Олесе Лагашиной. «День за днем», 4 июня 2010.

скую группу Бродского, потому что, мол, в настоящей поэтической «школе» должна быть женщина (у символистов была Зинаида Гиппиус, у футуристов — Елена Гуро, у акмеистов — сама Ахматова). Этого не произошло, но Бродский всегда любил Горбаневскую и считал ее равноправным поэтическим партнером, что было действительно редкой привилегией.

Из «Трех стихотворений Иосифу Бродскому»

За нами не пропадет
— дымится сухая трава.
За нами не пропадет
— замерли жернова.

За нами ни шаг и ни вздох,
ни кровь, ни кровавый пот,
ни тяжкий кровавый долг
за нами не пропадет.

Огонь по траве побежит,
огонь к деревам припадет,
и к тем, кто в листве возлежит,
расплаты пора придет.

Фанфара во мгле пропоет,
и нож на стекле проведет:
за нами не пропадет,
за нами не пропадет.

Наталья Горбаневская
НОБЕЛЕВСКАЯ ПРЕМИЯ БРОДСКОГО

Про Нобелевскую премию я узнала в Риме, там шла конференция про карательную психиатрию, и вот мы стоим на улице: Корягин, Плющ, Витя Давыдов, кажется, еще Таня Осипова и Ваня Ковалев, — и тут к нам подходит какой-то итальянский журналист из тех, что были на конференции, и сообщает... Я — со свойственной мне в любом возрасте неприличной непосредственностью — от радости подпрыгнула чуть ли не «повыше своих же полутора метров». Плющ протянул: «Не может быть...» — «Может, может!» — восклицала я.

Когда я позвонила в Париж, в редакцию «Русской мысли», меня попросили что-нибудь сказать и то, что я сказала, напечатали. Это тоже такой всплеск эмоций.

Собирая всё, что я писала о Бродском, я про эту телефонограмму, конечно, забыла. И вот, сидя в пятницу в Национальной библиотеке и просматривая «РМ» на предмет библиографии по Восточной Европе к «Словарю диссидентов», наткнулась на нее. Прошу не обессудить.

«Я так рада, так счастлива, что не нахожу слов передать эту радость. Рада за Иосифа; рада за всех нас — его друзей, его читателей, соотечественников и современников; рада — и еще как — за "Континент"; рада за Нобелевский комитет, совершивший достойный выбор; рада за всю славянскую поэзию, которая в течение всего лишь восьми последних лет дала миру трех лауреатов Нобелевской премии — Чеслава Милоша, Ярослава Сейферта и вот теперь Иосифа Бродского. Сострадаю злобствующим и завистливым, развожу руками над замалчивающими»*.

***

Иосиф Бродский недавно справедливо заметил, что не язык, как принято думать, — инструмент поэта, но поэт — инструмент языка. Весь вопрос в том, хочет ли язык нами воспользоваться, не заржавел ли, не затупился ли инструмент — особенно попав под воздействие новых, непривычных условий. Сразу скажу, что, по моему ощущению, как раз эти новые, непривычные условия могут не только заново наточить инструмент и придать ему новый блеск, но и приспособить этот инструмент к чему-то, на что он, казалось бы, по прежним своим данным способен не был**.

Русский язык
потерял инструмент,
руки, как бы сами,
о спецовку отирает,
так и не привыкнет,
что Иосиф умер,
шевелит губами,
слёз не утирает.

* «Права человека в России» (http://www.hro.org), 27 мая 2010.
** «Русская мысль», №3468, 9 июня 1983.

> Знаю ли, знаю ли, где буду завтра —
> в Тарту или на Воркуте...

В шестидесятые годы XX века на окраине бывшей Российской империи, в городе Тарту, под руководством замечательного ученого Юрия Михайловича Лотмана возникла совершенно уникальная школа структурно-семиотического изучения литературы и культуры. Древнее название города – Юрьев – как будто возродилось с переездом туда Юрия Михайловича. Вокруг него возник круг молодых ученых, объединенных не только новым для русской филологической науки подходом к тексту, но и исключительно привлекательной личностью ученого.

Ничего удивительного нет в том, что в конце шестидесятых годов Наташа вступила в круг притяжения Лотмана. К Наташиным путешествиям добавился еще один маршрут – Тартуский. В Тартуском университете учились ее друзья. Наташа, приехавшая навестить в Тарту своего друга Гарика Суперфина, попала в дом Лотмана.

Л.У.

Юрий Михайлович Лотман
МЫ ПРОЖИЛИ БУРНОЕ ЛЕТО

В конце шестидесятых годов в Тарту часто приезжала Наталья Горбаневская с сыном (он ровесник Леше). Мы с нею уже были знакомы, и мне нравились очень ее стихи, и между нею и нашим домом установились очень близкие отношения. Летом она жила у нас на даче и в Тарту у моей племянницы Наташи. В своем стиле она держалась подчеркнуто бесстрашно. Делала на квартире встречи конспиративного характера, хотя конспирацией это назвать было нельзя — она ее в корне презирала. За нами уже очень следили, она это знала и сознательно этим бравировала. В результате мы прожили очень бурное и бурно-веселое лето. Осенью Горбаневская принесла мне целую пачку каких-то листов и сдала на хранение. У меня в кабинете была высокая печка: я на нее всё и положил. Грешный человек, я до сих пор не знаю, что там было, поскольку в чужих бумагах рыться не люблю. Не помню, через сколько недель (Горбаневская уже уехала в Москву) рано утром позвонили, я открыл двери, и в квартиру, не представляясь и не спрашивая разрешения, вошло человек двенадцать...*

***

В конце января в г. Тарту — обыск у профессора Ю.М. ЛОТМАНА. <...> Изъята личная переписка ЛОТМАНА, а также сборник стихов с дарственной надписью Н. ГОРБАНЕВСКОЙ... В августе—сентябре 69 г. у него была ГОРБАНЕВСКАЯ**.

Наталья Горбаневская
УТОЧНЕНИЯ И РАЗЪЯСНЕНИЯ

В принципе, не столь уж важны неточности, неизбежные в любых воспоминаниях, и всё-таки я хочу сделать уточнения и разъяснения. На даче у Лотманов я сама никогда не жила — жил там с ними действительно мой сын Ясик, который был тогда в Тарту второй раз. Привезла

* «Не-мемуары», Лотмановский сборник. 1. М., 1995.
** Из «Хроники текущих событий», № 12, 28 февраля 1970.

его туда моя мама после того, как он неожиданно остался летом «на мели», а я потом приехала за ним с младшим, тогда уже более чем годовалым сыном Оськой.

Свои добрые дела такие люди, как Юрий Михайлович, не вспоминают, а может, и не помнят, а ведь я позвонила в Тарту в полной панике: моей подруге, собиравшейся взять на лето Ясика в Литву, запретила это сделать старуха-мать, опасавшаяся моей неблагонадежной фамилии. Я позвонила Лотманам, хотя понимала, что веду себя нагло и нахально, и, страшно смущаясь, спросила, нельзя ли прислать к ним Ясика. Они согласились немедленно.

Сейчас, когда Ясик — Ярослав узнал, что я еду в Таллин на Лотмановские дни, он, почти пятидесятилетний, по-детски обиделся и сказал: «А я тоже мог бы поделиться воспоминаниями о Лотмане, рассказал бы, как он меня научил готовить яичницу...» Вот тоже были бы непредсказуемые воспоминания.

Ну и неточность, которую вы уже, наверное, заметили: обыск был не через несколько недель, а через четыре с лишним месяца. Кстати, и «Хроника» ошибается: я была в Тарту не в августе—сентябре, а только в августе, очень недолго...

Я действительно привезла и «Хронику», и много всякого самиздата, но «Хронику» — в первую очередь: до моего приезда ее в Тарту не было, а ведь к тому времени вышел уже седьмой выпуск.

...я оставила у Лотмана самиздат не на «хранение», как он полагал, а — если продолжать выражаться в терминах Уголовного кодекса — на «распространение». В этот дом всё время приходят люди — так пусть читают. То есть всё-таки — пусть будет «библиотека самиздата». Такова была моя логика...

К счастью, на обыске мой несостоявшийся «читальный зал» не был обнаружен. И не узнать теперь, была ли хотя бы кем-то в этом доме прочтена эта «пачка каких-то листов», эта «моя проза»…*

В декабре 2011 года умер Вацлав Гавел, писатель, драматург, диссидет и президент. Наташа высоко оценивала его деятельность: «Это был исключительно светлый человек, исключительно умный и совершенно не похожий на политика» – писала она в своей статье, посвященной памяти Вацлава Гавела.

Л.У.

Наталья Горбаневская
ТРИ ВСТРЕЧИ С ВАЦЛАВОМ ГАВЕЛОМ

Первая встреча была в Париже, кажется, в феврале 1990 года. Гавел впервые за много лет выехал за границу. Не помню, то ли обновленный чехословацкий парламент только что выбрал его президентом, то ли это предстояло на днях — во всяком случае, его принимали не на самом высшем уровне, а в Министерстве культуры. И нас – меня и Виктора Файнберга – пригласили.

Я пришла, неся в охапке копии своих материалов из «Русской мысли» (потом я довезла ему еще в августе, но об августе речь впереди), и попыталась заговорить с ним по-чешски, смешалась, сказала: «Когда я пыта-

---

* Из выступления на Вторых Лотмановских днях. Таллин, 4 июня 2010.

юсь говорить по-чешски, я просто начинаю коверкать
польские слова...» — он засмеялся, сказал: «Можно
и по-польски». И верно: он ведь много лет участвовал
во встречах на польско-чехословацкой границе и был
одним из покровителей «Польско-чехословацкой солидарности».

Я, конечно, всё о Гавеле до тех пор знала. Причем
очень давно. От друзей, до конца 1968 года работавших
в Праге, Кирилла и Иры Хенкиных, мне еще в Москве
достался сборник его ранних пьес. В Париже от чешских друзей, Павла и Иваны Тигридов, я получала все
его новые, уже тамиздатские пьесы. И его эссе, конечно. Перевела отрывки из «Силы бессильных», озаглав-
ив их «Зеленщик и пролетарий». Переводила его выступления, например, речь при вручении премии
Эразма (сам Гавел на вручении, понятное дело, не
присутствовал). Писала о его новых пьесах. Ну и, разумеется, как постоянный восточноевропейский обо-
зреватель «Русской мысли» постоянно следила за его
судьбой — как и за судьбой других политзэков. Была
в Авиньоне, на знаменитом театральном фестивале,
где целый вечер шли одноактные пьесы многих все-
мирно известных драматургов (включая Беккета), посвященные Гавелу. Для меня он (и потом, когда стал
президентом, и когда уже не был президентом) оставался прежде всего совершенно замечательным писа-
телем. И драматургом-новатором, которому мало найдешь равных. И эссеистом, учившим совершенно новому мышлению.

Второй раз мы встретились в августе 1990-го. Хотя
формально мы (Константин Бабицкий, вдова Вадима
Делоне Ирина Белогородская, Лариса Богораз, Павел
Литвинов, Виктор Файнберг и я с сыном Осей, а также

Елена Георгиевна Боннэр) приехали по приглашению Александра Дубчека, но Гавел был при всех наших встречах, пресс-конференциях и т. п. и для всех нас, конечно, был главным любимым человеком. О нашем там пребывании я написала большую статью в «Русской мысли».

И, наконец, в третий раз мы поехали в Прагу (Ирина Белогородская и я) уже прямо по приглашению Гавела. 28 октября отмечалось семидесятипятилетие независимости Чехословакии. День независимости остается государственным праздником Чехии, но в той годовщине был привкус горечи. Меньше чем за год до этого произошел мирный распад федерации, Гавел был уже президентом Чехии...

Когда-то в одном интервью я говорила, что вообще не люблю политиков — за исключением Рейгана и Гавела. Ну так они и не политики, добавила я, один — киноактер, другой — драматург. Думаю, что Гавел, прошедший в театре путь от рабочего сцены до драматурга, понимал зрелищную природу политики и... не поддавался ей. Он на политической сцене не играл, не притворялся. И не боялся быть непопулярным, идти против течения.

Я всегда помню его первые президентские шаги. Он сразу обратился к чехословацким эмигрантам, предлагая всем, кто пожелает, вернуться на родину. Ни один президент, ни одно правительство восстановивших свою свободу стран бывшего социалистического лагеря такого шага не сделали. Но другой его поступок — насколько помню, первых дней после избрания его президентом — был рискованным и вызвал в Чехословакии разные отклики, часто недоброжелательные.

Вацлав Гавел от имени Чехословакии попросил прощения у насильственно выселенных после войны судетских немцев. Чехи знают (и мы знаем), что «защита» судетских немцев была тем предлогом, под которым Третий рейх сначала отнял у Чехословакии западные территории, а потом и оккупировал ее. Судетских немцев выселяли по решению держав-победительниц, но о том, как проводили эту операцию власти, напомню, еще не коммунистической Чехословакии, с середины семидесятых годов шла дискуссия в чешском сам- и тамиздате. Вацлав Гавел поставил в этой дискуссии увесистую точку.

Мне не кажется случайным, что предсмертные (как оказалось) слова Вацлава Гавела были обращены к гражданам России. Я не согласна только с одним местом в его выступлении: когда он призывает оппозицию создать теневое правительство. Подозреваю, что он был о российской оппозиции лучшего мнения, чем она того заслуживает. Зато сегодняшнее гражданское — подчеркиваю, не политическое, а гражданское — сопротивление как будто прямо выросло из мыслей Гавела. 10 декабря на площадях по всей России можно было видеть ту самую «силу бессильных».*

---

* Запись в ЖЖ. 18 декабря 2011.

Наташин культурный круг был чрезвычайно широк, а щедрость ее была невероятна: она делилась в друзьями каждым своим новым открытием в литературе, в музыке, в живописи. Я, как и многие ее друзья, обязана ей многим – из ее рук я получила впервые стихи Бродского и Бачинского, именно она привела меня впервые на концерт Андрея Волконского, открыла для меня Шостаковича...

Л.У.

Наталья Горбаневская

СЖАТЫЙ СПИСОК

— Расскажите о ваших привязанностях в литературе прошлого, сегодняшнего; есть ли у вас «свои» композиторы, живописцы?

— Если говорить о поэзии, то самый сжатый список – Пушкин, Мандельштам, Ахматова, Бродский (и ни на кого из них я не похожа). В прозе – Достоевский, Диккенс, вообще скорее англо-американская литература, чем какая-то другая, кроме разве что польской. Но польская проза – только XX века. Например, я переводила – по любви, а не по необходимости – Марека Хласко, Тадеуша Конвицкого, Славомира Мрожека. И хотя переводила уже по необходимости (надо было для «Континента»), но полюбила печальнейшую книгу Казимежа Орлося «Дивная малина». Помню, одна моя мудрая знакомая (Т.М. Литвинова) сказала мне со вздохом после чтения этого романа: «Мы-то думали, у них лучше...»

А «моя» польская поэзия – это и самая старая, Ян Кохановский, XVI век, и в XIX веке Норвид, один из самых великих поэтов во всей мировой литературе, а в XX – Юлиан Тувим, совсем, по-моему, неизвестный в России Юзеф Чехович и, конечно, Чеслав Милош и Кшиштоф Камиль Бачинский. О нем и о других, по цитате из Милоша, «двадцатилетних варшавских поэтах», погибших во время войны, я недавно написала статью – в журнал «Новая Польша» (2004, № 11). А еще – и мой близкий друг Виктор Ворошильский, и мой ровесник и друг Ярослав Марек Рымкевич, и из родившихся после войны – Станислав Баранчак (вдобавок замечательный переводчик, в частности Бродского). Из всех названных я не переводила только Кохановского, Тувима и Чеховича, а еще переводила много и стихов, и прозы, и статей – это очень важная часть моей жизни, которая продолжается и по сей день. Если говорить о польской прозе, назову еще два имени писателей, книги которых купила в Варшаве две недели назад и которые произвели на меня сильное впечатление: Ежи Пильха (он уже есть по-русски в переводе Ксении Старосельской) и Войцеха Кучока, лауреата премии «Нике», главной польской литературной премии (заметим, что государственных премий там нет)*.

---

* Из интервью Евгению Чигрину. «НГ-EX LIBRIS», №7, 3 марта 2005.

«БЕЗ МУЗЫКИ Я ВООБЩЕ ПРОЖИТЬ НЕ МОГУ...»

Сонатный вечер

В. Ашкенази

Зеленое марево мая,
пробей в фортепьянах дыру,
Шестая, Седьмая, Восьмая
заходят ко мне в конуру.

Моя неизменная память
их вечно приводит втроем,
густое зеленое пламя,
как море в изгнаньи твоем.

Ах, марево майское в окна,
зеленою хмарою мокрой
дыми и глаза застилай.
Покудова рук не сломаю —
Шестая, Седьмая, Восьмая,
по крышке, по крышке стола.

Знакомство мое с Наташей произошло на почве музыкальной. Вот только не могу вспомнить, познакомили нас в музее Скрябина, в Большом Николопесковском переулке, очень снобском по тем временам месте, или в консерватории. Думаю, что был какой-то прокофьевский фортепианный концерт, потому что Наташа и познакомившая нас девушка, которая потом начисто исчезла, спорили, кто авангардней – Прокофьев или Шостакович. Мне мое музыкальное образование не позволяло иметь собственного мнения, и я скромно молчала. Потом мы гуляли по центру Москвы и с тех пор общались, с перерывами, думаю, пятьдесят три года.

Просматривая разные документы, связанные с Наташей, я отметила, что многие Наташины знакомства завязывались на почве музыки, консерватории, особых концертов, знаменитых исполнителей. В ее письмах мелькают имена Владимира Ашкенази и Марии Вениаминовны Юдиной, Рудольфа Баршая, Андрея Волконского.

«Стихи были очень важной частью жизни, может, и самой важной. Но жизнь вообще – свобода, музыка. Музыка для меня и сейчас важнее стихов», – говорит Наташа Горабневская в одном из интервью.

Под старость лет Наташа почти оглохла и очень печалилась, что музыка почти ушла из ее жизни. И осталась с ней под конец только та часть музыки, которая вмещалась в строки стихов, в ритмы, паузы, анжамбманы...

Л.У.

Наталья Горбаневская

«ЕСТЬ МУЗЫКА, А БОЛЬШЕ НИ ЧЕРТА...»

...Это была осень 1955 года, я пошла в Большой зал консерватории с таким убеждением, что культурный человек должен слушать музыку, а я ее не слушаю. Пошла с Валентином Непомнящим на то, на что он шел. Там был какой-то датский или норвежский композитор, еще что-то, а потом «Болеро» Равеля. И меня скушало с потрохами. После этого я прониклась и начала бегать на концерты. Я сдавала кровь, чтобы покупать билеты, бывало так, что я в одно воскресенье ходила и на дневной, и на вечерний концерт... А с этими ребятами я попала на премьеру квинтета Андрея Волконского. Играла как раз Юдина. Тогда я ее увидела в первый раз. Потом я много раз слушала ее сольные концерты, потом слышала, как они с Деревянко играли двойной концерт Стравинского, которого у нас почти тогда еще не исполняли, — но это было позже. Квинтет был совершенно невероятным, удивительным. И я как-то так сразу врубилась в эту музыку — при моей собственной немузыкальности я в нее страшно врубилась. И с этими ребятами я ходила*.

> Есть музыка, а больше ни черта —
> ни счастья, ни покоя и ни воли,
> во всем остекленелом море боли
> лишь музыка — спасенье, чур-чура.

* Из интервью Линор Горалик. OpenSpace.ru, 8 декабря 2011.

Да, чур-чура, на час, на полтора,
когда ни завтра нету, ни вчера,
среди зимы про золотое лето
свистит лесною иволгою флейта.

Но краткому забвению конец,
смолкает человеческий птенец,
и снова в пустоту, в метель, во мглу,
всё босиком по битому стеклу.

Звезда с небес и сладостный сонет —
тебя уже ничто не обморочит,
и ты проговоришь «Покойной ночи»,
а молча прокричишь «Покоя нет».

Таня Борисова
МЫ ВСЕ ПОЗНАКОМИЛИСЬ
В КОНСЕРВАТОРИИ

В молодости мы почему-то думали — ну, уже многих знакомых арестовали, — что всех вызовет КГБ, и серьезная девочка — Наташа Светлова — сказала: «Давайте договоримся: если нас будут вызывать в КГБ, мы будем говорить, что мы все познакомились в консерватории», на что я ответила: «А можно я скажу, что я с Наташкой познакомилась в зале Чайковского на концерте Андрея Волконского?» Что чистая правда. Это была, я думаю, осень 1965 года. Были очень хорошие концерты «Мадригала» Волконского... Я стояла в вестибюле с молодым человеком, уже покойным сейчас, поэтом Сашей Тихомировым, и вдруг он бросился куда-то к очереди в раздевалку и стал очень галантно подавать, помогать одеться невысокой молодой женщине. А она, одеваясь, сказала: «Да за Ясиком смотри», я повернулась и увидела Ясика, тому и пяти лет не было, я думаю — стоял в центре, посреди вестибюля и играл в какой-то, не могу вспомнить, то ли барабанчик, то ли дудочку маленькую... В общем, музыкой тоже занимался.

Наталья Горбаневская

Я ЗАВИДОВАЛА МУЗЫКАНТАМ И МАТЕМАТИКАМ

Когда-то на психиатрической экспертизе на вопрос печальной памяти профессора о любимых композиторах я ответила: «Моцарт, Шуберт, Прокофьев». Это отчасти так и сегодня — с той разницей, что Прокофьева, может быть, люблю чуть-чуть меньше, а Шуберта намного больше — просто тогда я еще многого из его сочинений не слышала. Но почти так же люблю Баха, Гайдна, Шумана, Шостаковича. И джаз — настоящий, хороший, разный — не меньше, чем всю названную классику.

А там, где слово соединяется с музыкой (впрочем, это уже есть у названных композиторов — достаточно привести в пример песни Шуберта и «Антиформалистический раёк» Шостаковича), очень люблю старинные русские романсы, песни Булата Окуджавы, а сейчас, например, по много раз с радостью слушаю компакт-диск раннего «Аквариума».

Без музыки я вообще прожить не могу. Без живописи... Пожалуй, тоже трудно. Как когда-то полюбила импрессионистов и постимпрессионистов, так и люблю, тем более что лучшее их собрание – у нас в Париже, в Музее Орсэ. Тем не менее, в прошлом году, впервые в жизни попав в нью-йоркский музей «Метрополитен», обалдела перед тамошним Дега и готова была утверждать, что это «лучший художник всех времен и народов». Но еще же есть и итальянское раннее Возрождение, и фламандцы от Яна ван Эйка и Рогира ван дер Вейдена... и Брейгель. А еще наши «бубнововалетчики». Вот без всего этого жизнь была бы «мрачная пустыня»*.

Из письма Надежде Красиной, 1972 год.
«Надька! Помнишь, как мы слушали мои пластинки? Я и до сих пор, когда слышу "Большой блестящий вальс" на пластинке Эвы Демарчик, вспоминаю, как я тебе давала тувимовский текст, переводила. Слушаешь ли ты музыку хоть по радио? Мне в Казани потому еще тяжело жилось, что без музыки, – для меня это как воздух».

У радостного Моцарта весло,
у горестного Моцарта ветрило.
Бесслезной скорбью скулы мне свело,
и музыка глаза не просветлила.

И горькое средьзимнее тепло
меня в сугробы мокрые ввинтило.
У радостного Моцарта – светило,
у горестного Моцарта – крыло.

Им всё равно обоим не везло.
Трещи, ветрило, и плещи, весло.

* Из интервью Евгению Чигрину. «НГ-EX LIBRIS», № 7, 3 марта 2005.

САМИЗДАТ. РОЖДЕНИЕ «ХРОНИКИ ТЕКУЩИХ СОБЫТИЙ»

Черта подведена – никаких новых материалов больше не будет: ни фотографий, ни киносъемок. Дальше начинается работа исследователей, которые, роясь в архивах, находят по листочку то, что прежде было мусором, а теперь становится библиографическим объектом, редкостью, драгоценностью, фактом истории.

Совершая глубокие раскопки в шкафах и в папках, я нашла потрепанные самиздатские книги и самодельные книжечки стихов, которые дарила мне Наташа, – «Поэму Горы» Цветаевой, «Реквием» Ахматовой, ее собственные стихи, рукописные или машинописные, собранные в тонкие сборнички. Про эти сборнички вспоминает Таня Борисова: «А свои стихи Наташка оформляла в такие маленькие книжечки, размера в пол-листа А4, сама печатала, дарила их друзьям. И обложки она делала, вырезая их из журнала "Польша". Она как-то так вырезала из обложки, что не видно было ни названия журнала, ничего такого, что бывает на обложках, как будто там была какая-то живопись, чего в реальности на этих обложках не было. И так она брошюровала книжечки и дарила друзьям, и очень элегантные были эти сборники».

Нашла и я Наташины письма. А сколько рукописей и машинописей пропало в архивах КГБ, уничтожено самими авторами... Таня Борисова вспоминает об одном таком романтическом, а не конспиративном случае сжигания писем: «У нас семья филологов, все работают в архивах. То есть понимают, что такое документ. Еще до 1968 года мы с Наташкой писали друг другу письма, если я уезжала куда-то на лето или она была в Ленинграде и... дурынды... мало ли что писали друг другу в письмах. И однажды я говорю Наташке: "Наташка, я не хочу, чтобы это всё оставалось в архивах, я тебя очень прошу, давай сожжем эти письма. Ну, молодые, мало ли глупостей понаписали, потом куда-нибудь попадет и будут про нас болтать Бог знает что". Она говорит: "Давай!" Потом время прошло, она говорит: "Я все твои письма сожгла". Я говорю: "Знаешь, а я твои – нет". Она: "Как тебе не стыдно!" Я отвечаю: "Наташ, я простой человек, а ты – великий поэт, что же я твои письма буду жечь, что я, ненормальная, что ли?"

Но она, надо сказать, легко это пережила».

Но уничтожены и сожжены были не только девичьи письма; в те годы погибло множество документов более важных – документов о преступлениях режима. В те годы архивы были под замками, добраться до них было невозможно, а часть документов была уничтожена в самих архивах. Логика истории такова, что в памяти остается только то, что задокументировано. Устное творчество ненадежно, хотя изредка исследователям удается установить исторические факты, апеллируя к народной памяти, иногда в самых причудливых формах отражающей подлинные события.

«Хроника текущих событий», первым редактором которой была Наташа Горбаневская, фиксировала события, которые власть пыталась скрыть, – вытаскивала на свет преступления советского режима против человека и человеческого достоинства, нарушения права человека на свободу мнения, на свободу высказывания. «Хроника» выступала против узаконенного беззакония. Сегодня настало время предпринимать усилия, чтобы сохранить в нашем обществе память о самой «Хронике». Прошли годы и десятилетия, но по-прежнему право человека на полную информацию о том, что происходит в стране, на критические высказывания, без которых невозможно никакое развитие общества, попирается.

Л.У.

Наталья Горбаневская
НАЧИНАЛОСЬ ВСЁ С САМИЗДАТА

— ...Начиналось всё с самиздата. Начиналось с переписывания стихов. Когда не было машинки — от руки. А машинок не было почти ни у кого. Или, я помню, у Галины Андреевой была машинка такой допотопности, что клавиатура была не с буквами, а с кружочками, а по ним надо было водить палочкой. Ставилась палочка в такое положение, чтоб можно было ударить по клавишам. Комнат своих тоже почти ни у кого не было. Все мы жили вместе с родителями. Я помню, у одного знакомого устроили дома выставку. Ну, выставку абстракций каких-то. Вот у него была отдельная комната в родительской квартире — такого ни у кого...

У меня не было машинки до 1964 года — потом мама подарила, чтобы я могла написать диплом. Но до того я занималась самиздатом на чужих машинках. У Алика Гинзбурга было уже три готовых выпуска «Синтаксиса», так я их не один раз перепечатала. И вместе с ним готовила уже четвертый, который не вышел из-за его ареста.

«Реквием» Ахматовой я переписала от руки, сидя у нее, — и сразу куда-то помчалась.

...Помчалась, перепечатала и дальше уже раздавала и говорила: я вам даю экземпляр, вы мне вернете мой и еще один. И так, я думаю, от меня не меньше ста экземпляров «Реквиема» ушло. Это по самой нижней границе. Потому что я каждый раз снова еще перепечатывала, находила где перепечатывать. А с тех пор как у меня появилась своя машинка, я написала свой диплом и защитила, я, конечно, стала заниматься самиздатом уже вовсю. Перепечатывала. В 1966 году Юра Галансков делал «Феникс-66», а Алик Гинзбург — свою книгу «Дело Синявского и Даниэля», которая потом с легкой руки западных издателей стала называться «Белая книга». Он сам так ее не называл...

— *...Вы понимали, что вы занимаетесь подпольной работой?*

— Ну, тогда все этим занимались... Был даже анекдот, как бабушка для внука перепечатывает на машинке «Войну и мир», потому что он читает только самиздат. В общем, перепечатывать самиздат в тот момент было не опасно. Потом уже, позже — да. Хотя тоже зависело — какой самиздат и где? Например, в Москве, скажем, находили «Реквием» на обыске, то иногда даже не изымали. А на Украине в 1973 году, я не помню в каком провинциальном городе, арестовали Рейзу Палатник*,

---

* Рейза Палатник была арестована в 1970 году в Одессе. — *Примеч. А. Макарова, «Мемориал»*.

и у нее «Реквием» фигурировал в приговоре как изготовление и распространение заведомо ложных измышлений, порочащих советский государственный общественный строй — 190 прим статья российского кодекса, 187 прим украинского... Западные издания (тамиздат), по крайней мере в шестидесятые — начале семидесятых, изымали — Мандельштама, Ахматову, Гумилева... Но бывало по-всякому. У меня во время двух обысков в октябре и декабре 1969 года было так: кроме следователей из районных прокуратур, присутствовали еще два человека — неназвавшиеся. То есть явно из КГБ, как бы консультанты... И вот у меня на полке стоял первый том американского Мандельштама. И один из этих двоих, молчаливый, ни разу рта не открыл, — оба раза глянул и не взял.

...Тамиздат держать дома было, в принципе, не менее опасно, чем самиздат, особенно если это политический, как, например, Авторханов. А потом в те же годы появился фотоиздат... Было гораздо легче переснять на пленку и потом отпечатать [на фотобумаге]... Помню, «В круге первом» мы читали большой компанией у Павлика Литвинова вслух, перекладывая эти фотолисточки один за другим. Мои друзья Ирина Максимова и Виктор Сипачев занимались исключительно фотоиздатом. (Нет, не исключительно. Я к ним приносила всё, они и перепечатывали тоже.) Начиная с первого номера «Хроники», я им регулярно ее приносила — и у них на фотопленках всё сохранилось*.

---

* Из интервью Нателле Болтянской. «Эхо Москвы».

Волхонка пахнет скошенной травой,
словно Ван Гог прошелся по пригорку,
а граф Румянцев, скинув треуголку,
помахивает вверх по Моховой,

помахивает вострою косой,
покачивает острою косичкой,
но пропорхни по тротуару спичкой —
и полыхнет Волхонка полосой,

потянется от скверов и садов
чистейшая, душистейшая копоть,
и лопаться начнут, в ладоши хлопать
камни обоих Каменных мостов.

А мне, посредь пустынной мостовой
сгибая и распахивая локоть,
по Моховой, по мху сухому плакать,
поплачь, поплачь, как тетерев-косач,
скоси глаза, уставься в небеса,
не уставай, коси, не остывай,

сухою и горячею травой
пропахла кособокая Волхонка,
а город тих, как тихнет барахолка,
когда по ней проходит постовой.

Наталья Горбаневская

«ВОРОВАННЫЙ ВОЗДУХ»

...За поэзию у нас платили — тюрьмой, лагерем, бывало, что и гибелью, как Гумилев и Мандельштам; в послесталинские «вегетарианские» годы — опять-таки лагерем, психбольницей или хотя бы конфискацией машинки на обыске. Конечно, платили далеко не все поголовно, но рисковал каждый. Каждый, кто зимой 1962—1963 годов переписывал на машинке только что запущенный в самиздат «Реквием» Ахматовой, рисковал ночным стуком в дверь, обыском, арестом. И каждый это знал. И продолжал в ночной тишине стучать по клавишам <...> Сотни, тысячи этих отдельных читателей (но не будем преувеличивать, не миллионы — миллионы питались жвачкой того, что называлось советской поэзией), желая читать то, что хотят, и другим подарить эту свободу чтения, создали чудо, известное под названием «самиздат». На допотопных пишущих машинках поначалу распространялись извлеченные из забвения или небытия стихи — та поэзия, о которой смело можно сказать словами Мандельштама «ворованный воздух». Позже в самиздат пошли и проза, и документы, и информация, и исторические труды, и философия, и богословие, и — оборвем перечень. Но начинался самиздат с поэзии...

В один прекрасный декабрьский день 1962 года мне случилось стать участницей события, на мой взгляд, необыкновенно важного: будучи в гостях у Анны Ахматовой, в одной из московских квартир, где ей оказывали гостеприимство, я — как многие другие в те дни — получила разрешение переписать ее «Реквием». Этот цикл стихов (или поэма — насчет жанра мнения расходятся, но не это важно) был написан в 1935—1940 годах, во время разгула сталинского «большого террора». Много лет его слышали лишь считаные друзья поэта, в большинстве запомнившие стихи наизусть. Ни сама Ахматова, ни ее немногочисленные слушатели никогда не доверяли «Реквием» бумаге. Но после того как в ноябре 1962 года в «Новом мире» был напечатан «Один день Ивана Денисовича», Ахматова подумала, что, может быть, наступило время и для «Реквиема». И оно действительно наступило, но не для печатной публикации в Советском Союзе, где после очередной кратковременной оттепели быстро начались новые заморозки. Наступило время выйти «Реквиему» в самиздат.

Протягивая мне шариковую ручку, Анна Андреевна сказала: «Этим карандашиком перед вами переписал "Реквием" Солженицын». Но кроме меня и Солженицына — этим ли, не этим ли «карандашиком» — «Реквием» переписали у Ахматовой десятки людей. И, конечно, каждый или почти каждый, вернувшись домой, сел за пишущую машинку. Я сама отпечатала, наверное, десятка два закладок по четыре экземпляра в каждой. Раздавая «Реквием» друзьям и знакомым, я каждый раз выдвигала простое требование: «Перепечатаете — один экземпляр возвращаете мне». И дальше всё шло по новому кругу. Так только через мои руки распространились сотни экземпляров «Реквиема», а общий его самиздатский тираж достиг по меньшей мере нескольких тысяч...*

* Выступление на конференции «Праведники ГУЛАГа». Милан, декабрь 2003.

Ира Максимова

ТАК ПРОДОЛЖАЛОСЬ ПЯТНАДЦАТЬ ЛЕТ

Шестидесятые годы были очень важны для всех нас, а для Натальи в особенности. Именно тогда сблизилась она с будущими правозащитниками, диссидентами — Петром Якиром, Павлом Литвиновым. И начала выпускать знаменитую «Хронику текущих событий» — может быть, одно из главных свершений ее жизни, несомненно, человеческий и гражданский подвиг. В «Хронику» помещали свежую информацию обо всем, что происходило в стране: кого и за что арестовали, к кому пришли с обыском, кого избили в тюрьме, кто вышел на демонстрацию. Печатали письма и новости из лагерей. Сначала письма эти шли тонкой струйкой, день ото дня их становилось всё больше, в руках у Натальи накапливался богатейший, уникальный материал, и она делала всё, чтобы он стал достоянием гласности. Первые годы она все заметки и комментарии писала сама. Но тоненькие пять страниц превратились в пятьдесят, потом в сто. Материалов становилось всё больше, появились добровольные помощники. Я тоже помогала как могла, перепечатывала страницы «Хроники» на папиросной бумаге по десять экземпляров в одну закладку, и они разлетались по всему миру. Так продолжалось пятнадцать лет подряд, и все эти годы никогда не спала больше четырех часов, за что теперь и расплачиваюсь.

Людмила Улицкая

Animula vagula, blandula...

Душенька блуждающая, нежная,
бландула, вагула анимула,
твои шутки, шутиха, — безнадежные,
твой любимый отель — мое немилое

тело. Да и много с нас толку ли?
На торгу, на толкучке суетной
затолкали нас обеих, заторкали.
И куда теперь? Перетасует ли

Парка старая гаданье наново?
И что выпадет — Вытегра, Няндома,
Колывань, или Тамань, или Иваново?..
Анимула вагула, бландула.

Елена Сморгунова
«ВСЯ НАША МОЛОДОСТЬ БЫЛА ОХОТА...»

Люся Улицкая всё просила меня, чтобы я рассказала и написала про Наташу и «Хронику». А я не хотела ни рассказывать, ни писать про «Хронику», а первее первого было то, что Татьяна Великанова, уходя от нас, мне строго сказала: «Ленка, об этом никому ни одного слова». Я так и держалась. Но теперь не стало уже и Наташи.

Она словно неожиданно упорхнула — вот была, имела столько планов, рассчитывала еще сделать что-то и что-то, поехать и в Польшу, и в Прагу. И так мгновенно и внезапно ее не стало с нами, здесь. Будто ее позвали... И она помчалась, как всегда, будучи образцовым человеком долга.

«Хроника» началась в 1968 году. Наташа Горбаневская была создателем и первым редактором «Хроники». Первый номер был выпущен 30 апреля 1968 года. И все следующие одиннадцать выпусков делала она сама. Она была и «перепечатником» бюллетеня — первые его выпуски сама «отстукала» на машинке. (Одну из машинок, возвращенную Наташей Юре [Фрейдину] с уже переделанным ее заботой шрифтом, мы отдали в «Мемориал» 7 декабря 2013 года, когда на девятый день Наташиного ухода из жизни все грустили об этом. А еще раньше Юра показывал мне дом на Сивцевом Вражке, где Наташа Горбаневская делала и печатала «Хронику» до декабря 1969 года...)

24 декабря 1969 года у нее дома был снова обыск, Наташу арестовали и увели. Материалы подготовленного ею одиннадцатого выпуска «Хроники» чудом уцелели.*

25 декабря к нам домой пришла Танюша Великанова. У нас уже была наряжена ёлка. Подождав, пока моя мама вышла на кухню — приготовить ужин, Танюша сказала мне: «Ну, вот, Ленка, Наталья больше не может. Теперь всё это будешь делать ты».

За пятнадцать лет, пока выходила «Хроника», было

---

* Судьба этого номера совершенно детективная — он пережил счастливо два обыска: первый раз, когда подготовительные материалы при обыске у Наташи кагэбэшники не обнаружили в ящике письменного стола и в кармане пальто, висевшего на вешалке, второй — когда эти же не обнаруженные у Наташи материалы пережили обыск уже в квартире Ильи Габая. В тот день мама Гали Габай при начале обыска «утопила» документы в кастрюле борща, стоявшего на плите. — **Л.У.**

много участников издания, из-за постоянных репрессий КГБ у «Хроники» сменилось несколько редакций и редакторов. Выход номеров приостанавливался и возобновлялся. В то время, когда Наташа вышла из Казанской спецпсихиатрической больницы в 1972 году, было заведено дело № 24 (о «Хронике»), многим ГБ угрожало, и со многими велись переговоры о том, как вспоминала потом Наташа, «какие благодеяния КГБ... совершит, если издание прекратят сами безымянные редакторы: кого-нибудь освободит, а кого-нибудь — не посадит». Ира Якир при встрече спросила Наташу, что она думает о намерении некоторых диссидентов закрыть «Хронику». Наташа ответила, что поскольку от «Хроники» она теперь отошла, то вроде ей не подобает высказываться. Ира настаивала. Тогда Наташа сказала: «...Пока я сидела, я знала: всё, что со мной происходит, по крайней мере, всё, что удается узнать, попадает в "Хронику". Сейчас продолжают сидеть другие люди, — прекратить "Хронику" значило бы оставить их на произвол судьбы: о них не будут знать, забудут, с ними можно будет делать что угодно...» На некоторое время «Хронику» тогда отстояли.

Но хотя она и говорила сама, что от «Хроники» теперь отошла, некоторые с удивлением узнали, что Горбаневская, оказывается, участвовала и в возобновленной второй «Хронике». Таня Великанова привозила ей сырые материалы, которые Наташа редактировала. Но об этом Таня не говорила тогда даже совсем близким друзьям...

А в 1992-м... Наташа приезжала в Москву и в Вильнюс из Парижа, и для нее наша жизнь была немножечко забытой. Когда мы с ней в Вильнюсе радостно поднимались по какой-то улице, я вдруг остановилась перед витриной лавочки, немного смущаясь, сказала: «Вот какая рубашечка, мне как раз надо». Наташа хотела было сказать, что ведь мы спешим и куда-то идем, а это можно купить и дома. Но вдруг, посмотрев на меня, ничего не сказала, наверное, вспомнила: как рассказывала недавно на вечере в Литературном музее Варечка Шкловская — «вся наша молодость была охота, потому что, увидев что-то в продаже, нужно было сразу хватать, и не важно, что это было: сахар, мыло или штаны».

Там, в Вильнюсе, на торжественном, очень торжественном собрании нам троим — Наталье Горбаневской, Татьяне Великановой и мне — вручили от «Хроники ЛКЦ» — Литовской католической церкви — роскошные благодарственные грамоты в кожаных папках, как делают только в Литве — коричневая кожа с тисненым растительно-абстрактным рисунком...

И вот только тогда, из поздравлений и воспоминаний, Наташа и узнала, что оставшиеся ею не доделанные листочки к очередному одиннадцатому номеру «Хроники» оказались у меня и мне достались. Она была потрясена, обнимала меня и, глядя на Татьяну, всё повторяла, всплескивая своими ручками: «Ну, как же так? Как же так?! И я ничего не знала! А это была Лена!»

Второй раз Наташа удивилась, когда у нее в Париже я стала рассматривать стоящие на полочке диапозитивы с маленькими Ясиком и Осей. Она сказала: мне передали их в больницу, они меня очень поддерживали. А я ответила на ее улыбку: это я снимала детей около вашего кинотеатра, когда Евгения Семеновна отпустила мальчиков погулять со мной.

И вот в благодарность за ту свою давнюю больничную радость Наташа повела меня в ресторан, где заказала устриц — мы ведь были в Париже! Их принесли на большом красивом блюде, вокруг были кусочки льда и разные травки. Я ела устриц первый раз в жизни, и они были мне отвратительны. А Наташа была очень довольна, что может сделать такой роскошный подарок.

...Прочтя мой перевод библейского пророка Ионы, который жил почти тридцать веков назад, она разрешила присоединить к моему комментарию свой чудесный стих — переложение пророка Ионы с его плачем — обращением к Господу.

Из переложений

Стало море в грозе, как в крови,
ни полунощи не видать, ни полдня.
Что ты спишь? Восстань, воззови!
Что же ты бежишь от лица Господня?

В чрево вод меня кинули вниз головой,
оплела меня бездна морскою травой,
но по воле Господней
на волнах для скитальца построился скит,
рыба-кит, и отсель моя скорбь возопит,
из его преисподней.

Чудо-юдо извергло Иону на сушу,
чтобы быть ему слову Господню послушну
и пойти к горожанам ассирийской столицы,
не умеющим шуйцы отличить от десницы,
проповедовать им: еще сорок дней,

и камня на камне не останется от ней.

О Господи, спасший меня из чрева моря и рыбы чрева,
благий и милосердый, многомилостивый
                                   и долготерпеливый,
лучше мне умереть от Божия гнева,
чем плакать и петь под тенистою ивой, иссыхающей
                                   ивой.

Павел Литвинов

ХАРАКТЕР, СТАВШИЙ СУДЬБОЙ

Моя внучка Эмма прислала мне высказывание Лао-
цзы:

Следите за своими мыслями, они станут словами.
Следите за своими словами, они могут превратиться
в действия.
Следите за своими действиями, они станут привыч-
ками.
Следите за своими привычками, они превратятся
в характер.
Ваш характер станет судьбой.

Это про Наташу. Она всю свою жизнь провела есте-
ственным образом по этому рецепту и выполнила свою
судьбу, вероятно, даже не зная о предупреждении ки-
тайского мыслителя.

Я ее увидел в первый раз в большой московской литературной квартире в 1962 году. Ее привел туда Алик
Гинзбург читать стихи. Запомнился пронзительно-вы-

сокий голос, читающий: «Послушай, Барток, что ты сочинил...» Это Наташа этими стихами скрепляла «двух столетий позвонки», помогая современной музыке занять свое место в культуре, из которой ее изгнали.

В 1967—1968 годах стихийно сложилась группа первых активистов правозащитного движения. Каждый делал что мог, и в воздухе носилась идея бюллетеня. Наташа просто сказала: «Я буду его делать». Нашлась машинка, а с машинкой у Наташи были профессиональные отношения. Мало кто в то время мог так быстро и аккуратно печатать. Наташа садилась за стол, и машинка взрывалась.

Я бегал по городу, собирал бумажки, которые горой росли в Наташиной съемной квартире на Сивцевом Вражке. И из этих бумажек день за днем рождалось уникальное издание «Хроника». Способности Наташи, высокопрофессионального литературного работника, редактора-журналиста создали форму и стиль издания.

Наталья Горбаневская
ЭТО БЫЛА ОБЩАЯ ИДЕЯ

— В этом доме был составлен и отпечатан на пишущей машинке первый выпуск «Хроники текущих событий». Кстати, хотя и не по теме, в этот же дом я заходила с коляской и ребенком, чтобы покормить его и перепеленать по дороге на Красную площадь. А что это за дом? На самом верху жил народный артист Анатолий Папанов. А рядом брат и сестра Павел и Нина Литвиновы. Потом Нина вышла замуж, родила Темку, и они вместе с Генькой — муж Нины Литвиновой — после Темкиного рождения переехали к родителям. Павлик остался один в двухкомнатной квартире. Вы себе вообразить не можете, что это значило в те времена. Большинство из нас, я в том числе, жили в коммуналках. А когда прошел процесс Гинзбурга — Галанскова и было прочитано по радио письмо Ларисы Богораз и Павла Литвинова к мировой общественности с указанием их адресов, сюда, к Павлу, потянулся народ. Из разных городов люди. И Павел устроил здесь приемные дни, а сам переехал к своей жене, к Майе Русаковской, дочке Льва Копелева. В общем, квартира стояла пустая. И вот в этой пустой квартире я сидела в конце апреля 1968 года и печатала «Хронику». По тем материалам, которые собрала и в Москве, и в Ленинграде, и в Тарту, где побывала во время своего декретного отпуска.

...У нас собралось так много сведений. Сначала из книги Анатолия Марченко «Мои показания» мы узнали о политических лагерях. Это ведь была первая книга о послесталинских лагерях. Мы узнали о тех, кто сидит, о процессах... Потом, после письма к мировой общественности, стали узнавать, что происходит на Украине, в русской провинции. И, конечно, были люди, скажем, Андрей Амальрик, Петр Якир, которые общались с иностранными корреспондентами, а те передавали новости по радио. Но всё это было разрознено, информация не собиралась, не систематизировалась. Тут мы встретили крымских татар. А они издавали свой информационный бюллетень. Регулярный. Конечно, у них была только одна тема — борьба крымско-татарского народа за возвращение на родину... В то время они еще оперировали совершенно советской аргументацией, но ребята были замечательные. И, может быть, именно эта форма информационного бюллетеня подтолкнула к тому, чтобы не разговоры вести, не ходить вокруг да около, а действительно что-то такое начать издавать.

— *Это была ваша идея?*

— Это была общая идея. Я думаю, что прекрасным исполнителем была бы Лариса Богораз. Но Лариса была занята связью с лагерями. Кроме того, она тогда придумала замечательную совершенно анкету — опрос бывших политзаключенных об условиях содержания в лагерях. Она была просто настолько занята, что, когда ее арестовали на демонстрации, мы все подумали — ну, теперь Лариса отдохнет. Вот, а у меня был декретный отпуск. И появилось время, хотя я и занималась всяким самиздатом, конечно. Поначалу название бюллетеня предполагалось другое — «Год прав человека в Советском Союзе», а «Хроника текущих событий» — подзаголовок. А что такое хроника текущих событий? Рубрика в передачах, в русских передачах «Би-би-си». Вот оттуда это взялось. Очень может быть, что это Красина идея была так назвать. Но у нас, вы знаете... у нас мужики... они как бы идейно вдохновляли, а работали женщины.

— *Основные правила и принципы?..*

— Во-первых, чтобы бюллетень выходил каждые два месяца. Каждый месяц — это слишком часто. А больше — слишком редко. Поскольку я закончила первый выпуск в ночь с 30 апреля на 1 мая и дату «Первое мая» ставить не хотела, то он выходил по последним числам четных месяцев. Принципы мои внутренние были выработаны на основе редактирования различных коллективных писем, знакомства с письмами других. Ни в коем случае не жать на эмоции. Давать только информацию... Это вообще чудо, что ошибок в «Хронике» оказалось так мало. Потому что гораздо позже, уже через семь лет... Сергею Ковалеву [был редактором «Хроники» после Н.Г., издал 7 номеров. — *Л.У.*] на суде в Вильнюсе вменяли «злостные измышления с умыслом на подрыв и свержение советского строя», потому что в «Хронике» нашли семь ошибок за семь лет.

— *Кто был самым лучшим редактором «Хроники»?*

— Я. Вы меня простите, но я... Я задала этот тон, и они потом уже все этого тона держались. Хотя, с другой стороны, мне уже осенью кто-то сказал: Наташка, это же невозможно читать, там слышна твоя интонация. Это интонация человека, про которого врачи института Сербского написали: говорит монотонно.

«Хроника» не пыталась быть истиной в последней инстанции, она только собирала сведения. Не давала оценок. Это очень важно было. Принцип этот сохранялся до конца. Безоценочность. Только информация. И готовность к поправкам. Еще описывала, как связаться, чтобы не ставить никого под удар. Постепенно я начала вводить новые рубрики, и потом, уже после моего ареста, появились новые замечательные рубрики — например, сведения о процессах прошлых лет, которые остались неизвестными просто потому, что тогда «Хроники» не было... Вот я сидела и знала, что в каждом номере «Хроники» всё, что обо мне удалось узнать, всё напишут. И что таким образом они — власти, КГБ, психиатры, не знаю кто — не будут распускать руки. И меня действительно фантастически быстро освободили благодаря скандалу, который всё время шел за границей. А скандал шел: а) благодаря «Хронике», б) благодаря письму Татьяны Великановой и Веры Лашковой западным психиатрам и в) благодаря Владимиру Буковскому, который собрал наиболее полную на то время документацию о карательной психиатрии. Ну и благодаря Софье Васильевне Каллистратовой, моему защитнику, которая ему помогала, в частности, дала текст заключения психиатрической экспертизы по моему делу.

— Как отбирали материал?

— Ну, в общем, шло почти всё. Было так: это пойдет развернуто, это пойдет в краткие сообщения...

...Появились письма. Иногда только пересказ писем, иногда — целиком, различные письма защиты или протеста. Так, в первом выпуске «Хроники» было помещено обращение Ларисы Богораз и Павла Литвинова к мировой общественности по поводу процесса Гинзбурга и Галанскова. Надо сказать, это один из основополагающих документов правозащитного движения. После этого мы познакомились заочно или лично с украинцами. Было, было время, когда существовали замечательные отношения между москвичами и украинцами. Ну уж я не говорю, ленинградцы, нижегородцы, харьковчане... Прибалты, конечно.

...Я печатала здесь, в этой квартире, сидела опять

одна и поняла, что у меня начинаются схватки. Раньше, чем надо. За двенадцать дней. Поехала домой, думаю — перележу. Легла — нет, что-то не выходит. Встала, пошла в роддом, родила и потом, естественно, сидела привязанная. Ну а потом как-то... уже, видимо, в июне, уложив Оську спать, оставив на всякий случай маме бутылочку для него со сцеженным молоком, и поехала сюда. Все были в большой комнате. Я зашла в маленькую. На столе стояла машинка и в ней закладка «Хроники», остановленная ровно на том месте, на котором я прекратила печатать. Народ там бывал каждую неделю. Они ходили из комнаты в комнату, не могли этого не видеть. Никому не пришло в голову допечатать...

— *Томас Венцлова говорил, что было некое антисоциалистическое соревнование...*

— Ну, это, это он, конечно, как поэт, метафорически...

— *Как это было?*

— Стал выходить украинский вестник, который был аналогом «Хроники». Потом — «Хроника литовской католической церкви». Но, пожалуй, это были всего два таких аналога, да и то — «Украинский вестник» ограничивался Украиной, а «Хроника ЛКЦ» — вообще только церковными и религиозными делами в Литве. А мы писали обо всех.

Мое редакторское дело кончилось с моим арестом 24 декабря 1969 года.

— *Первая приостановка выпуска «Хроники»...*

— ...Это было уже после того, как я свое отсидела и не была полностью в курсе всех дел. Поскольку в принципе, на комиссии психиатров, которая решала вопрос о моем потенциальном освобождении раньше, чем полагалось, сроков нет. Но всё-таки есть какие-то условные свои правила. Я сказала, что, в общем, я понимаю, что мне, матери двух детей, этим заниматься не надо. Я не осуждала ни демонстрацию, ни самиздат, но сказала — да, мне этим заниматься не надо. Поэтому если я этим занималась, то сугубо подпольно*...

— *Первые разговоры о том, что надо остановить «Хронику», пошли еще летом 1972 года...*

— ...После чего они сказали: если выйдет еще один номер, арестуем Якобсона. И тут сердца остальных редакторов «Хроники» дрогнули. Толю Якобсона все очень любили... И «Хроника» прекратилась. Никто не знал, что это только приостановка, это мы узнали через полтора года. Ее не было полтора или почти полтора года**.

Колодезь высох,

---

* В этом месте нельзя не улыбнуться! Как будто до этого разговора всё, что она делала, было совершенно официально и в рамках разрешенного законом, а уж после этого «честного слова», данного комиссии психиатров, которые ее, мать двоих детей, уже закатали в психбольницу, придумав под это дело даже новый в психиатрии термин «вялотекущая шизофрения», — она продолжает заниматься своей правозащитной деятельностью подпольно, «нелегально»! — **Л.У.**

** Из интервью в фильме Ксении Сахарновой «Пять минут свободы». 2012.

и рыцарь не у дел.
Цветущий посох
увял и облетел.
Журавль трухлявый
да ржавое копье.
Умри со славой,
а лучше без нее.
Как пел Державин
за клином журавлей:
«Почто заржавел,
о дивный соловей?»

Наталья Горбаневская
СО СВОБОДОЙ ПЕЧАТИ ПЛОХО

Вообще, если бы в тот момент, когда, сидя за машинкой в чужой пустой квартире, я закончила первый выпуск, потом сделала к нему титульный лист — с вышеуказанным заголовком, подзаголовком и, главное, с текстом ст. 19 Всеобщей декларации прав человека в качестве эпиграфа (и этот эпиграф сохранился до конца!), — если бы тогда мне кто-нибудь сказал, что «Хроника» проживет пятнадцать с лишним лет, я была бы удивлена. Но если бы кто-нибудь мне сказал: «Она не проживет пятнадцать лет», — я бы ответила: «А почему? Почему бы ей не прожить пятнадцать лет? (...)

А что сейчас? Все мы знаем, что со свободой печати в России плохо. Плохо — в сравнении с девяностыми годами, когда свобода печати была полной. Мы знаем, что сейчас журналист в России может и погибнуть — от пули или яда «неизвестных преступников». Мы знаем, что власть полностью подчинила себе телевидение, почти полностью радио и, за немногими исключениями, бумажную прессу. Мы знаем и другое: что общество с удовольствием глотает выходящие огромными тиражами глянцевые журналы, а «марши несогласных», демонстрации, пикеты собирают горстку людей. И всё-таки пока это больше походит на какую-нибудь латиноамериканскую или африканскую диктатуру, чем на наши советские времена (о ленинско-сталинских я уж и не говорю). Одна из причин — а может быть, просто главная причина этого — существование Интернета*.

> Проклятье! Счастье! Пишутся!
> Слова, как горы, движутся,
> а я, как мотылек,
> летаю между строк.
>
> Вчера ль еще, на подступах,
> в неверьи и в тоске,
> металась я, немотствуя,
> как рыба на песке.
>
> А нынче каждый ручеек
> болтает, как щегол,
> течет река, и речь ее —
> как щёкот за щекой.
>
> И в слабом женском горлышке

* Из интервью организации *"Russia christiana"*, 24 апреля 2008.

Поэтка. Книга о памяти: Наталья Горбаневская

(Щегол! Кукушка! Скворушка!)
гуляет между строк
вселенной ветерок.

В одном из своих поздних интервью Наташа приводит свой разговор с Владимиром Буковским: «...когда мы вместе с Буковским представляли наши книги в Москве, он вздохнул: "Эх, нам бы тогда Интернет – советская власть рухнула бы намного раньше..."» Здесь, к сожалению, можно возразить: в СССР, в застойные семидесятые-восьмидесятые, информация стоила дорого, и цена свободного слова была так велика, что люди, добывая это самое слово, подвергали себя риску обысков, допросов, ареста, тюрьмы... И это придавало большой вес самой информации. Сегодня задача человека, пытающегося получить достоверную информацию, требует усилий иного рода: выловить из необъятных потоков Интернета это самое ценное слово, и это требует не только многочасового поиска в океане лжи и мусора, но и самостоятельной оценки. А разобраться в этих разнообразных потоках бывает порой совсем не просто. Надо сказать, что в те далекие годы мы были гораздо наивней, и всякое слово, доходившее сквозь глушилки из «вражеских» радиостанций ВВС, «Радио Свобода», «Голоса Америки» или отпечатанное на самиздатской машинке, казалось уж непременно правдивым. Сегодня вовсю работает Интернет, а власть сохраняет всё те же традиции... Но с виду несколько поменялась.

«Хроника текущих событий» существовала пятнадцать лет, с 1968 до 1983 года. За это время было выпущено шестьдесят три номера.

Л.У.

КРАСНАЯ ПЛОЩАДЬ. «ПОЛДЕНЬ»

Кто это сказал, что советская власть рухнула? Ничуть не бывало! Она видоизменилась, капитализировалась, но ее антигуманная сущность всё та же. И вообще она оказалась гораздо крепче, чем можно было предполагать по той печальной причине, что угнездилась она не в Кремле, под его рубиновыми звездами, сменившими двуглавых орлов, а в сознании народа. Сегодня мы можем только вспоминать с благодарностью тех молодых людей, которые потратили свой талант, свободу и огромные душевные силы на борьбу с властью, которая, как показывает история последних десятилетий, может поменять цвет знамен, но не свои принципы: лживость, презрение к человеку и его правам, насилие над личностью и неспособность прислушиваться ни к потребностям общества, ни к голосу совести. Многие иллюзии шестидесятников сегодня развеялись. Но побежденными диссиденты, несмотря на репрессии, на них обрушившиеся, не были. Арестанты и изгнанники, победителями они тоже не стали, — если не считать той моральной победы, которую они всё-таки одержали. И одна из самых ярких побед – они вышли на площадь. Не уверена, что Наташа одобрила бы мои рассуждения.

Л.У.

Демонстрация 25 августа 1968 года, также называемая «демонстрация семерых», была проведена группой из семи советских диссидентов на Красной площади и выражала протест против введения в Чехословакию войск СССР и других стран Варшавского договора, произведенного в ночь с 20 на 21 августа для пресечения общественно-политических реформ в Чехословакии, получивших название «Пражской весны». Стала одной из наиболее значимых акций советских диссидентов*.

Александр Самбор
ЗАПИСЬ ОЧЕВИДЦА ДЕМОНСТРАЦИИ

Воскресенье, 25 августа 1968 года.

Полдень. Красная площадь заполнена провинциалами, интуристами. Милиция, отпускные солдаты, экскурсии. Жарко, полплощади отгорожена и пуста, кроме хвоста к Мавзолею. Перед боем часов в 12:00 разводится караул у Мавзолея: толпы любопытных, мальчишек бегут, глазея, туда и обратно – к Спасским воротам. Часы бьют. Из Спасских выскакивает и мимо ГУМа в улицу проносится черная «Волга». В этот момент у Лобного места, где народу довольно много — стоят, сидят, рассматривают Василия Блаженного, — садятся семь-

* Из Википедии.

восемь человек и разворачивают плакаты. На одном из них метров с тридцати можно прочесть «Прекратить советское вмешательство в Чехословакию». На другом — «За вашу и нашу свободу»... Через несколько секунд к сидящим со всех ног бросаются около десятка человек с разных ближайших к месту точек на площади. Первое, что они делают, — вырывают, рвут и комкают плакаты, ломают маленький чешский флаг.

Ликвидировав плакаты, подбежавшие бьют сидящих в лицо, по голове. Сбегается толпа. Базарное любопытство к скандалу, вопросы друг к другу: «Что произошло?» Среди толпы, окруженные первыми прибежавшими, сидят несколько обычно одетых людей, лет по тридцать-сорок. Две женщины — молодая в очках и постарше, с проседью. В детской коляске спит младенец нескольких месяцев на вид. На Спасской башне часы показывают 12:22*.

Наталья Горбаневская
ЧТО Я ПОМНЮ О ДЕМОНСТРАЦИИ

Накануне прошел дождь, но в воскресенье с самого утра было ясно и солнечно. Я шла с коляской вдоль ограды Александровского сада; народа было так много, что пришлось сойти на мостовую. Малыш мирно спал в коляске, в ногах у него стояла сумка с запасом штанов и распашонок, под матрасиком лежали два плаката и чехословацкий флажок. Я решила: если никого не будет, кому отдать плакаты, я прикреплю их по обе стороны коляски, а сама буду держать флажок.

* Из книги Н. Горбаневской «Полдень», Москва, 2007.

Борис Биргер. Портрет Натальи Горбаневской. 1974

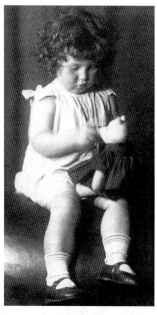

Наташе Горбаневской три года.
Москва, май 1939

Евгения Семеновна –
мама. Середина 1930-х

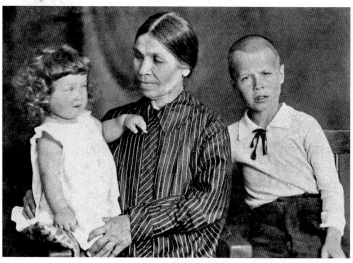

Наташа и брат Витя с бабушкой Анной Федоровной

Наташа во время войны

Евгения Семеновна. 1942

Школьница Наталья
Горбаневская. 1948

С подругами. Слева направо: Аня Овчинникова, Наташа Горбаневская,
Нина Багровникова, Марина Багровникова. 1949–1950

С мамой и бабушкой
Анной Федоровной

С мамой и братом
Виктором. 1952

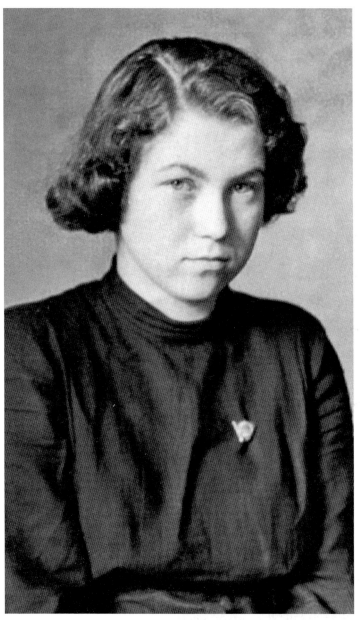

Самая любимая фотография Наташи Горбаневской. Весна 1953

Классику новейшей русской литературы, от начинающего.

«Горбаневская, Непомнящий…» — вот далеко не полной перечень талантливых представителей…" (История советской литературы)

…картошка…

Может быть — в этом великая серьёзная правда?

3/I 56

Валентин Непомнящий, однокурсник по Московскому университету, «на картошке».
Подпись на обороте фото:
«Классику новейшей литературы от начинающего…
Горбаневская, Непомнящий… — вот далеко не полный перечень талантливых представителей… (История советской литературы)»

Наталья Горбаневская   Людмила Улицкая

6/7. VI. 63

Привет, милая! Мое письмо, невеселое и глупое, разошлось с твоим, но теперь я, как ты просила, напишу тебе хорошее. К моей любовной истории вернемся по моем приезде. Сейчас скажу тебе одно: она кончилась, я ее кончила, но вины моей нет (это поправка к предыдущему письму). Я, в общем-то, спокойна и даже легко застряла в городе еще. Там более, что приехал Непомнящий, а ты себе не представляешь, какое это удовольствие — мне принимать москвичей в Ленинграде. Вообще, это такой город, Люська, я так или счастлива, но всё перед этим меркнет. Я написала о нем еще стихи.

Вот моя Александрова слобода – Ленинград,
Вот опала моя на Москву,
Вот свобода, награда моя из наград,
Плесканье волны о скалу.

Прокричи, моя радость, обо мне, прокричи,
Я твой мученик, царь и герой,
На канале Крушинского кружатся грачи,
Расставанье не за горой.

(см. дальше)

Наталья Горбаневская Людмиле Улицкой –
письмо из Ленинграда 6/7 июля 1963

Я в лампу долью керосина.
Земля моя, как ты красива,
В мерцающих высях висе,
Влекомая мною корзина,
В корзине — вселенная вся.

Земля моя, как ты красива,
Как та, что стоит у залива,
Отдавшая прутья свои,
Почти что безумная ива
Из тысячелетней любви.

Земля моя, свет мой и сила,
Судьба моя, как ты красива,
Звезда моя, как ты темна,
Туманное имя России
Твое я ношу рождена.

май 63
Ленинград

Автограф стихотворения Н. Горбаневской «Я в лампу
долью керосина…», написанного в Ленинграде

Иосиф Бродский

Нет, и не под чуждым небо-
свором,
И не под защитой чуждых крыл,
Я была тогда с моим народом,
Там, где мой народ, к несчастью был.

апр. 1957-61 гг.

ВМЕСТО ПРЕДИСЛОВИЯ

В страшные годы ежовщины я провела 17 месяцев в тюремных очередях в Ленинграде. Как-то
раз кто-то "опознал" меня. Тогда стоящая за
мной женщина с голубыми губами, которая, конечно никогда не слыхала моего имени, очну-
лась от свойственного нам всем оцепенения и
спросила меня на ухо /там все говорили шепо-
том/ :
— А это вы можете описать?
И я сказала:
— Могу.
Тогда что-то вроде улыбки скользнуло по тому
что некогда было ее лицом.

1 апреля 1957 г.
Ленинград.

ПОСВЯЩЕНИЕ

Перед этим горем гнутся горы,
Не течет великая река,
Но крепки тюремные затворы,
А за ними "каторжные норы"
И смертельная тоска.

Поэма А. Ахматовой «Реквием».

Перепечатка и правка Н. Горбаневской

Анна Ахматова. Начало 1960-х

Юрий Михайлович Лотман

Надежда Яковлевна Мандельштам

Пора, мой друг, пора, покоя сердце
                                  просит.
Бегут за днями дни, и каждый
                          день уносит
Частицу бытия, и мы с тобой
                        вдвоем
Предполагаем жить, и глядь —
                    как раз умрем.

На свете счастья нет, но есть
                        покой и воля,
Давно завидная мерещится
                    мне доля,
Давно, усталый раб, замыслил
                      я побег
В обитель сладкую трудов
                    и чистых нег.

Стихотворение А.С. Пушкина «Пора мой друг, пора…»,
переписанное рукой Н. Горбаневской

Наталья ГОРБАНЕВСКАЯ

ПОЛДЕНЬ

Дело о демонстрации 25 августа 1968 года
на Красной площади

Москва
август –
1969.

Самиздатовская книга «Полдень»,
составленная Н. Горбаневской
к годовщине демонстрации
на Красной площади. Август 1969

1966–1967

И вовсе нету ничего – ни страха,
Ни цепененья перед палачом,
роняю голову на вымытую плаху,
как на случайного любовника плечо…

Павел Литвинов в ссылке в Читинской области. Около 1971.
Фото было послано Н. Горбаневской в Казанскую психиатрическую
больницу Верой Лашковой

Павел Литвинов. Москва,
конец 1960-х

Вадим Делоне

Елена Сморгунова (справа) и Татьяна Великанова

Вера Лашкова

ГОД ПРАВ ЧЕЛОВЕКА В СОВЕТСКОМ СОЮЗЕ
хроника текущих событий

Каждый человек имеет право на свободу
убеждений и на свободное выражение их;
это право включает свободу беспрепятст-
венно придерживаться своих убеждений и
свободу искать, получать и распростра-
нять информацию и идеи любыми средства-
ми и независимо от государственных границ.

Всеобщая декларация прав человека
статья 19.

Выпуск 1. 30 апреля 1968 года.

Содержание: Судебный процесс по делу ГАЛАНСКОВА, ГИНЗБУРГА,
ЛАШКОВОЙ, ДОБРОВОЛЬСКОГО.-
Отклики общественности на процесс.-
Репрессии к участникам движения протеста.-
Обращение к Будапештскому совещанию.-
Политзаключённые.-
Ленинградский процесс.-
Дело Валентина ПРУСАКОВА.

Первый выпуск «Хроники текущих событий».
30 апреля 1968

Владимир Буковский   Лариса Богораз

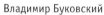

Статья «По заслугам» из газеты «Вечерняя Москва». 12 октября 1968

Александр Гинзбург.
Лагерное фото

Бутырская тюрьма. Фото Р. ван Ворена

Казанская специальная психиатрическая больница

Институт судебной психиатрии имени Сербского

Флажок я сделала еще 21 августа: когда мы ходили гулять, я прицепляла его к коляске, когда были дома, вывешивала в окне. Плакаты я делала рано утром 25-го: писала, зашивала по краям, надевала на палки. Один был написан по-чешски: *"Ať' Žije svobodné a nezávislé Československo!"*, т. е. «Да здравствует свободная и независимая Чехословакия!». На втором был мой любимый призыв: «За вашу и нашу свободу» — для меня, много лет влюбленной в Польшу, особенно нестерпимым в эти дни было то, что вместе с нашими войсками на территорию Чехословакии вступили и солдаты Войска Польского, солдаты страны, которая веками боролась за вольность и независимость против великодержавных угнетателей, прежде всего против России.

«За вашу и нашу свободу» — это лозунг польских повстанцев, сражавшихся за освобождение отчизны, и польских эмигрантов, погибавших во всем мире за свободу других народов. Это лозунг тех русских демократов прошлого века, которые поняли, что не может быть свободен народ, угнетающий другие народы.

Проезд между Александровским садом и Историческим музеем был перекрыт милицией: там стояла очередь в Мавзолей. Когда я увидела эту толпу, мне представилось, что вся площадь, до самого Василия Блаженного, запружена народом. Но когда я обошла музей с другой стороны и вышла на площадь, она открылась передо мной, просторная, почти пустынная, с одиноко белеющим Лобным местом. Проходя мимо ГУМа, я встретила знакомых, улыбнулась им и прошла дальше, не останавливаясь.

Я подошла к Лобному месту со стороны ГУМа, с площади подошли Павел, Лариса, еще несколько человек. Начали бить часы. Не на первом и не на роковом последнем, а на каком-то случайном из двенадцати ударов, а может быть, и между ударами, демонстрация началась. В несколько секунд были развернуты все четыре плаката (я вынула свои и отдала ребятам, а сама взяла флажок), и совсем в одно и то же мгновение мы сели на тротуар.

Справа от меня сидела Лара, у нее в руках было белое полотнище, и на нем резкими черными буквами — «Руки прочь от ЧССР». За нею был Павлик. Доставая плакаты, я сознательно протянула ему «За вашу и нашу свободу»: когда-то мы много говорили о глубокой мысли, заключенной в этом призыве, и я знала, как он ему дорог. За Павликом были Вадим Делоне и Володя Дремлюга, но их я видела плохо: мы все сидели дугой на краешке тротуара, повторяющего своими очертаниями Лобное место. Чтобы увидеть конец этой дуги, надо было бы специально поворачиваться. Потому-то я потом и не заметила, как били Вадима. Позади коляски сидел Костя Бабицкий, с которым я до тех пор не была знакома, за ним — Витя Файнберг, приехавший на днях из Ленинграда. Всё это я увидела одним быстрым взглядом, но, по-моему, на то, чтобы записать эту картину, ушло больше времени, чем то, что прошло от мгновения, как плакаты поднялись над нами, и до мгновения, как они затрещали. Вокруг нас только начал собираться народ, а из дальних концов площади, опережая ближайших любопытных, мчались те, кто поставил себе немедленной целью ликвидировать демонстрацию. Они налетали и рвали плакаты, даже не глядя, что там написано. Никогда не забуду треска материи.

Я увидела, как сразу двое — мужчина и женщина — портфелем и тяжелой сумкой били Павлика. Крепкая рука схватила мой флажок. За что, — сказала я, — вы хотите отнять у меня чехословацкий государственный флаг? Рука поколебалась и разжалась. На мгновение я обернулась и увидела, как бьют Витю Файнберга. Плакатов уже не было, и только флажок мне еще удалось защитить. Но тут на помощь нерешительному товарищу пришел высокий гладколицый мужчина в черном костюме — из тех, кто рвал лозунги и бил ребят, — и злобно рванул флажок. Флажок переломился, у меня в руке остался обломок древка.

Еще на бегу эти люди начали выкрикивать различные фразы, которые не столько выражали их несдержанные эмоции, сколько должны были провоцировать толпу последовать их примеру. Я расслышала только две фразы, их я и привела в своем письме: «Это всё жиды!» и «Бей антисоветчиков!». Они выражались и более нецензурно: на суде во время допроса Бабицкого судья сделала ему замечание за то, что он повторил одно из адресованных нам оскорблений.

Тем не менее собравшаяся толпа не реагировала на призыв «Убить антисоветчиков» и стояла вокруг нас, как всякая любопытная толпа.

Почти все, кто бил ребят и отнимал плакаты, на короткое время исчезли. Стоящие вокруг больше молчали, иногда подавали неприязненные или недоуменные реплики. Два-три оратора, оставшихся от той же компании, произносили пылкие филиппики, основанные на двух тезисах: «мы их освобождали» и «мы их кормим»; «их» — это чехов и словаков. Подходили новые любопытные, спрашивали: «Что здесь?» — «Это сидячая демонстрация в знак протеста против оккупации Чехословакии», — объясняли мы. «Какой оккупации?» — искренне удивлялись некоторые. Всё те же два-три оратора опять кричали: «Мы их освобождали, 200 тысяч солдат погибло, а они контрреволюцию устраивают». Или же: «Мы их спасаем от Западной Германии». Или еще лучше: «Что же мы, должны отдать Чехословакию американцам?» И — весь набор великодержавных аргументов, вплоть до ссылки на то, что «они сами попросили ввести войска».

За этими ораторами трудно было слышать, кто из ребят что говорил, помню, кто-то объяснял, что «письмо группы членов ЦК КПЧ» с просьбой о вводе войск — фальшивка, недаром оно никем не подписано. Я на слова «Как вам не стыдно!» — сказала: «Да, мне стыдно — мне стыдно, что наши танки в Праге».

Через несколько минут подошла первая машина. После мне рассказывали люди, бывшие на площади, как растерянно метались в поисках машин те, кто отнял у нас лозунги. Найти машину в летнее воскресенье на Красной площади, по которой нет проезда, трудно, даже учитывая право работников КГБ останавливать любую служебную машину. Постепенно они ловили редкие машины, выезжавшие с улицы Куйбышева в сторону Москворецкого моста, и подгоняли их к Лобному месту.

Ребят поднимали и уносили в машины. За толпой мне не было видно, как их сажали, кто с кем вместе ехал. Последним взяли Бабицкого, он сидел позади коляски, и ему достался упрек из толпы: «Ребенком прикрываетесь!» Я осталась одна.

Малыш проснулся от шума, но лежал тихо. Я переодела его, мне помогла незнакомая женщина, стоявшая рядом. Толпа стояла плотно, проталкивались не видевшие начала, спрашивали, в чем дело. Я объясняла, что это демонстрация против вторжения в Чехословакию.

Моих товарищей увезли, у меня сломали чехословацкий флажок, — я приподнимала обломочек древка. «Они что, чехи?» — спрашивал один другого в толпе. «Ну, и ехали бы к себе в Чехословакию, там бы демонстрировали». (Говорят, вечером того же дня в Москве рассказывали, что на Красной площади «демонстрировала чешка с ребенком».) В ответ на проповедь одного из оставшихся на месте присяжных ораторов я сказала, что свобода демонстраций гарантирована Конституцией. «А что? — протянул кто-то в стороне. — Это она правильно говорит. Нет, я не знаю, что тут сначала было, но это она правильно говорит». Толпа молчит и ждет, что будет. Я тоже жду.

— Девушка, уходите! — упорно твердил кто-то. Я оставалась на месте. Я подумала: если вдруг меня решили не забирать, я останусь тут до часу дня и потом уйду*.

Павел Литвинов

НАТАША СКАЗАЛА: Я НАПИШУ ТВОЙ ЛОЗУНГ

1968 год был годом Чехословакии — чехословацкая весна была предметом восхищения и надежды для нас и по той же причине предметом страха и ненависти для советского режима. Связь свободы в Восточной Европе и в СССР была очевидна для всех. Мой любимый герой Александр Герцен и польские изгнанники в Лондоне провозглашали тосты «За вашу и нашу свободу». Наташа знала, что это был «мой» лозунг. Мы с женой Маей пришли к Ларе Богораз накануне демонстрации. Там

* Из книги Н. Горбаневской «Полдень», Москва, 2007.

293

была Наташа. Она приняла решение идти на демонстрацию с сыном Осей, которому недавно исполнилось три месяца, — но без плаката. Вместо него она будет держать чешский национальный флаг. Я еще за лозунг не брался и ничего под рукой не было. Наташа сказала: я напишу твой лозунг и принесу его на площадь.

Мы встретились на площади 25-го, и она вручила мне плакатик с двумя палочками. Я развернул его, и кто-то справа взял вторую палочку, мы сели на кромку тротуара, и я увидел, что это был Вадик Делоне.

Только во время следствия я заметил, что Наташа переставила слова в моем плакате, стало: «За нашу и вашу свободу», и опять забыл об этом и много лет спустя понял, как глубоко Наташа копнула. Ведь это СССР оккупировал Чехословакию, и нам в первую очередь должно быть стыдно перед чехами и словаками. Освободив их, мы, может быть, и освободим себя, но это уже не их дело. Поэтому свобода маленьких беззащитных народов, раздавленных, как асфальтовым катком, всем весом огромного соседа, должна быть первой... Наташа — не политический мыслитель, но ее нравственная позиция глубока и оригинальна.

Демонстрация, как свидетельствует очевидец, от начала до конца длилась двадцать две минуты. Все участники были доставлены в отделение милиции, но Наташу, кормящую мать, к вечеру отпустили. На последнем допросе Наташе сказали: «Мы решили вас пожалеть и на этот раз, но...» — и снова последовали угрозы. Остальные были арестованы. Три дня спустя после демонстрации Наташа разослала в крупные мировые газеты следующее письмо.

Л.У.

Наталья Горбаневская

ПИСЬМО ГЛАВНЫМ РЕДАКТОРАМ ГАЗЕТ:

«Руде право», «Унита», «Морнинг стар», «Юманите», «Таймс», «Монд», «Вашингтон пост», «Нойе цюрихер цайтунг», «Нью-Йорк таймс»

«Уважаемый господин редактор, прошу Вас поместить мое письмо о демонстрации на Красной площади в Москве 25 августа 1968 года, поскольку я единственный участник этой демонстрации, пока оставшийся на свободе.

В демонстрации приняли участие: КОНСТАНТИН БАБИЦКИЙ, лингвист, ЛАРИСА БОГОРАЗ, филолог, ВАДИМ ДЕЛОНЕ, поэт, ВЛАДИМИР ДРЕМЛЮГА, рабочий, ПАВЕЛ ЛИТВИНОВ, физик, ВИКТОР ФАЙНБЕРГ, искусствовед, и НАТАЛЬЯ ГОРБАНЕВ-СКАЯ, поэт. В двенадцать часов дня мы сели на парапет у Лобного места и развернули лозунги: "Да здравствует свободная и независимая Чехословакия" (на чешском языке), "Позор оккупантам", "Руки прочь от ЧССР", "За вашу и нашу свободу". Почти немедленно раздался свист, и со всех концов площади к нам бросились сотрудники КГБ в штатском: они дежурили на Красной площади, ожидая выезда из Кремля чехословацкой делегации. Подбегая, они кричали: "Это всё жиды! Бей антисоветчиков!" Мы сидели спокойно и не оказывали сопротивления. У нас вырвали из рук лозунги. ВИКТОРУ ФАЙНБЕРГУ разбили в кровь лицо и выбили зубы, ПАВЛА ЛИТВИНОВА били по лицу тяжелой сумкой, у меня вырвали и сломали чехословацкий флажок.

Нам кричали: "Расходитесь! Подонки!", но мы продолжали сидеть. Через несколько минут подошли машины, и всех, кроме меня, затолкали в них. Я была с трехмесячным сыном, и поэтому меня схватили не сразу: я сидела у Лобного места еще около десяти минут. В машине меня били. Вместе с нами было арестовано несколько человек из собравшейся толпы, которые выражали нам сочувствие, — их отпустили только поздно вечером. Ночью у всех задержанных провели обыски по обвинению в "групповых действиях, грубо нарушающих общественный порядок". Один из нас, ВАДИМ ДЕЛОНЕ, был уже ранее условно осужден по этой статье за участие в демонстрации 22 января 1967 года на Пушкинской площади. После обыска я была освобождена, вероятно, потому, что у меня на руках двое детей. Меня продолжают вызывать для дачи показаний. Я отказываюсь давать показания об организации и проведении демонстрации, поскольку это была мирная демонстрация, не нарушившая общественного порядка. Но я дала показания о грубых и незаконных действиях лиц, задержавших нас, я готова свидетельствовать об этом перед мировым общественным мнением.

Мои товарищи и я счастливы, что смогли принять участие в этой демонстрации, что смогли хоть на мгновение прорвать поток разнузданной лжи и трусливого молчания и показать, что не все граждане нашей страны согласны с насилием, которое творится от имени советского народа. Мы надеемся, что об этом узнал или узнает народ Чехословакии. И вера в то, что, думая о советских людях, чехи и словаки будут думать не только об оккупантах, но и о нас, придает нам силы и мужество»*.

* «Хроника текущих событий», № 3, 30 августа 1968.

Укрыться в детство, в светомаскировку,
в неведенье, в нетопленый подвал...
О время, время, сделай остановку,
чтоб час двенадцатый не пробил, не позвал

на помощь. Ну, какая с меня помощь?
Как фонари, угашенные в полночь,
как шлюзами зажатая волна,
я над собою нынче не вольна.

О время, время, поверни порядок,
связующее раздели звено,
о время!.. Но безмолвствует оно,
в убежище колдунчиков и пряток
нам никому вернуться не дано.

Далия Эпштейн
ОНА ВСЁ ДЕЛАЛА ИСТОВО

Я запомнила этот унылый день августа 1968 года в безрадостном Вильнюсе. Встреченный знакомец, запыхавшись, сообщил: «Знаешь, группка наших знакомых вышла на Лобное место, протестуя против вторжения». — «Кто?!» — «...и Горбаневская с коляской». — «Давай и мы пойдем к КГБ!» — «Я считаю, она не права. Нельзя решать за сына, который еще в коляске... И потом, скажут: опять эти евреи...» Он был литовец, этот человек. И сколько бы его ни славили сегодня, я никогда не забуду эти слова и не прощу. А себе не прощу, что не пошла одна. С Наташей мы ходили по летнему Вильнюсу, она была босиком — хотела чувствовать почву, по которой ступала. Она всё делала истово.

Таня Борисова

МЫ ПОНИМАЛИ, ЧТО ПРИДУТ С ОБЫСКОМ

Очень было страшно, когда наши вступили в Чехословакию, потом провоз Дубчека, вся эта кавалькада машин... Мы в центре жили, всё это было видно, как его везут в Кремль, но никто не знал, чем кончится. Это было еще до демонстрации, естественно. Страшно было. Чувство такое, что если могут танки ввести в целую страну, то что могут с тобой одной сделать...

...Про демонстрацию я узнала так: 24 августа у меня день рождения, и мы с Димой были на даче у родителей, и там были только родственники, сидели в огородах, в саду, пытались поймать что-то... Причем, надо сказать, все люди в электричках сидели с приемниками и пытались поймать новости, так что не было такого, что никто ничего не знал, ну или знать не хотел. За городом тоже было не очень слышно и непонятно, что происходит, и 25-го днем приехали в Москву и звоним из автомата Наташе Светловой. Она говорит очень коротко, без подробностей, без драматизации: «Была демонстрация. Всех забрали на Красной площади...»

Какая демонстрация — было уже всем понятно... Наташка с Осей была... И я, с таким вот пузом, еду к Евгении Семеновне.

Приезжаю к Евгении Семеновне, и Ясик дома, а она уже знает, ей, наверное, кто-то позвонил... И вижу — в комнате Наташка не успела убрать, какой-то ужас, как будто специально для обыска — обрывки белой ткани, туши, кисточки, белые листы... Плакаты, я думаю, она не только себе рисовала. Я говорю: «Евгения Семеновна, что вы думаете?», а она отвечает: «Таня, что я могу?

Наташа всю ночь тут сидела, чего-то делала, откуда я знаю что».

Я говорю: «Евгения Семеновна, сейчас проводим обыск!» И вот мы с ней вдвоем стали собирать в комнате всё, что может показаться подозрительным, — все эти кисточки, палочки, обрывки... А у них соседи в квартире живут, мы тихо переговаривались. Евгения Семеновна потихоньку выносила это всё не в мусоропровод, а на улицу, частями. Тогда не было целлофановых пакетов, мы заворачивали в какие-то газеты. Дом почистили — признаков физической подготовки к демонстрации не осталось. Мы понимали, что придут с обыском, но когда? Той же ночью и пришли.

> Я строю, строю, строю,
> но всё не Рим, а Трою,
> и Шлиман на холме,
> с лопатой и с лоханью,
> дрожа от ожиданья,
> сидит лицом ко мне.

Наталья Горбаневская

ОСЬКУ КРЕСТИЛИ...

Слежка в эти дни и долго еще потом была в самом деле густая и весьма откровенная. Я ходила с колясочкой в детскую поликлинику, в ясли — узнать, когда примут малыша, в школу встречать Ясика, в магазин, всё это на пространстве двух кварталов, и всё время туда и сюда, разворачиваясь по Новопесчаной и узкому Чапаевскому переулку, ездила то одна, то другая «Волга». Это забавно, пока внове, как игра: смешно, например, уйти от слежки, едучи в «Детский мир» за покупками. Потом уже стараешься не замечать: надоедает фенотип кагэбиста.

Моментом пик в слежке был день, когда я собралась крестить своего малыша, за неделю до суда. Слежка началась не с меня: машина приехала к моему дому вслед за Верой Лашковой, Осиной крестной, и потом поехала за нами в церковь. Вот за что получали свою высокую зарплату пять больших и толстых кагэбэшников. Впрочем, они не ограничивались нами. Один из них живо включился в разговор об искусстве, который вели возле церкви худенький юноша и художник с бородкой. Затем он сменил поле деятельности и пошел в комнату, где регистрируют крестины и прочие обряды. В результате этого визита мне отказали в крещении.

На самом деле Оську крестили в тот же день, но позже, и не в церкви. Крестил о. Димитрий Дудко*.

А по Москве пошли собрания трудящихся – все дружно осуждали демонстрантов с Красной площади. Кажется, в середине сентября всех сотрудников Института общей генетики Академии наук собрали в большом зале на последнем этаже. И как-то так строго собирали, что не пойти было невозможно. Я села в заднем ряду, возле двери, собираясь выскользнуть перед голосованием. Все сотрудники были удручены предстоящим мероприятием. Официальные люди что-то промямлили, дело шло к голосованию. Я свои возможности хорошо знала – на площадь я выйти не смогла бы, но голосовать – это тоже было за пределом возможной

* Из книги Н. Горбаневской «Полдень», Москва, 2007.

границы. Я встала и направилась к двери, возле которой предусмотрительно села. Потянула дверь – а ее заперли. Вторая дверь находилась возле президиума, и идти к ней надо было через весь зал. Я и протопала через весь замерший зал. Признаться, чувствовала себя ужасно – как голая. Хотя была я разодетая девчонка, на высоких шпильках, которые еще и цокали. Длинный зал. Я иду и думаю: ведь сейчас спросят, куда это я направилась. Даже ответ заготовила – «Поссать!» Но никто меня и не спросил. После этого собрания подошел ко мне молодой доктор Саша Нейфах и стал оправдываться – понимаешь, тебе хорошо, а у меня лаборатория… А потом, через года полтора, меня выгнали. Но не за эту дерзость, а уже за самиздат. Это и был мой самый большой антисоветский подвиг. Я была девица хоть и наглая, но робкая. Что же касается Александра Нейфаха, он впоследствии подписал письмо в защиту Горбаневской и был исключен из партии… Он-то робким не был.

В день демонстрации Наташу, увезенную с Красной площади в «полтинник», 50-е отделение милиции, выпустили. Допрашивали. Она вспоминает: «На последнем допросе сказали: "Мы решили пожалеть вас на этот раз, но…" – и снова последовали угрозы. Итак, меня "пожалели". Теперь мои друзья там, а я здесь».

Л.У.

С 9 по 11 октября Московский городской суд в помещении народного суда Пролетарского района вел судебное разбирательство по делу Константина Бабицкого, Ларисы Богораз, Вадима Делоне, Владимира Дремлюги, Павла Литвинова.

Председательствовала в судебном заседании судья Лубенцова, члены суда – Булгаков и Попов, государственным обвинителем выступал помощник прокурора г. Москвы Дрель, подсудимых защищали: Константина Бабицкого — адвокат Поздеев, Вадима Делоне — адвокат Каллистратова, Владимира Дремлюгу — адвокат Монахов, Павла Литвинова — адвокат Каминская. Лариса Богораз отказалась от адвоката и вела свою защиту сама*.

Наталья Горбаневская
СОРОК ПЯТЬ ЛЕТ СПУСТЯ

Отметили годовщину. Лобное место было зарешечено. Стояли у решетки. Пытались (я в частности) объяснить набежавшей (как из-под земли) полиции, что это не политическая акция, а мемориально-историческая. Не помогло. Забрали Сергея Шарова-Делоне и еще сколько-то человек (кого и сколько, я даже не успела разглядеть, так быстро это произошло). Фоток пока в сети не видела, но фотографировали вовсю, так что будут. Пока. Уезжаю на Дождь. Смотрите в 2 часа**.

С 25 августа 1968 года до ареста, который произошел 24 декабря 1969 года, Наташа успела составить книгу «Полдень» – хронику событий того дня, собрала материалы следствия и обстоятельства вынесения приговора по этому политическому процессу. Книга разошлась по самиздату, а издана впервые была во Франкфурте-на-Майне в 1970 году. Потом переведена на многие европейские языки.

Л.У.

* Из «Хроники текущих событий», № 4, 31 октября 1968.
** Запись в ЖЖ. 25 августа 2013.

Наталья Горбаневская

ИЗ ЭТИХ КЛОЧКОВ НАДО БЫЛО ВОССТАНОВИТЬ СКАЗАННОЕ

Документальную книгу «Полдень» я составляла около года, закончила к 21 августа 1969-го — годовщине вторжения войск стран Варшавского договора в Чехословакии — и выпустила в самиздат. Но первым деянием по составлению будущей книги стала для меня работа над последними словами пяти демонстрантов и защитительной речи Ларисы Богораз. На этот раз, на удивление, в зал суда впустили много родственников, причем и не только прямых и действительных — так, Людмила Алексеева и Михаил Бурас проходили как двоюродные сестра и брат Ларисы... Но было много и настоящих родных и двоюродных, которым удалось сделать записи. Из этих клочков надо было восстановить сказанное.*

Москва моя, дощечка восковая,
стихи идут по первому снежку,
тоска моя, которой не скрываю,
но не приставлю к бледному виску.

И проступают водяные знаки,
и просыхает ото слез листок,
и что ни ночь уходят вагонзаки
с Казанского вокзала на восток.

* Из книги Н. Горбаневской «Полдень», Москва, 2007.

Людмила Улицкая

Наталья Горбаневская
В ТОМ ЧИСЛЕ И НА ПЛОЩАДЬ

— Я составляла [записи суда] уже на заключительной, точнее — предзаключительной стадии. Делала так, чтобы было всё ясно.

— *Среди делавших записи судов были литераторы. Записи, сделанные литераторами, чем-то отличаются? Суд над Бродским записала Фрида Вигдорова, автор романов, очерков. Вы — литератор.*

— Я не записывала... Я сводила эти записи в единый текст... Потом я дала эту запись Софье Васильевне Каллистратовой. И эту, и запись кассационного суда. А Софья Васильевна сама очень много поправила и дала еще Дине Исааковне Каминской, которая тоже какую-то правку внесла. Так что в целом эта запись должна быть очень близка к стенограмме процесса.

...Конечно, если бы не наши действительно героические адвокаты, как Софья Васильевна и Дина Исааковна, записи суда, которые есть у меня в книге, не были бы такими совершенными. Я считаю, они их довели до совершенства. Могу я сказать два слова о Софье Васильевне? Софья Васильевна Каллистратова была нашим учителем. От нее мы научились всему, что знали в области права. Она нас научила читать не только Уголовный, но и Уголовно-процессуальный кодекс. У Павлика Литвинова была любимая поговорка — помните, любите, изучайте УПК. Она же нам объясняла, вы говорите о том, какие нарушения и злоупотребления происходят в ваших процессах. Посмотрели бы вы, что делается в уголовных процессах. Вот, и она внушила нам настоящее правовое чувство...

— *...С одной стороны, и в «Хронике», и в записях судов вы старались писать максимально отстраненно, без эмоций. С другой стороны, вы литератор. Как можно отделить умение выразить словом...*

— Я ведь литератор, который считает, что факт — голый — больше дает эмоциям, чем стилистическое давление на эмоции... Запись судебного процесса представляется мне центральным и самым ярким материалом книги. [«Полдень» — *О.Р.*] Там есть всё: и мотивировки, и характеры, и обстоятельства времени и места.

— *Что вам важно было передать?*

— Во-первых, я действительно хотела... Они действительно все пятеро себя показали. Все пятеро удивительно разные... Дремлюга с его напором. Костя Бабицкий, идеально тихий. Павлик, который за это время стал большим правоведом, который всё время жмет на эти правовые моменты. Лариса, такая разная в показаниях, в защитительной речи и в последнем слове. Лариса, в которой чувства явно клокочут, она их замечательно сдерживает. Вадик Делоне...
Я принесла своим очень близким друзьям, которые занимались распространением самиздата, экземпляр из первой закладки «Полдня» для печати и фотографирования. Эта пленка потом и уехала на Запад на беременном животе Яны Клусаковой. Друзья мне сказали: «Делоне — лучше всех». А Софья Васильевна мне

сказала, что Вадим тем, как он давал показания, даже подсказывал ей некоторые юридические решения. Я не знаю какие. Он же мальчишка!.. И он просто удивительно... В общем, каждый по-своему хорош.

— *...О составе суда. Такое классическое начало пьесы: действующие лица... Я о том, что вы даете описание, как в пьесе.*

— Ну конечно! Так я говорю, что текст записи суда — это готовая радиопьеса. Есть немецкий телефильм, в основном построенный на записи суда. Но мне почему-то это представляется скорее как радиопьеса. Никого не видно, только голоса. Потому что голоса, мне кажется, здесь важнее.

— *...Для кого вы писали текст, к кому вы его обращали? Он должен был пронимать или максимально точно передавать сказанное?*

— Обращаешься всегда к неведомому читателю, я, как стихотворец, это знаю. Пишешь — ни к кому не обращаешься. А потом стихи начинают существовать — только когда попадают к читателю или слушателю. Я не знаю. Я всё-таки эту книгу писала как стихи.

— *Как стихи?*

— Да. Почему я не сделала подзаголовок «Составила Наталья Горбаневская»? [В книге Н. Горбаневская указана как автор, а не как составитель. — *О.Р.*] Нет, я чувствовала себя автором этой книги. Хотя книга документальная, хотя моего личного текста там очень немного, но я это чувствую как свою книгу, я ее очень люблю. Сейчас она так нужна. Я думаю, что в этой книге люди учатся не только сметь выходить на площадь, а еще многим вещам — как выходить, зачем, как к этому относиться. Читая и показания, и последние слова пятерых демонстрантов, я думаю, что она может научить, что нужно всегда оставаться самими собой. Это вообще для меня самое важное, я всё время пытаюсь это твердить. Я знаю, что это не так легко. Но вот не нужно себя никуда за волосы тащить.

— *В том числе на площадь?*

— В том числе на площадь...*

Григорий Дашевский

ГДЕ ПОСТАВИТЬ ПАМЯТНИК

...В расчете на будущее можно было бы поставить памятники диссидентам уже сейчас, но не торжественные, а фиксирующие это их промежуточное присутствие в нашей жизни — уже не электризующее, еще не мраморное. Где поставить памятник Буковскому — вопрос сложный, то ли у памятника Маяковскому, где он организовывал поэтические чтения, то ли у Владимирской тюрьмы, то ли у одной из спецлечебниц. А вот где поставить памятник участникам демонстрации — ясно: там, где она и проходила, на Лобном месте. Семь фигур в натуральную величину сидели бы на краю тротуара, как они сидели

* Из интервью Ольге Розенблюм. Colta.ru, 30 августа 2013.

Людмила Улицкая

25 августа 1968 года. Если гуляющие граждане будут отламывать им бронзовые очки или древки плакатов, это будет только продолжением происходившего в тот день.

В малиннике, в крапивнике, в огне
желания, как выйдя на закланье,
забыть, что мир кончается Казанью
и грачьим криком в забранном окне.

Беспамятно, бессонно и счастливо,
как на треножник сложенный телок...
Расти, костёр. Гори, дуга залива.
Сияй впотьмах, безумный мотылек.

***

Между явью и сном,
между боем кукушки
и стуком машинки
на пруду жестяном
жестяные кувшинки.

За китайской стеной
ты скончаешься там же, где зачат,
где мишени кружок жестяной
или солнечный зайчик.

Где качается лист
театрального грома,
где ты дома
и где ты не дома,
где твой путь, как и прежде, кремнист.

БУТЫРКА, ПСИХУШКА

24 декабря 1969 года была арестована Наталья Горбаневская.

НАТАЛЬЯ ГОРБАНЕВСКАЯ, 1936 года рождения, в 1963 году окончила филологический факультет ЛГУ, талантливый поэт, участник демонстрации 25 августа 1968 года на Красной площади против ввода войск в Чехословакию, автор книги «Полдень», где собраны материалы о демонстрации 25 августа, член Инициативной группы по защите гражданских прав в СССР, мать двоих маленьких детей (старшему — 8 лет, младшему — 1 год 7 мес.).

24 декабря у ГОРБАНЕВСКОЙ на квартире был произведен обыск. Постановление на обыск подписано ст. следователем прокуратуры г. Москвы Л.С. АКИМОВОЙ, обыск производил следователь прокуратуры ШИЛОВ. При обыске изъяты самиздат, рукопись «Бесплатная медицинская помощь», «Реквием» с дарственной надписью А. АХМАТОВОЙ.

У друзей, присутствовавших на квартире у ГОРБАНЕВСКОЙ во время обыска, был произведен личный обыск.

НАТАЛЬЕ ГОРБАНЕВСКОЙ предъявлено обвинение по ст.190-1 УК РСФСР, следствие ведет Л.С. АКИМОВА. Сейчас ГОРБАНЕВСКАЯ в Бутырской тюрьме.

НАТАЛЬЯ ГОРБАНЕВСКАЯ еще в 1968 г. — после демонстрации 25 августа — была объявлена невменяемой, и теперь ей угрожает бессрочное заключение в больнице-тюрьме*.

Наталья Горбаневская
И ПОТЕКЛА КРОВЬ

На дворе стоял 1969 год. За два месяца между обысками (23 октября и 24 декабря) у меня снова накопилась груда самиздата, и районный следователь Шилов, непривычный к политическим делам (на то ему в помощь были приданы два типа из КГБ), составляя протокол, время от времени обращался ко мне же за помощью. Во время обыска всегда выплывают мелочи, которых раньше было не отыскать. Так нашлось бритвенное лезвие, которым я немедленно — зная, что сегодня меня не просто обыщут, но заберут, — принялась точить карандаши для старшего сына-школьника. Оно было у меня в руке, когда Шилов протянул мне очередной «документ», предназначенный к изъятию: как, мол, это лучше записать в протокол? Едва увидев, что он собирается изъять, я бросилась отнимать у него сколотые скрепкой листки, восклицая: «Что вы берете! Это же автограф Ахматовой!» — и... в короткой и непобедоносной схватке зацепила его

* Из «Хроники текущих событий», 31 декабря 1969.

бритвой по косточкам пальцев. Потекла кровь, один из гэбистов в восторге кинулся к телефону извещать «моего» следователя Акимову, что Горбаневская оказала вооруженное сопротивление, напала на Шилова... Уже решенный арест получал дополнительное обоснование, а главное, неизмерима была чекистская гордость: в кои-то веки натолкнулись на «вооруженное сопротивление»*.

Наревешься, наплачешься вволю
на зеленой траве
и опять возвращайся в неволю
с глухотой в голове.

Наревешься, наплачешься, горьких
наглотаешься слез,
на крутых укатаешься горках
в лопухи под откос.

И опять возвращайся. Доколе ж
всё туда да туда ж?
Все ладони в колючки исколешь —
и востри карандаш.

Накарябай строку, нацарапай
на запястьи своем
да травинку кровинкой закапай
за рабочим столом.

* «Русская мысль», №3671, 12 мая 1987.

Наталье Горбаневской было предъявлено обвинение в «распространении заведомо ложных измышлений, порочащих советский государственный и общественный строй». В вину ей ставили также участие в демонстрации 25 августа 1968 года, написание и распространение письма об этой демонстрации, очерк «Бесплатная медицинская помощь», подписи под документами Инициативной группы, участие в издании «Хроники текущих событий». Также ей предъявили обвинение в нападении на представителей органов охраны порядка при исполнении служебных обязанностей. Районный следователь Шилов прославил свое имя знаменитым порезом от «вражеского оружия».

По приговору суда двух участников демонстрации – Наталью Горбаневскую и Виктора Файнберга – подвергли принудительному психиатрическому лечению.

Л.У.

Наталья Горбаневская
ПСИХЭКСПЕРТИЗА

Комиссия состояла из трех человек: ординатор — она, видимо, уже доложила свою точку зрения и теперь не задала ни одного вопроса; белокурая пожилая дама, которая задала мне только один вопрос: «Почему вы взяли ребенка на площадь? Вам не с кем было его оставить или вы просто хотели, чтоб он участвовал в демонстрации?»

«Не с кем было оставить, — сказала я честно. — Да еще мне в два часа надо было его кормить».

«Ну, до двух часов было много времени, вы могли оставить его где-нибудь у знакомых».

Я пожала плечами. Оставить трехмесячного ребенка у знакомых? Да и не думала же я, что к двум часам смогу прийти к знакомым.

...Третьим был — и руководил экспертизой — небезызвестный профессор Лунц. Я прекрасно знала, кто такой Лунц, и прекрасно знала, что ни от каких моих ответов не будет зависеть результат экспертизы, но вела себя лояльно, отвечала на все вопросы, и о давней своей болезни, и о Чехословакии, и о том, нравится ли мне Вагнер. Вагнер мне не нравится. «А кто нравится?» — «Моцарт, Шуберт, Прокофьев».

Через неделю, 12 сентября, в день окончания следствия, я узнала результат экспертизы и свою странную судьбу. Заключение экспертизы, подписанное профессором Лунцем, гласит, что у меня «не исключена возможность вялотекущей шизофрении», — замечательный диагноз! Хотела бы я знать, многим ли лицам, особенно интеллигентам, можно твердо написать «исключена возможность». И после этого проблематичного диагноза той же бестрепетной рукой написано, что я «должна быть признана невменяемой и помещена на принудительное лечение в психиатрическую больницу специального типа»*.

Наталья Горбаневская
ДВА ГОДА И ДВА МЕСЯЦА

«Я всего провела в тюрьме 2 года и 2 месяца. Из них девять с половиной месяцев в Казанской психиатрической тюрьме (как правильно называть «психбольни-

* Из книги Н. Горбаневской «Полдень», Москва, 2007.

цу специального типа»). Из Бутырки в Казань меня привезли в январе 1971 года. В 1972 году, опять через Бутырку, вернули в Сербского на повторную экспертизу. В Сербского — еще три месяца. Но всё дело было не в сроках, а в принудительном лечении галоперидолом, применение которого давно признано пыткой. Галоперидол в клинической практике применялся для лечения бредов и галлюцинаций. Ни того, ни другого у меня не было. Если не считать бредом мои взгляды, но ведь их так и «не излечили»... Обычная схема применения галоперидола: 1 месяц, потом перерыв в связи с тем, что побочным эффектом галоперидола является болезнь Паркинсона. А мне давали его девять с половиной месяцев подряд, без корректоров и перерывов. Продолжали давать и в Сербского. Перед освобождением Печерникова мне сказала: «Вы же понимаете, что вам придется и дальше принимать галоперидол»*.

Валерия Новодворская
«А Я В ХОЛОДНОМ МРАМОРЕ НЕМЕЮ...»

О прибытии Наташи в казанскую спецтюрьму мне возвестила на прогулке веселая уголовница Ирочка, которая по молодости лет попала в какую-то банду и у которой были влиятельные советские родители. Они помогли ей закосить от лагеря, не понимая, что их дочь попадет в гораздо худшие условия. Наташа, в отличие от меня, отлично сходилась с нормальными уголовниками и не боялась их... С Ирочкой она встретилась в Бутыр-

---

* Из интервью Анне Политковской. «Новая газета», №41, 10 июня 2002.

ской тюрьме, где они вместе ждали этапа. Кстати, веселая и разгульная жизнь Ирочки была для властей таким же хорошим основанием для признания невменяемости, как и политическое инакомыслие Наташи.

Когда я впервые увидела Наташу на прогулке (политических не сажали вместе в одну камеру, но только в камеры с убийцами и бандитками), она мне показалась совсем маленькой и ужасно кудрявой. Ей устроили скверную жизнь: всё время кормили галоперидолом, давали мало корректора, хотя обещали престижную работу — разбирать книги в библиотеке. Тем более что правила игры Наташа выполняла: говорила военным врачам, что в дальнейшем будет думать только о своих детях. Так что применять пытки у них основания не было. Наверное, Наташа прибыла с соответствующим сопроводительным документом от КГБ. Несмотря на ужасное состояние от галоперидола, она продолжала писать стихи. Тайно, конечно. Это было строго запрещено. Я видела, как зимой, на прогулке, в тюремном дворе, она писала стихотворение о царскосельской статуе. Я при ней играла роль Лидии Чуковской при Анне Ахматовой. Я запоминала уже написанные строчки, а Наташа «жарила» дальше.

О, зим российских лютые морозы!
О, мой опустошенный пьедестал!
Коленки скорча, в неудобстве позы
Тепла ищу, обломок южных скал.

Пигмалион не любит Галатею,
Его пленяет чей-то легкий смех,
А я в холодном мраморе немею,
В разбитый нос вбирая мерзлый снег.

Наташу не зря называли воробушком. Она действительно была похожа на маленький, беззащитный комочек перьев, замерзающий жестокой казанской зимой. Наташе я понравилась не очень. Тогда в диссидентском движении почти не было «народников», которые обращались бы не только к западным корреспондентам, но и пытались бы поднять на борьбу народ. Наверное, мудрые диссиденты уже тогда знали о нашем народе то, что не понимала я, девятнадцатилетняя студентка. К моему разбрасыванию листовок во Дворце съездов Наташа отнеслась без нежности: она говорила, что подобные действия могут только усилить репрессии. (Учитывая, что у меня в листовках была полная политическая выкладка: предложение свергнуть коммунистический строй с помощью вооруженной борьбы и построить капитализм). Но в первом* выпуске «Хроники текущих событий», который Наташа редактировала, она меня честно упомянула. Она прохладно относилась и к Солженицыну: ей казалось, что он гордец и мало общается с другими диссидентами. Она прочитала мне все свои стихи и рассказывала, как Ахматова завещала ей лиру. Как видно, Анна Андреевна поделила лиру пополам: половинку — Наташе, а половинку — Иосифу Бродскому. Но Наташа явно стоила даже целой лиры.

Она с нежностью вспоминала о Ясике и Осе и с уважением говорила о своей матери...

Наташа вместе со мной мечтала, как о счастье, что вдруг заново откроют дело и нас увезут в Лефортово.

* В.И. Новодворская впервые была упомянута в 11-м выпуске «Хроники». — *Примеч. А. Макарова, «Мемориал».*

О другом счастье мы и не помышляли. Наташа говорила, что, даже если бы нас забрали на расстрел, стоило бы набрать конвоирам букетик одуванчиков, которые росли на тюремном дворе. Других цветов там не было. Летом нам случалось мечтать о том, как над тюремным двором зависнет американский вертолет, спустит лесенку, и мы уцепимся за нее. Ирочку мы тоже собирались прихватить. Но вертолет так и не появился. Зато произошло другое чудо. Возмущение участью Наташи и ее известность на Западе были так велики, что КГБ не выдержало и года. Наташу увезли обратно в Москву, в Институт Сербского, поменяли диагноз «вялотекущая шизофрения» на «реактивное состояние» и выпустили. Она недолго оставалась в России. Но никто не имеет права судить тех, кто побывал в спецтюрьме. После этого отъезд был вполне легитимен, потому что такое стране нельзя было простить, а существовать на свободе после этого было совсем уж невозможно. Больше мы с Наташей не виделись никогда, хотя потом, после августа, она и приезжала в Москву.

Видимо, политические пути наши, разошедшиеся в Казани, не сошлись и впоследствии. Не знаю, как ей понравились Ельцин и Гайдар, особенно в 1993 году. Боюсь, что не очень.

Наталья Горбаневская
**«В СТЕНКУ БЕЛЫЙ ЛОБ,
КАК ЛИЦО В СУГРОБ...»**

— А что ты могла бы рассказать о своей «психушке»? У тебя тоже, как у Буковского, этот опыт... О «психушках» большинство поляков узнало только из книги Буковского.

— Начну с того, что я очень не люблю об этом говорить. Это для меня мучительно. Я никогда не была в лагере, так что может показаться, что не имею права сравнивать, но мне всегда казалось, что психиатрическая тюрьма страшнее лагерей. Это подтверждают те, кто прошел и лагерь, и психтюрьму...

— *Расскажи еще раз для читателей краковской «Арки».*

— Не очень бы хотелось повторяться, я скажу в общем, а потом добавлю, что мы знаем сегодня о карательной психиатрии... Почему психиатрическая тюрьма хуже лагеря? Во-первых, это обычная тюрьма, и всё здесь как в тюрьме: запертые камеры, решетки на окнах, на стенах колючая проволока — конечно, под напряжением... По углам вышки, охранники с овчарками. Прогулки в замкнутых загонах (прогулочных дворах). Правда, в Бутырке прогулки по крыше, а здесь всё же по земле. И забор не каменный, а деревянный. Но какая теснота! По двору даже ходить было трудно, мы там не помещались... Ходили гуськом... Когда потом меня из Казани привезли в Москву, в Бутырку, и когда я входила в подвалы, в эти страшные, столько раз описанные подвалы Бутырки, я чувствовала себя так, словно вернулась домой, в родной дом. Мне там было хорошо... Но ужас не в том, что это просто тюрьма... Это тюрьма психиатрическая... И людей там лечат. Лечат от первого дня до последнего... Мне давали галоперидол... Это лекарство, которое действительно используется в психиатрии в тяжелых случаях, вызывает побочный эффект — симптомы болезни Паркинсона... У разных людей это проявлялось по-разному. У моей подруги

Оли Иофе стали дрожать руки, а я не могла сосредоточиться. Читаю страницу текста — и забываю, что было вначале. Отлично помню, как мне дали номер «Юности» с «Отелем „У погибшего альпиниста"» Стругацких. И я читаю, несмотря ни на что, читаю, потому что надо чем-то себя занять. И вот прочла первую страницу — с заголовком, так что неполную страницу, — и понимаю, что не знаю, что я читаю, не помню, что было абзацем выше... Я имела право два раза в месяц писать письма семье. Разрешали писать четыре тетрадные страницы, и я их писала по несколько часов: всё время задерживалась, мучилась, мне трудно было уследить за движениями своей руки, которая водила пером по бумаге...

...Всё время чувствуешь непреодолимый страх, что и в самом деле сойдешь с ума. Более того, боишься, что уже начинаешь терять рассудок, но еще этого не замечаешь. Известно, что «все сумасшедшие считают себя здоровыми». Я каждое утро просыпалась с мучительной мыслью: уже или еще нет? Знаешь, когда человек об этом всё время думает, он уже тем самым подрывает свою психику. А граница между нормой и безумием очень зыбкая, ее трудно установить — каждый психиатр, и западные тоже, тебе это скажет. Я, наверное, только одного человека встретила, который не чувствовал этого страха. А так все заключенные, с которыми я разговаривала, этот страх знали. Петр Григорьевич Григоренко, например, писал, что у него в Ленинградской СПБ был сосед*, доктор наук, географ, которого

---

* Больной из Ленинграда, с которым общался П.Г. Григоренко, — Петр Алексеевич Лысак, горный инженер, многолетний узник психиатрических больниц. — *Примеч. А. Макарова, «Мемориал»*.

посадили за какие-то письма правительству или в газету. Он уже семь лет сидел там и всё время писал письма, что его посадили незаконно. Петр Григорьевич ему говорит: «Да стоит ли им письма писать? Это выглядит ненормально». А этот человек поглядел на него и сказал: «А вы, Петр Григорьевич, думаете, что можно здесь просидеть семь лет и остаться нормальным?» Этот человек так говорил о себе. Я видела, правда, нескольких людей, кто сидел довольно долго и оставался здоровым, но видела и тех, кто пришел здоровым и там сошел с ума. И не только видела — об этом говорили надзиратели и медсестры, а им-то с чего выдумывать? Я видела женщину, которая пришла туда здоровой, а после лечения электрошоком у нее были пробелы в памяти, видела и такую, у которой личность была полностью разрушена... И я всё время думала: а вдруг и я стану такой же?*

Ю. Галанскову

В сумасшедшем доме
выломай ладони,
в стенку белый лоб,
как лицо в сугроб.

Там во тьму насилья,
ликом весела,
падает Россия,
словно в зеркала.

* Из интервью Генрику Цивински. «Арка», 1987.

> Для ее для сына —
> дозу стелазина.
> Для нее самой —
> потемский конвой.

Наташе приходилось очень тяжело. Евгении Семеновне – не слаще. Детей ей удалось отстоять, оформили опеку. Ося в яслях, Ясик в первом классе, Евгения Семеновна, напряженная как пружина, всё время на грани нервного срыва, с ног валится от безумной перегрузки, и ко всему еще она должна отнести передачи в тюрьму, отстоять в очереди. Ира Максимова, Вера Лашкова помогают ей особенно много. Но не всех подруг она пускает в дом: ко многим относится подозрительно, винит в несчастье, произошедшем в Наташей. Но всё-таки Наташиных друзей вокруг нее немало: кто помогает деньгами, кто тащит продукты, кто сидит с детьми. Переписка Наташи с семьей этого времени частично хранится в архиве в Бремене. Приведенные письма – оттуда.

Л.У.

Наталья Горбаневская
БУТЫРСКО-КАЗАНСКАЯ ПЕРЕПИСКА

Из письма маме, 28.10.1970, Бутырка

«Мамочка моя милая! <...> Живу, как и сказала тебе на свидании, невесело – печально и одиноко. Почти что не с кем слова сказать. Читать тоже почти нечего. В общем, умственной работы никакой, не знаешь, куда себя девать. Если бы я была в лагере, я бы вовсю занималась языками...

Мамочка! Я просила тебя хлопотать о спецнаряде или индивидуальном наряде. Во-первых, боюсь, что тебе этим трудно заниматься, — это ведь надо ходить в какое-то (я даже не знаю, какое) управление МВД. Во-вторых, самое главное: не начинай никаких хлопот о спецнаряде, пока не исчерпаны все возможности добиться освобождения. В Верховный Совет, я надеюсь, ты уже написала. Теперь, наверно, защитник скоро будет подавать надзорную жалобу. У меня есть такое предложение: пусть она направит запрос из консультации сюда, чтобы получить мнение моего лечащего врача, под наблюдением которой я нахожусь полгода, с 16 апреля, о моем диагнозе, психическом состоянии, необходимом лечении и т. п. <...>»

Из письма Ясику, 16.10.1970, Бутырка

«Ясинька мой родной <...> в одном из писем я вспоминала, как мы с тобой обедали после спектакля про царя Макса-Емельяна и мужчина, который сидел за нашим столиком, спросил тебя: «А кто твой лучший друг?» И ты очень серьезно ответил ему: «Мама». Я и сейчас вспоминаю это с радостью. Я надеюсь, что ты и сейчас не переменил своего мнения и считаешь меня своим лучшим другом. Когда бы я ни вернулась домой, у нас впереди еще целая жизнь — и, я уверена, интересная жизнь. В ней будет всё: и книги, и музыка, и походы, и далекие путешествия. Мы побываем везде, куда собирались: в Ленинграде, в Новгороде, в Вильнюсе, в Крыму и, конечно, в Ярославле. <...>»

Из письма маме, ноябрь 1970, Бутырка

«Мамочка! <...> Я твои письма все получаю, а ты, видно, не получила и того, которое я послала на Верин адрес. Продолжаю начатое. Надо послать сюда запрос, чтобы лечащий врач сообщил свое мнение о моем заболевании, состоянии и т. п. Дело в том, что она считает меня абсолютно здоровой, но, пока ее мнения никто не спрашивает, она и не имеет возможности его высказать. ...5-го я буду писать сразу в несколько адресов <...>. Может, хоть кому-то дойдет. Главная подлость, что пропадает всё, что я пишу Ясику. Не дошло мое поздравление к дню рождения <...> Наверно, не дойдет и поздравление к вступлению в пионеры. Сегодня ночью мне снился Ясик, а вчера — вы все трое. У меня в последнее время появилась какая-то бешеная уверенность, что не может быть, чтобы я поехала в Казань, что я непременно выйду. Не может быть, чтобы я и дети так долго жили отдельно друг от друга. Я почти физически представляю (не воображаю, а представляю) свое возвращение. Указ от 15 октября ничего не дал бы мне, даже если бы я была "вменяемой" — статья наша не идет. Но я и так всё время чувствую, что моя свобода будет результатом какого-то особого, индивидуального акта — и не столько милостью, мне оказанной, сколько моей победой. Несмотря на моменты отчаяния, у меня достает выдержки и терпения. <...>

Насчет пятого-десятого* я подумаю и напишу в письме. Вообще я должна успокоить тебя: этот акт, производимый не бессрочно и не долгосрочно, а на шесть дней, не влечет никаких опасных последствий даже в больнице. Если я всё-таки буду делать, то со след. формулировкой: "в знак солидарности с п/з Пот. л-рей и Влад. Т-мы, Леф. И Бут. Т-м, Л-дской, Каз., Черних., Днепропетр. спецбольниц** и др. мест заключения, в знак протеста

* Речь о голодовке 5—10 декабря 1970 года. — *Примеч. А. Макарова, «Мемориал».*

** Потьминских лагерей, Владимирской тюрьмы, Лефортовской и Бутырской тюрем, Ленинградской, Казанской, Черняховской, Днепропетровской спецбольниц. — *Примеч. А. Макарова, «Мемориал».*

против незак. полит. пресл. в нашей стране и в частности против моего ареста, осуждения и заведомо ложного признания меня невменяемой..." Эту формулировку и мою идею (именно шесть дней) сообщи Арине, чтобы она на этот счет связалась с ребятами. Не волнуйся. Целую тебя и детей».

Из письма маме, 01.02.1971, Казань

«<...> Для меня отъезд оказался тоже неожиданностью, я никак не ждала его раньше мая—июня. Но, видимо, либо суд, либо изолятор добились для меня наряда. Не знаю уж, кого и благодарить за это. Слава Богу, что не вас. Вначале у меня было предположение, что это хлопоты с воли. Но по письмам я поняла, что нет, и облегченно вздохнула. Конечно, ты права, что перемена обстановки не может не сказаться, но меня спасает выработавшееся за год умение приспосабливаться к любым условиям, переносить почти любое общество, отключаться от всего, что мне неприятно, и, конечно, терпение. В моменты, когда мое терпение, кажется, готово истощиться, я вспоминаю тебя, и мое терпение снова становится неистощимым. Не знаю, какие перспективы у меня впереди, какие надежды можно питать. Комиссия будет летом, с первой комиссии люди уходят редко, но, быть может, мое идеально спокойное поведение и моя твердая решимость не продолжать своей прежней деятельности сыграют свою роль. <...>»

Из письма маме, 03.11.1971, Бутырка

«Милая моя, родная моя мамочка!

Повидала я вас и успокоилась немного <...> и порадовалась, конечно, потому что как же не радоваться, когда вас видишь. Дети мои — такие милые, такие хорошие, Оська — веселый и красивый, только Ясик очень грустный, видно, он по мне соскучился тоже до последних своих силенок. И после свидания я так растосковалась — и не проходит эта тоска по детям, по дому, по нормальному человеческому существованию. Почти два года, как я из дома, и пока не видно, чтоб конец моим скитаниям был близок. Но если я хоть знаю, за что мучаюсь, то за что мучаетесь вы, совершенно неизвестно. Когда я сейчас повидала детей, я острее, чем когда-нибудь, поняла, как я не имела права рисковать их спокойствием, их нормальной жизнью, как я должна была сдержать свои порывы и посвятить себя только детям. Детки мои родные, при живой матери сироты. Что бы было с ними, если бы не ты? <...> Я сделаю всё, чтобы остаток своих дней ты дожила спокойно, не опасаясь никаких страшных неожиданностей. Я раньше была недостаточно хорошей дочерью, теперь я постараюсь это исправить».

Спеши насладиться касательной негой слепого дождя,
покуда не ссохлась земля и не высохло небо,
покуда бегут в берегах полноводны Нева и Онега
и порох подмокший не стронулся с лона ружья.

Наталья Горбаневская
В КОГО ОНА ТАКАЯ?

А после того, как я села, мама два с лишним года оставалась с детьми. Причем ей угрожали, что, если что-то не так, то детей отнимут. Очень смешной был разговор — мне о нем рассказала уже после маминой смерти

Люся Улицкая. Я уже была в эмиграции, и мама говорит: «Ну да, конечно, Наташа всегда делала то, что она хотела». Люська ей говорит: «Евгения Семеновна, вы понимаете, она не могла иначе». И мама ей рассказывает историю. 1937 год. Приходит к ним на собрание энкавэдэшник и говорит: «Надо осудить Моисея Михайловича». А она встала и говорит: «Да как же, мы месяц назад Моисею Михалычу выносили благодарность! Он замечательный работник, что же мы его будем осуждать?» Люська глядит на мою маму и говорит: «Евгения Семеновна, ну у вас же в тот момент тоже было двое маленьких детей! Ровно в том же возрасте! В кого же у вас Наташа вышла?»

Мне следователь после Красной площади сказал: как же это, у вас дети, а вы пошли? А я ему говорю: чтобы потом перед детьми не было стыдно. А мои дети выросли уже в эмиграции, так что им не пришлось делать похожий выбор. Они мной гордятся — чересчур, может быть. Я сама всегда говорю, что это был эгоистический акт: нам хотелось иметь чистую совесть. Это было так естественно. Мы когда-то разговаривали с Павликом Литвиновым, и он то же самое говорит: это был такой натуральный шаг...*

***

Меня всё время мучила мысль: вот сколько я просижу? Потому что, вы знаете, ведь когда человек идет в лагерь, у него есть срок. А для лечения срока нет. Когда я выйду, а главное — какой я выйду? Вот я выйду на свободу, а буду ли я понимать, что это свобода?

---

* Из интервью Олесе Лагашиной. «День за днем», 4 июня 2010.

А буду ли я понимать разницу между свободой и тюрьмой?

Свобода, ответственность, совесть — вот, наверное, какие были столпы всего, что мы делали.

Александр Есенин-Вольпин спросил меня: «Ну что, вот ты просидела два года два месяца. Ты готова это обменять на три года лагеря?» Я говорю: «Алик, не только на три — на семь». Вот, так что не дай Бог никому этого опыта, никому, даже тем, кто меня мучил*.

«Судьба детей ее не беспокоит»

Эта фраза из акта экспертизы,
серебристым пропетая кларнетом,
утеряла окраску угрозы,
но не вылиняла добела при этом.

Хорошо, когда дышат за стеною
сыновья, а не сокамерницы рядом,
хорошо просыпаться не стеная,
глядя в явь, не пропитанную ядом.

Хорошо не ощупывать извилин,
нет ли сдвига, это ты или не ты, мол,
не осевший вдыхать из-под развалин
прах того, что, дай-то Бог, невозвратимо.

---

* Из интервью в фильме Владимира Кара-Мурзы «Они выбирают свободу», 2005.

Именно в этом месте хочется сделать перебивку. Показать картинку из будущего, до которого от Красной площади пролегает сорок пять лет времени. Долгая, долгая жизнь.

В октябре 2013 года Наталья Горбаневская была награждена памятной золотой медалью Карлова университета «За заслуги в борьбе за свободу, демократию и права человека». На вручении медали Наташа произнесла речь.

Л.У.

Наталья Горбаневская

«СМЕЕШЬ ВЫЙТИ НА ПЛОЩАДЬ...»

Благодарю Карлов университет и ректора профессора Вацлава Гампла за присуждение мне золотой памятной медали. Но...

Я принимаю эту медаль от имени моих друзей по Красной площади и в первую очередь в память о троих участниках демонстрации, которых уже нет с нами, — Вадима Делоне, Константина Бабицкого и Ларисы Богораз.

В память о Татьяне Великановой, которая стояла 25 августа 1968 года на Красной площади прямо передо мной, по другую сторону коляски с моим сыном.

В память об Илье Габае и Петре Григорьевиче Григоренко, которых не было в тот день в Москве, а иначе они были бы с нами. Они были в Крыму, поддерживая крымских татар, которым было запрещено возвращаться на родину.

В память об Анатолии Якобсоне, которому не передали сообщение о готовящейся демонстрации, а иначе и он был бы с нами. Зато он написал лучший текст о целях и смысле нашей демонстрации.

Поэтка. Книга о памяти: Наталья Горбаневская

В память об Александре Галиче, который, не зная о предстоящей демонстрации, написал свою знаменитую песню со словами «Смеешь выйти на площадь...».

Но, произнеся эти слова, я хочу напомнить вам о тех, кто смеет выходить на площадь сегодня, — о сегодняшних российских политзаключенных. О тех, кто сидит по так называемому Болотному делу, в особенности о судьбе Михаила Косенко, жертве возрождающейся карательной психиатрии. О Марии Алехиной и Надежде Толоконниковой, которые ведут неравную, но отважную борьбу с сегодняшним ГУЛАГом. Кстати, первой акцией группы «Пусси Райот», которая обратила мое внимание, было их выступление на Красной площади, на том самом Лобном месте, у подножья которого мы проводили свою сидячую демонстрацию. Там они плясали и пели песню со знаменитыми, унаследованными от нас словами «За вашу и нашу свободу!».

Я прошу вас: помня о том, что мы сделали сорок пять лет назад, не забывайте о тех, кого сегодня в России ждут — или уже дождались — неправосудные приговоры.

ПОСЛЕ ОСВОБОЖДЕНИЯ

И снова возвращаемся назад, в то время, когда Наташа освободилась: «Я вышла в феврале 72-го. ...Мама меня встретила, повезла домой. Я узнала, что рядом у Иры Уваровой Лариса Богораз, что она там лежит, болеет, побежала сразу туда. Значит, у Иры Уваровой и Юлика Даниэля. Детей увидела до того, как бежать в гости, разумеется».

Для справки: Лариса Иосифовна Богораз была первой женой Юлия Марковича Даниэля, который к тому времени уже отбыл свой пятилетний срок, последующую ссылку и жил на Новопесчаной у своей второй жены, Ирины Павловны Уваровой, в двух шагах от дома Наташи. Лариса Иосифовна вторым браком была замужем за Анатолием Марченко, диссидентом, автором книги «Мои показания». У них общий сын Павел. Сын Ларисы Богораз и Юлия Даниэля, Александр Даниэль, сейчас один из руководителей «Мемориала».

Здесь мне хочется поделиться одной давней мыслью. Разводы придумали не диссиденты. Но именно в этом кругу сформировались новые, поразившие меня в юности отношения: бывшие супруги сохраняли в большинстве случаев добрые отношения, дети от разных браков дружили, а враждебность в отношении бывших мужей и жен считалась недостойной. Я бывала в доме Даниэлей в те годы, постоянно общалась с Юликом, до сих пор Ира моя близкая подруга, но я помню некоторое удивление, когда обнаружила, как тепло и уважительно относятся друг к другу бывшая и настоящая жены Юлика. Это был для меня и в те годы, и по сей день важный урок, и урок этот в жизни мне очень пригодился.

Л.У.

Наталья Горбаневская
МЕНЯ ВЫЗЫВАЮТ В ДИСПАНСЕР

...Это был февраль, а в марте школьные каникулы. И я взяла старшего сына, тогда уже, значит, почти одиннадцатилетнего, и мы поехали в Ленинград. И в Ленинграде я с моим другом Димой Бобышевым поехала в гости к моим другим друзьям, бывшим политзэкам, так называемым колокольчикам. Конкретно к Вене Иофе, но они там все собирались. И, когда мы уже подъезжали, Дима мне говорит: а за нами едет машина. Если бы он мне не сказал, я бы не видела. Потом мы поглядели в окошко, она стояла около дома всё время, пока я там была.

Потом, когда я вернулась, меня вызывают ни в какую ни в КГБ... Меня вызывают в диспансер, в психиатрический. И первое, что они меня спрашивают, они говорят: а зачем вы ездили в Ленинград? Я говорю, как зачем? На школьные каникулы моего сына. Вот, еще я поехала туда, я взяла с собой пасынка Павла Литвинова, и они там развлекались в компании детей политзаключенных. Яся Горбаневский, Митя Русаковский, Мишка Зеликсон и Димка Иофе. Такие бандиты ходили по Петербургу, по Ленинграду, простите, тогда еще был Ленинград. Приходили домой мокрые, потому что они залезли то ли в Зимнюю, то ли в Лебяжью канавку. Вот, я говорю, на каникулы. А вы не работаете? Я говорю, нет, я ищу работу, я им не сказала, что я ее тогда уже практически нашла. Потому что если сказать, то мне могли бы помешать устроиться. А я нашла очень хорошую временную работу, которая позволяла мне часть работы делать дома, а часть ходить работать. Вот, а то мы можем вас направить на ВТЭК, то есть дать инвалидность. А инвалидность — это значит, что они в любой момент меня могут госпитализировать принудительно.

Из письма Павла Литвинова, 17.04.1972

«Милая Наташа! <...> Письмо твое прекрасное и совершенно твое, т. е. ты явно входишь в норму, слава Богу, так что отбрось все волнения: экзамен ты выдержала. ...Все наперебой пишут, что ты мудра и прекрасна, и чего-то там прибавляют про длинные волосы, но, увы, фотокарточка до нас не дошла. <...>

Освободилась Наташа. Еще раньше Алик Гинзбург. Он с семьей поселился в Тарусе – Москва для него была «закрыта». С тех времен сохранилось письмо Алика Наташе.

Л.У.

Поэтка. Книга о памяти: Наталья Горбаневская

Из письма Алика Гинзбурга Н. Горбаневской (конец 1972 года):

«Здравствуй, кума! Здравствуй, родная! Страшно хочется тебя увидеть, да трудно это пока. А нам бы с тобой посидеть да поговорить... Только я по себе представляю, как всё это на первых порах трудно, хотя я и жил последние годы легче и спокойнее, чем тебе пришлось.

В общем, ты отдышись как следует, а потом мы что-нибудь придумаем — или тебя с семейством сюда на машине вытащим (здесь — идеально), или я вырвусь на минутку из-под надзора, и тогда тебе меня не избежать. Пока же отдыхай, нянчи пацанов <...>, приходи в себя. Я вот до сих пор не вполне в себе.

Советовать ничего тебе не буду, не мне тебе советовать, я на тебя молюсь. Ты у нас самая мудрая, я в этом постоянно убеждаюсь...»

«Кума» – это не шутка. Это черта той особенной, незабываемой и неправдоподобной жизни. Отношения нашего круга были замешены на некотором нами самими созданном родстве. Что это было – секта? Тайное общество? Род религиозного братства? Или – «скованные одной цепью»? Мы и по сей день, как масоны по тайному знаку, узнаем тех, прежних, даже и незнакомых. Непонятно только, в чем этот тайный знак? Может, более всего, в стихах, которые с тех самых пор держатся в памяти? Христианство, куда большую часть нашего круга просто засосало, тоже было некоторым отличительным знаком, хотя и не столь всеобщим. Кто-то, как Наташа, укоренился в церковной жизни навсегда, кого-то вымыло другими потоками, но всё равно остался некий христианский привкус в этом кругу. Даже Бродского, человека ни в коем случае не церковного, не обошло это прикосновение к христианству. Стихи его об этом говорят. Словом, детей крестили, все перекумились, и Наташа с Аликом состояли «в кумовстве». Это, в наши молодые годы, как-то вполне сочеталось с большой вольностью нравов. Но сколько преданности, верности, самоотречения, яркой жертвенности... Захотелось вздохнуть: эх, написал бы кто роман об этом времени, об этих людях. И тут же сама и засмеялась – я ведь и написала этот роман. «Зеленый шатер» называется! Наташе он понравился. Сказала – хорошая книжка. А я очень на этот счет беспокоилась...

Л.У.

Как циферблат, неумолим закат,
пылая, розовея и бледнея.
Последний луч, последняя надея,
а дальше тьма, разлука и распад.

Не лучше ли проспать последний луч,
не записать навязчивую строчку,
и ни на чьем плече, а в одиночку,
в кольце клубящихся летящих тяжких туч

в кольцо луны, как в потные очки,
уставить равнодушные глазницы
и не гадать, приснилось или снится,
что зренье — там, а тут — одни зрачки.

Наталья Горбаневская

КАЖДЫЙ ВЫБОР СВЯЗАН С ПОТЕРЕЙ

...И неожиданно обнаружила, что все мои знакомые говорят об одном: уезжать или не уезжать? У меня тогда была абсолютно четкая позиция: не уезжать! Так было, кажется, до изгнания Солженицына...

...Когда высылали Солженицына, я была у него дома. Дежурила у телефона. Телефон выключили ненадолго... Да... это была еще не высылка, это был арест. Телефон как раз выключили, когда его забирали, буквально на полчаса, а потом снова включили. И я туда приехала. Потом собралось много людей, был Андрей Дмитриевич Сахаров. Они безуспешно пробовали пробиться в прокуратуру, так как Солженицына забирала якобы прокуратура. (Но потом оказалось, что ни в какую прокуратуру его не повезли, а он находится в тюрьме в Лефортове.) А они пришли сюда... Тут позвонили, насколько я помню, из Канады и попросили Сахарова сделать заявление. И он что-то сказал — у него не было готового текста, он просто сказал по телефону, что он думает. А мы все, кто там был, присоединились, сообщили свои фамилии. И я свою — в первый раз... Потом позже было письмо в защиту Леонида Плюща, который находился в Днепропетровской психиатрической тюрьме. Находился уже гораздо дольше, чем я просидела в своей Казани... лечили гораздо тяжелее, чем меня... И не подписать письмо в его защиту я просто не могла... Я поняла, что я еще что-то третье подпишу — и меня арестуют. И снова признают невменяемой, отправят в Казань... Если бы я знала, что меня признают вменяемой и отправят в лагерь, я бы, наверное, не уехала. Но

335

этого знать никто не может. Поэтому я решила уезжать. Ну, и попросила сначала приглашение из Франции, потом, когда меня по этому приглашению не выпустили, — попросила вызвать Израиль. Там жила — и живет — наша всеобщая двоюродная сестра Майя Улановская. Я думаю, что это о ней Юлик Ким поет: «И на месте есть одна семейка, столько вызовов пришлют, сколько нужно». Вот. Майя была всех нас двоюродная сестра. И по этому вызову я уехала. Хотя, надо сказать, перед тем как дать разрешение, из ОВИРа позвонили моей маме, сказали: вы что, с ума сошли? Куда вы вашу дочь отпускаете? Они там все погибнут... Мама сказала: моя дочь — взрослый человек, она сама знает, что ей делать. Ну, мы ее всё равно никуда не пустим. Повесили трубку, через два дня было получено разрешение. О том, что маме звонили, я узнала уже после ее смерти от моей подруги, которой она рассказала. Мне она этого не рассказала ни тогда, ни даже когда потом уже на волне перестройки три раза приезжала к нам в Париж. Вообще все наши муки ничто по сравнению с тем, что выпадало на долю наших родных, и матерей в особенности.

...Мама... она просто как скала. Знаете, как та скала Петр, на которой построили церковь. Вот она как скала просто. На мою защиту. И ходила ко мне на свидания в Бутырку, и ездила в Казань. Один раз Ясика привезла в Казань. И ездили с ней — и моя приемная сестра один раз ездила, и моя подруга Галина Корнилова, такой замечательный человек, писательница. Один раз приезжала Вера Лашкова. Ну их, конечно, никого не пускали, но там в домике свиданий есть окошко, так что в окошко я их видела.

...Я бежала от смертельной опасности, потому что смерть духа и разума страшнее смерти тела. Когда

Солженицын назвал систему психиатрических репрессий «духовным Освенцимом», он не преувеличивал. Это и в самом деле Освенцим духа, Освенцим разума, там человека словно пропускают через газовую камеру, откуда выходит только живое тело. И всё же, убегая даже от такой опасности, я по сей день считаю себя дезертиром.

...Человек, которому дороги судьбы России (это относится и ко мне), должен, как никто иной, взвесить все «за» и «против». Для ясности скажу, что слово «дезертир» для меня не звучит так стопроцентно негативно, как это пыталась нам вбить в головы советская пропаганда. Бывают обстоятельства, когда нет другого выхода. Тем не менее это всё равно дезертирство.

...Каждый выбор связан с потерей. И мы не знаем, чем жертвуем. Свободный выбор всегда связан с какой-то утратой. Господь, наградив человека свободой выбора, на самом деле возложил на нас тяжкое бремя...*

* Из интервью Генрику Цивински. «Арка», 1987.

ПРОВОДЫ

Это был особый ритуал советского времени, возникший в те годы, когда стали выпускать из страны евреев и диссидентов, и закончившийся с концом советской власти. Открытые настежь двери... ночь напролет, никто не спит и спать не хочется. Безмерное питье с любимыми друзьями, с родственниками, как кажется, последний раз в жизни. Для многих так оно и оказалось... Стихи, хохот, музыка, танцы, слезы... Сумасшедший дом.

От года к году отъезды видоизменяются – то пожестче, то помягче. В какие-то годы – выкуп за обучение, и отъезжающие должны собрать огромные по тем временам суммы за образование. У большинства – высшее. Кандидатские дипломы... Одни годами добиваются разрешения на отъезд, других выпихивают в три дня, не дав ни собраться, ни проститься. Кого-то действительно ждут родственники за границей, но большинство уезжают по еврейскому каналу, по приглашениям от вымышленной родни. Одни едут с малыми детьми, с инвалидами-стариками, волокут с собой свои бедные пожитки, кастрюли, одеяла и книги, другие, как Ефим Славинский: ничего нет с собой, только пара томиков русской поэзии. Даже англо-русского словаря нет. Но ему-то что, у него такой язык, – хоть «Поминки по Финнегану» переводи! А ведь едут и совсем безъязыкие, и малообразованные. Простецкие и высокоумные, здоровые и больные, с надеждами и обидами, старики и малые дети. Едут очумевшие от счастья, что выпустили, едут с разбитым сердцем, в слезах, с валидолом, которого будет не хватать на чужбине или на исторической родине… Оставляют кто часть семьи, кто часть сердца, кто любовь, кто ненависть. Скольких друзей мы проводили в те годы, и каждый раз – репетиция похорон. Навсегда. Навсегда. И барьер в «Шереметьево» – кому Рубикон, кому Лета, а румяный пограничник в будке – Харон?

Когда уезжала в эмиграцию наша подруга Маша Слоним, Наташа написала стихи на ее отъезд.

> На пороге октября
> с полосы аэродрома
> поднимается заря,
> как горящая солома.

> На пороге зрелых лет,
> словно пойманный с поличным,
> трепыхается рассвет
> над родимым пепелищем.

> На пороге высоты,
> измеряемой мотором,
> жгутся желтые листы
> вместе с мусором и сором.

На пороге никуда,
на дороге ниоткуда
наша общая беда –
как разбитая посуда.

Прошел год – мы проводили и Наташу с сыновьями.

Л.У.

Татьяна Литинская

ПРОТИВ ОКОН – ЧЕРНАЯ «ВОЛГА»

Запомнилось ее прощание с нами в 1975-м. Первый этаж хрущевки окнами во двор. Окна без занавесок. Ее духовник и крестный отец Дудко. Против окон черная «Волга» с затемненными окнами. Ясику четырнадцать. Народу человек двадцать или больше, люди приходят и уходят. Попросили читать стихи. На бледном лице Ясика – протестное выражение. Когда мама начинает читать – хватает куртку и уходит из дома... Витя Славкин топчется в тесном коридорчике между кухней и ванной (оттуда не видно с улицы).

Александр Подрабинек

ОНА СТАЛА ОДНИМ ИЗ СВИДЕТЕЛЕЙ

Я пришел к ней в день проводов, накануне ее отъезда. Дом был полон народа, дым стоял коромыслом, и, конечно, ей было не до интервью. Тем не менее я вытащил ее на кухню, и она рассказывала мне под диктофон о своем деле и Казанской спецпсихушке. Она стала одним из свидетелей в моей книге «Карательная медицина».

Наталья Горбаневская

ТАК МЫ И УЕХАЛИ

Замечательные у меня были проводы, с субботы утра до утра понедельника. Юлий Ким пел, все приходили, я стихи читала. Пришел в один день, а потом пришел и в другой день отец Сергей Желудков, говорит: очень мне понравилось. И тогда же он сказал замечательную фразу: "Стихи, всё это прекрасно, но главное — она мать «Хроники»". Вот так мы уехали, на этом взлете.

И мы приземлились в Вене, сошли, у меня во время моих путешествий автостопом бывало такое ощущение: когда долго идешь, а потом снимешь рюкзак, тебя земля начинает подбрасывать — и вот тут я почувствовала это. Я сняла рюкзак, и меня земля подбрасывает*.

Ни дерзости, в общем, ни робости,
прохладца.
Что хочешь, то напишешь, и обыски
не снятся.

Захочешь — напишешь подробности,
а нет — и не надо.
А снится? А снятся мне отблески
из райского сада.

* Из интервью Линор Горалик. OpenSpace.ru, 8 декабря 2011.

Наталья Горбаневская
ВСЁ СВОЕ НОШУ С СОБОЙ

— В разное время разные русские писатели и литераторы попадали на Запад. Кто в начале жизни, кто уже на излете жизни, как Некрасов, как Галич. Кто-то в расцвете сил, как вы, как Бродский. Но все — не от хорошей жизни. Скажите, что такое русский литератор на Западе? Как это происходило с вами, что такое ностальгия? Мы не можем этого ощутить, поскольку приезжаем на Запад ненадолго, на каникулы, а вы там живете.

— Вы знаете, я считаю себя почти что выродком, потому что никогда не испытывала ностальгии. Я, разумеется, печалилась по своим друзьям, по своей матери, потому что мы считали, что уезжаем навеки, что никогда больше не увидимся. По счастью, времена изменились, моя мама смогла приехать к нам трижды, а я приехала в Россию уже после ее смерти. Я приехала в Россию, а не в Советский Союз, я приехала уже после развала Советского Союза, а мама моя тоже успела умереть в России, это случилось 12 декабря 1991 года, через четыре дня после того, как Россия, наконец, стала независимым и суверенным государством.

Понимаете, ностальгия... Почему я не испытывала ностальгии? Может, потому, что всё свое ношу с собой. Всё, что было хорошего, плохого, пейзажей, не пейзажей — всё было со мной. Кроме, действительно, оставшихся друзей и оставшейся матери. Кроме того, я замечала в свое время разницу между положением поэта и прозаика в изгнании. Поэту легче. Прозаику гораздо нужнее вариться всё время в языке, а поэт, наоборот, начинает свой язык оттачивать, заострять, углублять, и, в общем, получается только польза. Я, конечно, не могу сравнивать, понимаете, вот я стою в одной точке — и передо мной два пути: первый — в эмиграцию, и второй путь — остаюсь. Допустим, меня не сажают снова, хотя это было маловероятно, но, допустим... Я не знаю, по какому пути я развивалась бы, грубо говоря, лучше. Но то, как я развивалась, меня вполне устраивает, и я думаю, что пребывание в эмиграции в сравнительно узком кругу носителей языка мне помогло стать глубже, тем более что я вообще человек довольно легкомысленный и поверхностный, а язык заставляет углубляться. Не только сам язык углубляется, но еще и меня за собой тянет*.

Наталья Горбаневская
ЛЮБОВЬ К РОДИНЕ – НЕ ПРОФЕССИЯ

Насколько я была патриотом, настолько и осталась. Люблю старую Москву, Москву моего детства, остатки которой еще сохранились. Люблю среднерусские пейзажи. Но теперь люблю еще и Париж, который стал мне родным, и Прагу, и Вроцлав, и бесконечно разнообразные пейзажи Франции, и Ассизи, где я однажды праздновала свой день рожденья, и еще много чего. И по-прежнему, еще со старых времен, нежно люблю Вильнюс. Так что если спросить профессиональных «патриотов», то они меня в патриоты не зачислят. Но любовь к Родине — это не профессия.

* Из интервью Владимиру Каденко. Полит.ру, 12 апреля 2010.

Спи, кузнечиков хор!
Лес восходит на холм.
Бес проехал верхом.
Я не верю стихам.

Ложь, мелодия, сон.
Звон глагола времен.
Смех, признание, стон.
Что за жребий мне дан!

Слов не выпить с горсти.
Строк в тюрьму не снести.
Ни согреть, ни спасти
от властей и страстей.

Тронь струну — вся в крови.
Трень да брень оборви.
СВЕТ И СЛОВО ЛЮБВИ.
Спи, кузнечиков хор.

Далее начинался Париж. Город, в котором Наташа прожила тридцать восемь лет — половину жизни. Наташе хорошо было с Парижем, не сразу, но постепенно он вошел в ее поэтический мир. Но постепенно вошел.

Л.У.

Зачем на слишком шумный Сен-Жермен,
останемся на этом перекрестке,
на тлеющей асфальтовой полоске
послеполунощных ленивых перемен,

где я сама себя не узнаю
и близоруко щурюсь на витрину,
и в темных стеклах стыну, стыну, стыну,
и в светлых облаках, встречающих зарю,
горю, и горько слезы лью, и стыну, и горю.

Наталья Горбаневская

УВИДЕТЬ ПАРИЖ...

Из письма друзьям (Борисовым и др.), 28.02.1976
«...Я думаю, что увидеть Париж — не то же самое, что увидеть еще, и еще, и еще что-то интересное, чего так много в мире. Это одно из тех впечатлений, без которых, по-моему, нельзя прожить жизнь. Но понять это можно, только увидев его. Это как я до девятнадцати лет прожила без серьезной музыки и, впервые попав на концерт, уже не могла жить без этого. А представьте себе, если бы не было концертов, пластинок, радиопередач — и только в литературе можно было бы прочитать о тех чувствах, которые она, эта музыка, вызывает. Верили бы и литературе, и чувствам, но чужим, а сами без них спокойно обходились. Так и Париж. Никакие книги, открытки, альбомы! Это настолько не передает! <...> никого не уговариваю. Не у всякого такая легкость адаптации, быть может — просто легкомыслие, чтобы бродить в чужом городе как в знакомом доме и дышать только воздухом сегодняшнего дня (не только не вчерашнего, но и не завтрашнего)».

Людмила Улицкая

Из письма Георгию Левинтону (2-я половина 1976 г.):
«...Здесь всё же настолько легче жить, не изматывающая жизнь, если, конечно, человек сам себя не изгрызает до полусмерти, что так водится за эмигрантами. И, конечно, хотелось бы каждому из вас подарить это же. Но думаешь обо всех и знаешь, что каждый оставшийся — поддержка для других. И так ощущаю свою вину не перед страной, не перед высшими принципами (хотя всё это несомненно, и правота страха и бегства — для меня в применении к себе и только к себе — это только прагматическая правота обстоятельств, но нравственно неправота), но вину главную ощущаю за дыру, оставленную мною среди вас. Как вырванный кусок мяса, который сам, естественно, не испытывает боли, но знает, что больно на том месте, откуда его вырвали. Знаю, конечно, как утешает вас, что всё это не оказалось для меня катастрофой, и, кроме того, стараюсь чем могу, как могу — возвращаться. И уходил, и возвращался, и сколько помнится прощался. (смешное получилось двустишие, а?) <...>»

Не браните меня
за счастливый и голос и вид,
как вы там без меня,
без моих неразумных обид,

полуночных звонков
и не к месту забот и хлопот,
как вы там без меня,
без моих, слава Богу, невзгод...

НАТАШИНА ПОЛЬША

Славянская тема занимала Наташу с ранних лет – и в жизни Наташи, и в ее творчестве. Я не встречала человека, поэта, который бы так страстно, так преданно любил слово. Это вовсе не означает, что не было на свете более великих поэтов, чем Наталья Горбаневская. Но именно слово, каждое в отдельности, наособицу, весь язык как стихия были местом ее пребывания. И этот язык был языком вообще-славянским, не ограниченно-русским. С годами в ее стихах появлялись, как будто контрабандой, слова польские, украинские, чешские, какие-то сомнительные для русского уха. Язык, избранный ее душой, был некоторый общеславянский... Иногда, в ущерб смыслу, она сбивалась на священное бормотание, на язык жрицы. И бормотание это имело славянский звук. Она считала, что «славянские языки вообще, а русский в особенности, – порождают поэзию. Сейчас, читая в книгах или чаще в Интернете множество стихов известных мне и раньше неизвестных поэтов, я не устаю удивляться свободе языка,

ткущего самые причудливые и новые комбинации смыс-
лозвука».

И еще: у нее не было амбиций человека «первого ряда».
Она самозабвенно и весело пела на своей ветке с есте-
ственностью птицы, которая совершенно не интересуется
мнением слушателей. Отсюда и биография. И параллели,
до отвращения своевременные...

Стихи о славянской взаимности

1

Полонянка, полунянька
полоумных близнецов,
приграничная полянка,
травы смяты брюхом танка,
раскроши-кроши, тальянка,
мать их братьев праотцов.

Всхлипнет, ухнет тихим эхо
взбитый в щепки березняк,
в землях Руса, Чеха, Леха
сметена межа и веха
и сострелена застреха,
ледяной свистит сквозняк.

Годовщины с дармовщины
пухнут, как в голодный год,
под сухим кустом лещины,
прилепив к щекам личины,
пляшет мой неизлечимый,
мой неназванный народ.

2

Иссякнет оно, иссякнет,
иссохнет оно, иссохнет,
и череп его размякнет,
и лоно его заглохнет,

но, каиновою печатью
клеймёные в даль поколений,
мы той же чеканим печалью
свои неоплатные пени,

и те же славянские плачи
мы правнукам завещаем,
путь покаянья, как путь греха,
нескончаем.

В 1975 году Наташа была лишена советского гражданства. В те годы – да и поныне – эта процедура стоила денег: надо было заплатить довольно большую сумму. Несколько подруг сложились, вроде выкупа получилось.
Больше тридцати лет Наташа жила во Франции «апатридом», то есть лицом без гражданства, у нее был статус беженца.

Польское гражданство Наташа получила в 2005 году,
и ему она очень радовалась. Просить Наташа ни о чем не
умела вообще. Если уж ей что-нибудь позарез было нужно, могла и без спросу взять. А вот гражданство польское
попросила при весьма примечательных обстоятельствах.
В ноябре 2004 года Наташа вошла в шорт-лист кандидатов
на премию имени Ежи Гедройца – за деятельность, направ-
ленную на укрепление польской государственности. Ежи
Гедройц, бессменный редактор эмигрантской «Культуры»,

еще в советские времена выступал за независимость Литвы, Белоруссии и Украины в теперешних границах, считая, что только это может гарантировать безопасность Польши и ее дружеские отношения с этими странами и Россией.

Наташа присутствовала на приеме для всех кандидатов, устроенном тогдашним президентом Польши Александром Квасьневским, бывшим коммунистом, между прочим. Ежи Помяновский, главный редактор «Новой Польши», где Наталья была в редколлегии со дня основания журнала в 1999 году, представил Наташу президенту. Квасьневский, блестяще говоривший по-русски, сказал, что он, разумеется, знает замечательную поэтессу и друга Польши Наталью Горбаневскую. На что Наташа обратилась к нему: «Пан президент (потом она рассказывала, что думала, что ведь коммуниста надо называть "товарищ", но у нее это слово сквозь горло не проходило), я хотела бы стать польской гражданкой». На что нисколько не удивившийся Квасьневский сказал: «Подайте прошение в установленном порядке, я думаю, мы его удовлетворим».

В том же 2005 году Наталья получила эту премию Гедройца, и на аналогичном приеме Квасьневский публично вручил ей бумаги о присвоении гражданства. При этом он сказал: «Наталья Горбаневская является одной из наиболее важных личностей из окружения великого Редактора, это поэтесса и одновременно политический деятель, легенда российской оппозиции и одновременно большой друг Польши и поляков, гражданка Польши, переводчик и популяризатор польской поэзии и прозы. Я горжусь, что именно мне выпала честь предоставить госпоже Горбаневской польское гражданство». Так в апреле 2005 года она официально стала польской гражданкой.

А вот почему ей чехи не дали почетного гражданства – не понимаю. Должны бы! Положа руку на сердце – она была гражданином мира. В том смысле, в котором каждый христианин – гражданин мира, и каждый поэт – гражданин мира, а уж тем более переводчик.

Наташе нравилось быть гражданкой Польши. Русский поэт, польская гражданка, могила во Франции, в Париже. Наташа любила землю, – «плетомая мною корзина, в корзине вселенная вся!» – чувствовала как мало кто ее красоту и любила много разных городов, о чём и писала. Но была в ней особая славянская привязанность, чувствительность к звучанию славянской речи, впрочем, весьма различной на слух. Да и кириллицу она очень любила. Но сердцем славянского мира оказалась для нее Польша. К польскому языку – особая любовь. Когда она говорила по-польски, наслаждение было написано на ее лице. Способности у нее были превосходные, и не только к языкам. Но есть письмо из тюрьмы к матери, где она пишет о своих филологических планах – на мой-то скромный взгляд – маниловщина какая-то. Польский язык к этому времени Наташа знала хорошо. Вот это письмо: «Если бы я была в лагере, я бы вовсю занималась языками. У меня, кстати, очень обширные планы: если я все-таки попаду в эту несчастную Казань, заняться там английским и шведским – так что готовьте учебники. <...> Еще я хочу снова заняться эстонским – я уже и всё, что знала, позабыла. Есть и еще идеи – литовский, грузинский, венгерский. Но во мне теплится надежда, что, может быть, я все-таки дотуда не доеду и не придется мне стать полиглотом».

Л.У.

Ни за рифмой, ни за славою,
как и прежде, не гонюсь.
Всходит солнце над державою,
и ему не поклонюсь.

Мне ни грамоты, ни ордена,
на заплаты эта честь.
Но позволь мне, Боже, Норвида
"Vade mecum" перевесть.

Наталья Горбаневская
ЗАГОВОРИЛА ПО-ПОЛЬСКИ...

— *У вас польское гражданство, особенная привязанность к Польше и свой польский миф. Это родство по духу или по крови?*

— Родственников-поляков у меня никаких не было. Теперь есть, у меня внук — поляк.

С Польшей у меня получилось постепенно. Начиная с 1956 года — тогда какую-то информацию можно было получать либо из польских, либо из югославских газет. Это не была полностью свободная информация, но тем не менее. И я стала читать по-польски. У меня была знакомая, которая училась на славянском отделении, и отец у нее был профессор-полонист. Как-то раз он мне дал газету, которую в Советском Союзе вообще невозможно было достать, — по-моему, это была «Новая культура». Потом я попробовала учить польский язык по учебнику, но из этого ничего не вышло. Покупала какие-то книги, выписывала польские журналы, пыталась читать. Когда я уже приехала в эмиграцию, меня поляки спросили, как я училась читать. Я говорю: «По "Пшекрую"». Поляки-эмигранты удивлялись: для них это всё-таки был режимный журнал. Я почувствовала

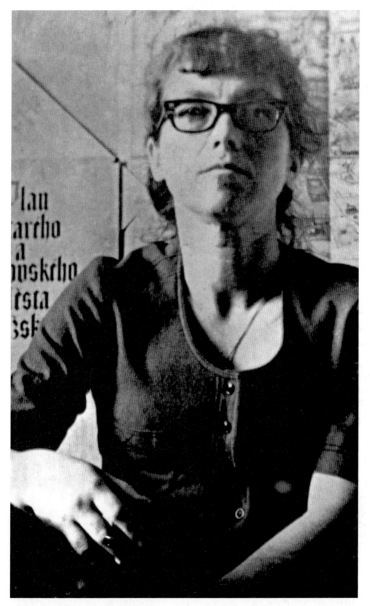

Наталья Горбаневская на фоне карты Праги. Март 1973.
Фото Александра Грибанова

С сыновьями накануне ареста. 1969

Евгения Семеновна с Ярославом (Ясиком)

Иосиф и Ярослав Горбаневские. Эту фотографию Евгения Семеновна передала Н. Горбаневской в Казанскую психиатрическую больницу

После освобождения. Март 1973. Фото Александра Грибанова

С Ариной Гинзбург. Таруса, 1972

Проводы Н. Горбаневской на квартире В. Иофе. Слева – Борис Зеликсон, справа – Вениамин Иофе. Ленинград, осень 1975

С детьми накануне эмиграции. 1975

Проводы Дмитрия Бобышева (слева) на Белорусском вокзале. Справа — Марк Ковнер. На плечах Саша и Леша Гинзбурги

В кафе на Монпарнасе

Париж. Осень, 1978

Евгения Семеновна с дочерью и внуками в Париже. Слева – Иосиф, справа – Ярослав. 1988

Наталья Горбаневская с сыновьями через двадцать лет

Томас Венцлова

Выступление в поддержку «Солидарности».
Париж, декабрь 1982. Справа – Анджей Северин.
Фото Игоря Глиера

В гостях у Виктора Ворошильского. Варшава, 1990

Иосиф Бродский и Наталья Горбаневская на приеме в честь присуждения Нобелевской премии по литературе. Слева – американский публицист Дэвид Риф. Стокгольм, 1987

После вручения Нобелевской премии Иосифу Бродскому.
Фото из архива Вероники Шильц

Конференция по безопасности и сотрудничеству в Европе.
Слева направо: Леонид Плющ, Наталья Горбаневская, Петр Григоренко.
Мадрид, ноябрь 1980

Прага, 21 августа 1990. Слева направо: Вацлав Гавел, Елена Боннэр,
Наталья Горбаневская, Павел Литвинов и другие

Краков, октябрь 1999. Фото Артура Зеданья

Вечер Натальи Горбаневской в «Пирогах» на Никольской. Москва, 2008.
Фото из архива Станислава Львовского

Вручение памятной золотой медали Карлова университета (Прага)
«За заслуги в борьбе за демократию, свободу и права человека».
22 октября 2013. Фото Filip Jandourek

Наталья Горбаневская
во время акции,
посвященной годовщине
демонстрации
в поддержку Чехословакии
«За вашу и нашу
свободу». 25 августа 2013.
Фото ИТАР-ТАСС

Рисунок Николая
Дронникова. Париж,
7 мая 1997

Рисунок Бориса Биргера. Москва, 1971

Рисунок Андрея Красулина. Москва, 2013

Москва, июнь 1992. Фото Владимира Перельмана

Михайловское, 13 сентября 2013. Фото Льва Шлосберга

Одна из последних фотографий, сделанных в квартире Натальи
Горбаневской. Париж, 15 ноября 2013. Фото Марии Классен

себя реабилитированной, только когда прочла много лет спустя в интервью Бродского, что он тоже учился читать по «Пшекрую». Я не была исключением в своем поколении: очень много моих ровесников читало по-польски.

— *Среди русской интеллигенции тогда существовала своеобразная мифология свободной Польши?*

— Конечно, существовала. Меня, например, тогда очень интересовала тема оккупации, Варшавское восстание. Я много читала об этом, хотя в этих книгах, вышедших в Польской Народной Республике, многое было искажено. Анджеевского читала. «Пепел и алмаз» — вещь, например, насквозь фальшивая, написанная против Армии Крайовой. Это была первая прозаическая книга по-польски, которую я прочитала целиком. Роман был написан в 1946 году, и тогда Анджеевский еще мог бы написать, как было на самом деле. Но уже шел навстречу новой власти. У Мрожека есть очень суровая статья по поводу этой книги. А в фильме Вайды этот перекос частично исправлен. Мы все переживали этот сюжет, после сцены гибели Мачека я выходила оттуда, будто у меня самой пуля в животе. Конечно, польское кино — это было нечто для нас. Там же снимались хорошие фильмы — причем до всякой оттепели. Даже простые комедии — они были настолько живее советского кино! Как потом стали говорить о Польше, это был самый веселый барак социалистического лагеря. Это был штамп, но реальный — причем более реальный для нас, чем для поляков.

...Мой польский, т. е. польский язык и польское чтение, был, конечно, «нашим польским» — языком и чтением моего поколения, того, которое считает себя поколением 56-го года — не столько XX съезда и (у многих, но отнюдь не у всех) пробужденных им надежд, сколько Венгрии и (у тех, у кого они были) разбитых иллюзий. Летом-осенью того года вылавливать какую-то правдивую или, точнее, близкую к правдивой информацию можно было лишь в польских и югославских газетах. Многие принялись их читать: в конце концов, и они, и мы — славяне, что-нибудь да поймем. С сербским я сразу не справилась, по-польски кое-как начала разбираться. В той же «Новой культуре», в одном из номеров, было напечатано коротенькое стихотворение Леопольда Стаффа и я — заметьте, совсем не зная языка, то есть совершенно нагло, — перевела. Понять его было как будто легко — я и думала, что поняла.

...Но... у меня не было даже словаря, и я заменяла знания догадкой и энтузиазмом. Самое поразительное, что я отправила перевод автору, прямо на адрес редакции, и получила от него ответ, очень сдержанный: он указывал мне мои ошибки, но не выражал недовольства. Видимо, польская вежливость не позволяла сказать, что этот перевод — хоть чистая и бескорыстная, но халтура.

А заговорила по-польски я и вовсе только в Париже... За все годы до эмиграции я встретила разве что пятерых поляков*.

***

В конце 1950-х — первой половине 1960-х польский язык для многих моих ровесников стал прежде всего

* Из интервью Олесе Лагашиной. «День за днем», 4 июня 2010.

«окном в Европу»: по-польски читали еще не изданных по-русски Кафку, Фолкнера и других европейских и американских писателей (в СССР, правда, Кафка был уже издан, но, увы, только по-эстонски). Я же почти сразу, едва научась — да и не научась еще, а научаясь — толком читать, погрузилась в польскую литературу и новейшую историю*.

В польскую литературу, как и в историю, Наташа вошла – и теперь уже никогда не выйдет. На русский она переводила многих выдающихся польских поэтов, но вершиной ее переводческой работы были переводы великого польского поэта Чеслава Милоша, нобелевского лауреата, а также ее книга, вышедшая в 2013 году «Мой Милош». Там его эссе, стихи, публицистика в Наташиных переводах, Наташины статьи о Милоше.

Л.У.

Чеславу Милошу

И тогда я влюбилась в чужие стихи,
шелестящие так, что иные кривились «Шипенье...»
И оттуда, наверное, многие проистекли
для меня и несчастья, и счастья. Теперь я

присяжной переводчик, профессионал,
по ночам шелестящий страницами Даля,
поверяющий щебет по русским забытым словам
и бормочущий вслух, как над книгой гадальной.

* «Новая Польша», № 4, 2011 г.

Но спасибо за то, хоть не знаю, кому,
не себе и не Богу, не случаю и не ошибке,
что, шепча в заоконную парижскую тьму,
я робею по-прежнему, прежде чем выстукать перевод
                                            на машинке.

Не себе и не Богу, не случаю и не призванью —
языку, что любовному поверил признанью.

Наталья Горбаневская

ПОЛЬСКО-РУССКИЙ РАЗГОВОР

— Когда я думаю о своем «польско-русском» прошлом, всё время возвращаются три названия: «Культура», «Континент», «Русская мысль». И три имени: Ежи Гедройц, Владимир Максимов, Ирина Иловайская. Если мне что-то, и даже многое, удавалось сделать для сближения и взаимопонимания поляков и русских, то лишь потому, что все они трое были одушевлены этой идеей сближения и взаимопонимания и предоставляли мне свободу действий. Мое «польско-русское» настоящее — это «Новая Польша», где в лице Ежи Помяновского я нашла продолжателя той же славной традиции.

— *А потом был конгениальный перевод «Поэтического трактата» Милоша?*

— С трактатом была такая история. Книгу Милоша я получила еще в Москве. У меня был такой знакомый, который еще году в семидесятом, когда я сидела, эмигрировал и уехал и учился в Беркли. И вот он прислал мне книгу Милоша с автографом для меня. То есть передал через кого-то. Я получила книгу с автографом Милоша и начала читать. И когда читала «Поэтический трактат», первой моей мыслью было: «Да, этого мне не перевести никогда... Как жаль!» Сначала я перевела «Отдельную тетрадь. Звезда Полынь». И это напечатали в «Континенте». Перевод был не идеальный. У Иосифа [Бродского] было много замечаний. Я уточняла это с Милошем, который заставил меня кое-что поправить. Но надо было не только с ним, надо было послать также Иосифу Бродскому. Иосиф мне потом сказал, что там есть несколько неточностей. Кстати говоря, у меня лежит недоработанный перевод «Города без имени», там есть места, с которыми я не справилась, — поэтому отложила.

И тут неожиданно — пошел «Трактат». С ума сойти! Но решила: а чего там, попробую! А дальше началось что-то такое, чего при переводе никогда не переживала. Я сидела над переводом ночью и чувствовала, что умираю, засыпаю... Я вставала из-за стола, укладывалась — и в тот момент, когда уже засыпала, неожиданно чувствовала, что могу что-то записать, вскакивала к машинке, боясь, что до утра забуду. Этот перевод меня не отпускал. Ни до, ни после, ни с Милошем же, ни с кем иным такого больше не было... Нет, потом было еще раз, когда я переводила девять стихотворений Норвида, хотя так, как «Трактат», он мною не овладел — начерно перевела за полтора месяца... А потом почти год правила...

— *Тебе помогал, насколько я знаю, Бродский.*

— Помогал. Более того, Иосиф был единственным, кто просмотрел со мной вместе текст «Трактата» строчку за строчкой. Милош сказал, что после поправок Иосифа он уже больше не будет смотреть, что Бродскому он доверяет полностью. Мы работали с Бродским, я тогда была в Нью-Йорке. Мы просидели вместе много часов и просмотрели более или менее половину текста. У нас уже не было сил, а я должна была лететь в Гарвард, а потом из Бостона — в Париж. Иосиф пообещал прислать мне оставшуюся часть. И в самом деле прислал, со своими замечаниями и поправками. Я до этого читала перевод вслух массе людей. Но Иосиф читал уже не черновик, почти не черновик... Почти готовый. И по этому почти готовому тексту сделал еще много замечаний. Я думаю, что сейчас в этом переводе не надо менять ни одного слова. В Париже, когда вышла книга, я устроила чтение, и неожиданно ко мне подошел поляк, уже пожилой, наверное, старше Милоша, и сказал: «Знаете, я всегда очень ценил Милоша-публициста, очень любил Милоша-прозаика, но только теперь вы меня убедили, что Милош и в самом деле великий поэт». Так сказал мне поляк!*

Иосиф Бродский

ОТЗЫВ НА ПЕРЕВОД Н. ГОРБАНЕВСКОЙ «ПОЭТИЧЕСКОГО ТРАКТАТА» ЧЕСЛАВА МИЛОША

«Прости за задержку, но, с другой стороны, поправок у меня почти нет. Получилось, по-моему, грандиозно. Особенно — пассаж про Дух Истории. Запахло Данте, но еще и пострашнее. Ежели кто начнет скулить про пятистопник, посылай по адресу. Чеславу, я считаю, повезло.
07.03.1982»

* Из интервью Генрику Цивински. «Арка», 1987.

Чеслав Милош

Поэтический трактат

Есть в Кракове короткий переулок.
Два мальчика там жили по соседству.
Когда один из школы возвращался,
Видал другого на песке с лопаткой.
Несхожи судьбы их, несхожа слава.

Огромный океан, чужие страны,
Коралловые отмели за рифом,
Где в раковину голый вождь трубит,
Познал моряк. И живо то мгновенье,
Когда в жаре безлюдного Брюсселя
Он тихо шел по мраморным ступенькам
И возле «К°» компании звонок
Нажал и долго вслушивался в тишь.
Вошел. Две женщины на спицах нитку
Сучили — он подумал: словно Парки.
На дверь кивнули, скручивая пасмо.
Директор анонимно подал руку.
Вот так стал Джозеф Конрад капитаном
На Конго, по решению судьбы.
И Конго — место действия рассказа,
Где слышащим давалось прорицанье:
Цивилизатор, очумелый Курц,
Владел слоновой костью в пятнах крови,
Кончал отчет о просвещеньи негров
Призывом к истреблению, вступая
В двадцатый век.

Перевод Натальи Горбаневской

Людмила Улицкая

Наталья Горбаневская

«Я СТИХОСЛАГАТЕЛЬ, ПЕЧАЛЬНО НЕ УМЕЮЩИЙ СОЛГАТЬ...»

Я понимаю, конечно, что *"doctor honoris causa"* необязательно говорит о настоящей учености и вдобавок не относится ни к какой конкретной науке. Тем не менее, наверное, неслучайно, что выдвинули меня на это почетное звание люблинские филологи. Мне и самой хотелось бы быть филологом не только по университетскому диплому, но претендовать на это я не могу по простой причине: мне в жизни довелось встретить настоящих — в том числе и, не побоюсь сказать, великих — филологов, например Юрия Михайловича Лотмана. Нескольких его учеников, моих младших друзей с незапамятных времен, я пригласила сюда. (Двое из них, к сожалению, не смогли приехать.) Перед ними, знающими меня сорок с лишним лет, мне особенно невозможно важничать и изображать из себя «ученую даму». И вообще изображать кого-то, кем я сроду не была.

Давным-давно я определила себя в одном стихотворении: «...я стихослагатель, / печально не умеющий солгать». Сколько бы мы ни говорили о различиях между поэтом и «лирическим героем», это высказывание я и до сих пор полностью могу применить к себе. Неумение — это не заслуга: просто не умею, и всё тут. Но думаю, что не в последней степени из этого врожденного и взращенного моей матерью неумения солгать вытекли все значительные события моей жизни: и стихи, и гражданские поступки, и переводы, и журналистика, и всё прочее. Неумение солгать может обернуться желанием молчать, просто не присоединяться ко лжи. В этом мне, наверное, помешал темперамент, страсть к труду чернорабочего или, как я определила в том же стихотворении, готовность быть «рядовым». Отсюда — и безымянная «Хроника текущих событий», и безымянные обзоры польской подпольной печати в «Русской мысли».

Так что можно сказать, что из этой моей «не заслуги» проросли, в частности, и те мои «заслуги перед Польшей», которые, как я подозреваю, и стали подспудным стимулом к присуждению мне почетной докторской степени здесь, в Люблине. Ведь почему-то это произошло не во Франции, где я живу, не в России, где я родилась и прожила бо́льшую половину жизни, а в Польше, которая, впрочем, и до того не жалела для меня наград и премий и даже дала мне свое гражданство. Но всё-таки я рада отметить, что всего лишь стимулом и что как мой промотор, так и мои рецензенты говорят обо мне реальной, о том, что́ я в действительности пишу и делаю, — иногда они, может быть, меня перехваливают, но если это и так, то не от желания польстить, а из любви.

Думаю, любовь эта — ответная на мою. Странная любовь связала меня с чужой отчизной. Через кино и иллюстрированные журналы (не забудем про «Пшекруй», по которому не только я, но и Иосиф Бродский учился польскому языку!), а потом уже через историю — последней войны и Варшавского восстания, трех разделов и восстаний XIX века, четвертого раздела и Катыни, и параллельно этому — через польскую прозу и поэзию, и уж совсем дальше — через «Солидарность» и подполье восьмидесятых годов. Я не стала филологом-полонистом, как не стала я филологом-русистом, я не стала «ученым», осталась практиком, чернорабочим, солдатиком, учеником. Впрочем, в слове «ученый» есть хорошая неопределенность: «ученый» — это не «наученный», это тот, кто всё еще учится. И верно, настоящие ученые, которых я знала или знаю, всегда таковы. Постараюсь хотя бы в этом на них походить. И тогда меня не будет так смущать мое незаслуженное докторство*.

Томас Венцлова
ИГРА НА САМУЮ ВЫСОКУЮ СТАВКУ

Тот факт, что я имею возможность присоединиться к кругу людей, выступающих сегодня в связи с радостным событием — присуждением титула доктора *honoris causa* Наталье Горбаневской, — для меня не только большая честь, но и источник личного удовлетворения. В то же время я ощущаю досаду из-за того, что не могу лично присутствовать на этой церемонии в Люблине и в Университете им. Марии Кюри-Склодовской, с которым я связан уже много лет.

...В официальной советской печати Наталья Горбаневская опубликовала девять стихотворений (Бродский напечатал четыре и вдобавок чуть больше десятка стишков для детей). Поскольку в то время граница между самиздатом и печатной поэзией была несколько размыта — это знак чувства собственного достоинства. Первый ее сборник увидел свет в 1969 году в эмигрантском издательстве «Посев». Впоследствии к нему добавилось еще полтора десятка поэтических сборников, таких как «Побережье» (1973), «Перелетая снежную

---

* Речь Н. Горбаневской, произнесенная на церемонии присуждения звания почетного доктора Люблинского университета. Октябрь, 2008.

границу» (1979), «Ангел деревянный» (1983). «Цвет вереска» (1993), «Чайная роза» (2006). В 2003 г. был издан довольно объемистый сборник избранных стихотворений [плюс новая книга] под названием «Русско-русский разговор. — Поэма без поэмы» (второе заглавие отсылает нас к ахматовской «Поэме без героя»). Но по большей части это книжки небольшие, почти библиофильские, как бы продолжающие традиции самиздата. Они для меня стоят в том же ряду, что и тетради, заполненные не слишком четким шрифтом, которые доходили до меня и моих друзей в трудные — но и замечательные — времена шестидесятых-семидесятых годов. Нередко эти стихи передавались наизусть, иногда Наташе устраивали неофициальные поэтические вечера в Тарту и других городах. Она писала для небольшого круга читателей, но они были солью тамошней земли.

...Всё, что писала Наталья Горбаневская, было явлением не только литературы, но и совести. Самиздатские тетради с ее стихами полностью соответствовали пастернаковскому определению: «Книга есть кубический кусок горячей, дымящейся совести — и больше ничего»... Посвящения этих стихов читались как «мартиролог» той эпохи: Юрий Галансков, Габриэль Суперфин, Арсений Рогинский... Это наверняка не могло пройти через цензуру, да у Наташи и не было такого намерения: наоборот, это была игра на самую высокую ставку — игра со смертью и игра за свободу.

...Наталья Горбаневская, как и большинство крупных русских поэтов ее времени, принадлежит к традиции, которую я бы назвал постакмеистической. Читатель отметит в ее стихах, даже открыто гражданственных, авангардистскую сложность, насыщенный метафорами и сокращениями язык, игру слов, почти сомнамбулические аллюзии. Стих как будто торопится, сразу вводит нас в суть дела, *in medias res,* начинается с кульминации. Ритмы и рифмы обычно классические, но не слишком точные; интонация, как правило, повседневная, даже прозаическая, построенная на недомолвках, — но со всем этим сталкиваются резкие, шокирующие образы, жесткие и даже жестокие метафоры. Иногда это может казаться определенной стилистической, грамматической и семантической запутанностью, но на самом деле это свободная игра языка, стремящегося к собственной упорядоченности, которая выше логики. Для того чтобы понимать поэзию Горбаневской, нужно хорошо знать русскую поэзию и атмосферу эпохи — хотя таинственная музыка стиха всё равно очарует и обычного читателя. Это необычайно сконденсированная поэзия, избегающая штампов, но не сторонящаяся случайных ассоциаций. Но в ней нет произвола сюрреалистов или дадаистов, который уводил их на бездорожье бессмыслицы — или же, что еще хуже, к соцреализму. Здесь нет риторики, нет позы Поэта с большой буквы, но нет и легковесной (слишком легковесной) иронии, нигилистического скептицизма, издевательства, пародирования всего на свете, включая самое поэзию как таковую.

Единство поэзии и жизни имеет свою цену. Наташу, как Бродского и многих других, власть стремилась вышвырнуть за пределы общества, а затем вынудила эмигрировать. В эмиграции она осталась верна себе. Ее новые стихи столь же лаконичны и сконденсированы, как прежде (в последнее время она всё чаще использует восьмистишия): произведение, как монолит, строится на тезисах и антитезисах, притчах, минималистских формулировках. Одновременно в нем появляется юмор, самоирония, чисто личная тональность. Эти стихи говорят уже об опыте нашего времени, когда прежние ценности и прежние размежевания могут показаться несколько стертыми — с чем, впрочем, Горбаневская решительно не согласна.

И, наконец, последнее, но в определенном смысле самое важное замечание: Наталья Горбаневская всю свою жизнь сохраняла верность польской литературе. В этом она похожа на многих представителей своего поколения, которое училось у поляков, как сражаться «за вашу и нашу свободу», в соответствии со старой формулой Иоахима Лелевеля. Польское чувство чести и польский скептицизм были для всех нас противоядием в отравляющей атмосфере тоталитаризма. Но Наташа и здесь остается не сравнимой ни с кем: ее польский язык не только безупречен, но и превосходен, а ее знание польской культуры просто невероятно. Она писала замечательные эссе на польские темы, перевела на русский язык важнейшие произведения Густава Герлинга-Грудзинского, Юзефа Мацкевича, Марека Хласко, Славомира Мрожека, Тадеуша Конвицкого, Казимежа Орлося. Но главная ее заслуга состоит в том, что она ввела в мир русского языка огромное число шедевров польской лирики (ее избранные поэтические переводы вышли два года назад в двуязычном издании). Она переводила самых разных поэтов — от Норвида до современных авторов, в том числе Милоша (в первую очередь «Поэтический трактат»), Марию Павликовскую-Ясножевскую, Кшиштофа Камиля Бачинского, Анну Каменскую, Збигнева Херберта, Виктора Ворошильского, Виславу Шимборскую, Ярослава Марека Рымкевича, Станислава Баранчака, Рышарда Криницкого, Томаша Яструна. Она сумела вложить в эти переводы собственный личный и поэтический опыт, преображая польские произведения в неповторимые, зачастую мрачные и суровые, но всегда великолепные русские стихи.

Мы верим, что великая русская культура навсегда останется тем, чем она и была — частью европейской культуры. Жизнь и творчество Натальи Горбаневской укрепляет эту уверенность, не позволяя угаснуть надежде, что возможна открытая и демократическая Россия*.

Петр Мицнер
ПОЛЬША БЫЛА ТВОЕЙ СТРАСТЬЮ

Дорогая Наташа,
ты была великолепным редактором, пусть и не раз нам приходилось спорить друг с другом. Иногда из-за пустяков. Иногда на более принципиальные темы.

Мы никогда ничего не забудем. К примеру, часто попадавшуюся в электронных письмах формулировку: «Сколько раз я уже говорила, что...» Или что фамилию Херлинга-Грудзинского нужно на самом деле писать через «Г»: Герлинг-Грудзинский. Или что «этого переводчика нельзя подпускать к текстам на пушечный выстрел». Или замечание об авторе, пытающемся одновременно писать по-польски и по-русски, — мол, это «человек совершенно безъязыкий».

Поэзия. Когда-то у тебя спросили, как тебя лучше называть — «поэтом» или «поэтессой», и ты ответила,

---

* Речь, произнесенная на церемонии присуждения Н. Горбаневской звания почетного доктора Люблинского университета. Октябрь 2008.

что тебе больше подходит польское слово «поэтка». Ты жила, как и подобает поэту, рассеянно, махнув рукой на условности и комфорт, вечно в дороге, с рюкзаком за плечами. Писала стихи урывками, всегда вовремя отправляя отредактированные чужие переводы для очередного номера «Новой Польши», дома или в гостинице вставляя в тексты «переносы». А еще успевала читать современную поэзию, вести ЖЖ, работать в составе жюри литературных премий и учить молодых переводчиков. И при этом пристально следить за общественно-политической жизнью — как в те времена, когда ты редактировала «Хронику текущих событий».

Поэзия была для тебя самым важным делом. Делом жизни и смерти, а также любви. Любовь ко многим поэтам ты пронесла через всю жизнь. Ты была верна Ахматовой, но когда Иосиф Бродский значительно выше поставил Цветаеву, лишь спросила его: «Это всерьез?». Он ответил утвердительно, и ты больше никогда не возвращалась с ним к этому разговору.

Польша. Да, Польша была твоей страстью. Но прежде всего твоей страстью была свобода. Наша и ваша. То есть — свобода чехов, словаков, литовцев, украинцев. Свобода, и ничто другое. Когда мы уже во второй раз встретились в Париже в 1987 году, ты сказала мне, чтобы я немедленно сходил в кино и посмотрел фильм Джима Джармуша «Вне закона» — красивую историю о побеге из тюрьмы.

Ты интересовалась политикой и принимала ее близко к сердцу, поскольку это касалось живых конкретных людей. Часто эта самая политика делила их на воюющие стороны. Как-то в Варшаве, на вечере в твою честь, все о тебе вдруг на какое-то время забыли, поскольку началась яростная политическая дискуссия, грозящая перейти в ссору. А ты сидела в кресле, улыбалась и вдруг сказала: «Как же я вас всех люблю, хорошо, что я глухая и не слышу, что вы сейчас тут друг другу говорите».

Протест. Август 68-го. Тебя постоянно об этом расспрашивали, ты терпеливо отвечала. Как и положено участнику и свидетелю, но без пафоса и гордыни. Да, мол, это было важно, но вот было и прошло. Куда важнее — не написанные еще стихи и редакторские обязанности. И, конечно же, сама жизнь. Ну, и еще чтобы не заканчивались сигареты.

Я не знаю, что напишут на твоем памятнике. Не так давно ты пошутила — пусть, дескать, напишут: «Она отменно варила суп».

Впрочем, от кулинарии так легко сразу перейти к вопросам высшего порядка. Да примет тебя милосердный Господь в Свое Царство. Там тоже наверняка что-то нужно будет отредактировать*.

Президент Республики Польша Бронислав Коморовский наградил посмертно Наталью Горбаневскую Командорским Крестом ордена Возрождения Польши за выдающиеся заслуги в деятельности по преодолению исторических стереотипов между польским и российским народами, за достижения в области популяризации польской культуры, за поддержку демократических изменений в Польше.

Орден вручил родным Натальи Горбаневской посол Польши в Париже Томаш Орловский. Свою речь он окончил молитвой «Отче наш» по-русски. Это награждение произошло в день Наташиных похорон, на кладбище Пер-Лашез в Париже.

Л.У.

* «Новая Польша», № 12, 2013.

Наталья Горбаневская

HAPPY END

— Наташа, поверь, я искренне желаю тебе долгих и благоденственных лет жизни, но традиционный последний вопрос моих бесед-интервью — о надписи, которую ты, как бы из блаженных далей вневременья, могла бы представить на своей могиле.

— Да всего лишь имя-фамилию и годы жизни.

Но вот тебе, если хочешь, прямо сегодняшний (8 августа 2013 года) стишок:

Happy end

> Запеть или заплакать:
> тири-тара-ту-ту...
> Но смерть не твердь, а мякоть
> персика во рту.
>
> Но смерть не смерд, а рыцарь,
> явившийся ко мне
> не по помойкам рыться
> на боевом коне,
>
> не по углам ютиться,
> а стать лицом к лицу,
> и выпорхну, как птица,
> к счастливому концу.

Но отнюдь не для надгробья. Может быть, для прочтения над могилой?*

* Из интервью Александру Радашкевичу. «Эмигрантская лира», 2013.

Людмила Улицкая

А.В.

Видно, пора
до того добираться предела,
где воск на флейте
и ноты в конверте.
На флиппера,
в которые я сыграть не успела,
слезы пролейте
по моей смерти.

Но, расстеля
ту же скатерку, садитесь за ужин
— я все прощаю,
всем завещаю
звон хрусталя
расколовшихся льдинок на луже,
стол со свечами,
выклик «С вещами»,

краешек кромки
пруда в Тимирязевском парке,
крохотку неба
над озером Нево,
гипса обломки
от Дионисьевской арки,
корочку хлеба,
щепотку гнева,

каплю росы
на трилистнике четверолистом,
каплю веселья,
каплю везенья,
пенье осы
над сосною на севере мглистом...
И до свиданья,
до воскресенья.

«ПОМЕНЬШЕ ГОСУДАРСТВА»

Вот уже несколько месяцев я прощаюсь с подругой. Я перечитала ее стихи, которые хорошо знала, статьи, которых не знала. Я собрала воспоминания о ней ее близких и друзей, ее коллег. Я всегда, с первого дня знакомства до последней встречи – это был ее последний вечер в Москве, в клубе «Китайский летчик Джао Да» – знала, что мне был послан для дружбы человек редкостный, который, как перегородочка во флиппере, поменял направление моей жизни. Благодаря ей – и еще нескольким ушедшим друзьям – я открыла великую и незатейливую тайну, которая лежит на поверхности, но касается самой глубины нашего существования – мы все нити единой всепроникающей ткани. Ткань эта прорастает из самой древности, она охватывает наше прошлое, доисторическое и историческое, включает в себя всё знание о мире, в котором мы барахтаемся, все чувства, которые мы переживаем, всяческую любовь – к детям, к картинам, к музыке, к слову, к мужчинам и женщинам, и жизнь так восхитительно богата и интересна своим нескончаемым изобилием. И есть люди, в присутствии которых усиливается этот вкус жизни. У них дар радоваться, которым они умеют делиться с другими. Пожалуй, что у Наташки это было даже потребностью – разделить радость. И вообще – разделить. Она была исключительно «социальным» человеком. С обостренным чувством справедливости. И социальной – тоже. Здесь мы с ней не совпадали. Я в справедливость никогда не верила, а она ее жаждала. Она страдала, когда видела несправедливость, и от государства она тоже ждала справедливости. А я и в небесную бухгалтерию не очень верю... Но это ее чувство справедливости, рациональной справедливости, не мешало ей быть прекрасным поэтом. И гражданином. От этого словосочетания, которым Некрасов как будто проклял отечественную словесность, – «Поэтом можешь ты не быть, но гражданином быть обязан» – я всегда отворачиваюсь. Я, как школьница, терпеть не могу, когда мне говорят, что я что-то кому-то обязана. Всё, что я делаю, я делаю исходя из внутренней потребности. Но у Наташи это как-то получилось естественно, – быть гражданином, – не по обязательству, возложенному на плечи будущих поэтов русским классиком. Она легко была поэтом – за всю жизнь не слышала от нее ни разу жалобы на тяготы поэтической участи, на бедность или недостаток успеха, а только — «Проклятье! Счастье! Пишутся!». И так же легко и естественно ей было быть гражданином своей страны. Она вспоминала, как она ехала в троллейбусе на Красную площадь, чтобы принять, в общем-то, мученичество, и как была счастлива, как хотелось ей поделиться со всеми радостью и всех пригласить с собой... А я стояла в некотором отдалении (не конкретно в то время, когда она была на площади, в то время я была как раз в Ужгороде, на границе с Чехословакией, сидела на горке и смотрела, как самолеты тучей летели в Чехословакию, и предполагала, что начинается третья мировая. А через пятнадцать минут самолеты развернулись, и она не началась)… Так вот, я стояла в некотором отдалении и с ужасом наблюдала все перипетии Наташиной биографии, и сердце мое разрывалось от страха за нее, от невозможности принять ее выбор, и от стыда всё-таки – что я не могла, да и совершенно не хотела бы сидеть рядом с ней на Лобном месте. Потому что она была не просто гражданка своей страны, а великая гражданка.

Я рассказала про Наташу очень многое из того, что я о ней знала. Не всё. То, что сочла нужным. Но еще мне кажется, что рассказ о Наташе будет неполным, если я не приведу ее размышления о природе государства. Это никакая не высокая теория, не хитрая философия, не политология, а размышления публициста и человека здравого смысла, которым она была, невзирая на поэтическую природу ее дарования.

Л.У.

Наталья Горбаневская
О ГОСУДАРСТВАХ НА ОСКОЛКАХ СССР

Тогда государство не было равнодушно к тому, что люди говорят и думают. Сейчас государство скорее равнодушно к тому, что говорят и думают. Лишь бы не действовали. В общем, и то, и то – не слава Богу, однако первое из них, всерьез говоря, всё-таки хуже. Когда я говорю «не было равнодушно», я имею в виду, что людей принуждали и говорить, и, по возможности, думать то, что положено. Постоянное, изо дня в день, давление, направленное на то, чтобы люди «жили по лжи»*.

---

* Из интервью Таше Карлюке. «Країна», март 2012.

***

В моем домашнем кругу, в центре которого кроме меня находились мой старший сын Ярослав и наш общий друг Анатолий Копейкин, мы задолго до Беловежского соглашения сочиняли планы утопические, но увлекательные — возникновения новых государств на прежней территории. Или скорее возрождения старинных государств на существующей территории. Государств, как сейчас помню, было три: Новгородская республика, Великое княжество Литовское и Хазарский каганат. То есть на самом деле никакого УЛБ (Украина—Литва—Белоруссия) — Хазарский каганат шел от Заволжья по крайней мере до Киева (не зря же князь Владимир носил титул кагана), Новгородская республика (с Москвой и Петербургом, Вологдой и Архангельском) знаменовала благодетельное ограничение русских земель, а Великое княжество Литовское включало, как ему и положено, какие-то польские земли, Белоруссию, Западную Украину (Одессу мы, подумав, отдали Израилю). Впрочем, светил еще один вариант: восстановление Австро-Венгрии, которой можно было бы отдать Галицию и даже Малопольшу. Хорошая была когда-то держава: с середины XIX века никого особо не угнетала, разным нациям в ней жилось привольно.

Нас, предававшихся этим приятным химерам на парижской улице Гей-Люссака, не связывали Хельсинкские соглашения, требовавшие неизменности границ в Европе. Скоро, впрочем, оказалось, что они никого не связывают...

К востоку от УЛБ лежит пространство, на котором оттенки свободы и несвободы чередуются иногда до угрожающих размеров. Диктатура Лукашенко — ничто перед диктатурой Туркменбаши, разгон демонстраций в Минске бледнеет перед Андижаном, а если пойти еще дальше на восток, то мы дойдем до коммунистического Китая с его лагерями и показательными смертными казнями и до страны-концлагеря, называемого Корейской Народно-демократической Республикой. И на том же пути — по-прежнему коммунистические Лаос и Вьетнам, а между тем в Польше беглецам из Вьетнама, людям, подвергавшимся на родине политическим преследованиям, отказывают в статусе политического беженца и грозят высылкой на эту самую родину. Это, правда, история прошлогодняя — хочу надеяться, что ныне она решилась или решится в благую сторону.

Можем ли мы чувствовать себя вполне свободными, когда другие — в том числе целые народы — сидят в тюрьме? Найдем ли мы в себе силы переадресовать им старый лозунг «За вашу и нашу свободу»? И сделать хотя бы малый шаг к реальному расширению их, а значит, и нашей свободы?*

Наталья Горбаневская
«ДОЛЖНА БЫТЬ ЖЕРТВА ЧИСТОЙ И БЕСЦЕЛЬНОЙ...»

— *Наталья, как вам кажется, что сейчас в России происходит с либеральной идеей?*

— Сразу хочу сказать, что сужу как человек со стороны, который здесь, в России, не живет, но наблюдает, следит, смотрит Интернет... Либерализма в полном его

* «Новая Польша», № 9, 2006.

расцвете в России еще не было, но какие-то попытки его построения, малый расцвет либерализма возникал в последние десятилетия перед Первой мировой войной, а второй попыткой расцвета (даже не расцветом) были девяностые годы XX века. Примерно до 1998-го. Оба эти периода были насильственно прерваны — в первый раз войной, во второй раз — дефолтом и последовавшими за этим мерами и сменой правительственного курса, тем не менее они показывают, что в принципе либерализм в России возможен. Вопрос в том, что ему нужно давать жить, точно так же, как и он сам, сообразно своей природе, дает жить всему другому.

— А как вы определяете либерализм?

— В самом широком плане это прежде всего «поменьше государства». Минимальное или никакое вмешательство государства в частную сферу, включая сферу частной собственности и всего с этим связанного — производства и торговли.

Другое дело, что есть регулирующее законодательство, которое не ущемляет людей, но, напротив, позволяет им не ущемлять друг друга — иногда даже и заставляя их не ущемлять друг друга — и вводит ограничения в духе «там, где начинается свобода одного человека, заканчивается свобода другого»... Именно этому и должно служить государство, которому оставляются оборонные функции и внешняя политика, частичное регулирование внешней торговли, какие-то законные рамки, в которые вводится либеральное развитие экономики, — то, о чем когда-то писал Хайек. И разумеется, функции правосудия, вся судебная система, полицейские функции...

— *За какой либерализм вы выступаете? И как с либерализмом обстоят дела на Западе?*

— За сильный либерализм, за либерализм, описанный у Хайека. Сейчас на Западе (у вас — не знаю) сильно кричат против неолиберализма. Я недавно читала умную книжку Жан-Франсуа Равеля, где он пишет, что во Франции смешно слышать крики против неолиберализма — ведь во Франции еще не было либерализма как такового.

Стоит осознавать в России, что даже на Западе либерализм торжествует не везде и не во всем. Во Франции очень сильны этатистские тенденции и очень сильна роль государства, которое сидит с дефицитом в самых разных сферах и покрывает его своим не просто влиянием, но командованием. Это издержки попыток сочетать либерализм с государством провидения, что является противоречием по определению.

— *Но как же следует тогда поступать сильному государству, чтобы построить сильное либеральное общество?*

— Государству следует создавать максимально благоприятные условия для всяческих инициатив общества, частных и благотворительных. В этом смысле сейчас в России делается очень мало. Все эти инициативы подавляются вплоть до тюремного заключения.

Тот либерализм, который проклюнулся в девяностые годы, сейчас введен в строгие рамки. Если он не покушается ни на что политическое, то пожалуйста, ради бога, но и тут лишь отчасти «ради бога»...

Положение предпринимателей (не крупных, но средних и мелких), составляющих фундамент гражданского общества, плюс всякие неправительственные организации, как и любые другие частные и общественные инициативы, различаются в зависимости от регионов.

Это значит, что либо нет единого законодательства, либо везде оно применяется по-разному. Тогда как должно быть общее законодательство, защищающее интересы и мелких, и средних предпринимателей, и неправительственных организаций, и любых частных и общественных инициатив.

Сейчас же законодательство такого рода носит в основном запретительный характер. Просто я смотрю, что происходит с неправительственными организациями с тех пор, как приняли закон о них. Всё это сводится к регулярным проверкам, проверкам, проверкам, проверкам... Особенно если та или иная организация не вполне любима нынешней российской властью.

А проверки эти означают то, что люди, вместо того чтобы работать над целями, которые поставлены перед их организацией, должны заниматься огромной работой по составлению отчетов. Вплоть до того, что они заканчивают один ежегодный отчет и тут же должны начинать новый. И это забирает силы, забирает время. Организации эти в основном бедные, поэтому это не позволяет им брать в штатные сотрудники еще кого-то, а волонтеров, как всегда, не хватает.

— *Тем более что волонтерство в современной России практически не развито...*

— Во Франции волонтеров очень много, и там в волонтерство идут люди, которые не нуждаются в том, чтобы им платили. Здесь же таких людей, которые и хотели бы такую работу делать, и могут себе это позволить, практически не существует.

Думаю, что волонтерство очень важно для становления либерализма, ведь оно и есть та самая частная инициатива, которая привлекает и лично меня. Всю жизнь я занималась именно этим, всегда была волонтером, пока не попала в эмиграцию, где делаю всё то же самое (журналистикой в основном занимаюсь), но где мне за это еще и деньги платят. Тем не менее я продолжала и продолжаю много выступать, в большинстве случаев бесплатно.

Волей-неволей мы приходим к пониманию необходимости строительства гражданского общества, без которого никакого либерализма не будет. Поэтому развивать их следует параллельно: без либерализма не будет гражданского общества и без гражданского общества не будет либерализма.

Но только когда власть в России пытается строить гражданское общество сверху, это кажется мне смешным. Всё равно что начинать строить небоскреб с верхнего этажа.

Гражданское общество всегда формируется снизу, и я не скажу, что в нынешней России его совсем не существует, оно здесь есть — в виде множества разрозненных ячеек. Им мешают соединяться. Им мешают координироваться. А там, где не мешают, там им намного лучше (тут я должна повториться о разнице по регионам). Да что говорить о разнице по регионам, если такую же разницу в подходах можно видеть в пределах одной области — в соседних районах.

И ситуацию эту никак не изжить в приказном порядке — только общественными силами. Мне бы хотелось, чтобы усилия нашего (простите, вашего) среднего класса больше сливались с усилиями не-правительственных организаций, чтобы все они под-держивали различные неправительственные инициа-тивы. Мы знаем, что очень часто где-то в областях предприниматели поддерживают образовательные проекты или дают компьютеры в школы, проводят Интернет.

— *Вы считаете Интернет важным инструментом строительства либеральной идеологии?*

— ...Сравним самиздат и Интернет, и мы поймем, на-сколько сегодня легче искать формы общения и знако-мить людей, занимающихся разными начинаниями, насколько легче им теперь найти друг друга для обмена опытом, для завязывания связей. Лишь бы им этого хо-телось!

Мне хотелось бы, чтобы им этого хотелось. А мно-гим рано или поздно захочется, так как люди не огра-ничиваются во всём своими сферами, даже и предпри-ниматели. Ну заработал деньги. Ну купил машину. Ну построил дачу, а потом?

— *А потом скучно становится.*

— Допустим, человеку хочется, чтобы его имя упомя-нули в каком-то хорошем контексте. В Америке в пар-ках или университетских кампусах ставят именные скамейки. Человек дает деньги, на которые эти ска-мейки и ставятся. И на скамейке написано, что эта скамейка поставлена на средства такого-то...

Поставьте эти скамейки, ведь они же тоже где-то нужны. И хорошо бы, чтобы эти скамейки воспринимались еще и в переносном смысле, — очень важно поискать эту свою скамейку. А кто-то, возможно, наоборот, захочет сделать это анонимно.

Я не уверена в том, что человеческая природа безукоризненна, человек по природе своей может быть разным. Но в том числе у каждого человека могут быть хорошие поползновения. Недавно мне рассказали про одного деятеля, имеющего в России очень плохую репутацию. Но он на свои деньги, не афишируя этого, содержит целый детский дом. Очень по-христиански и по-либеральному. Ведь либерал — это не тот, для кого свобода — это свобода наживать деньги. Это далеко не весь либерализм.

— А с чего тогда начинать?

— Очень важно найти свой собственный маленький проект, необязательно под сенью государственного внимания. Множество маленьких проектов... Вот так оно постепенно и вырастет, когда будут уже не лунки либерализма и гражданского общества в неорошенной почве, но когда они сольются в некоторый чернозем гражданского либерального общества.

Чем больше людей начнет этим заниматься, тем быстрее это и произойдет. Я понимаю, что с нынешней властью в России жить не так легко и не так весело, но ведь власть властью, даже и не пойдя на выборы или проголосовав против, ты ее не отменишь, но сам-то ты что делаешь? Ведь либерализм в любой сфере исходит из того, что человек свободно решает, что ему делать, и свободно начинает это осуществлять, свободно преодолевает препятствия, которые ставят ему на пути, если надо — борется, разве не так?

Людмила Улицкая

Главное — не бояться. Несколько раз в Евангелии говорится: «Не бойтесь!» Я сама это не сразу заметила и так обрадовалась. Самое худшее, что может произойти, — убьют. Но всех же не убьют!»*

Эта глиняная птичка —
это я и есть.
Есть у ангелов привычка —
песенку завесть.

В ритме дождика и снега
песню затянуть,
а потом меня с разбега
об стену швырнуть.

Но цветастые осколки
— мусор, хлам и чад —
не смолкают и не смолкли
и не замолчат.

Есть у ангелов привычка —
петь и перестать.
Но, непрочный, точно иней,
дышит дух в холодной глине,
свищет — не устать.

* Из интервью Дмитрию Бавильскому. «Частный корреспондент», 17 ноября 2008.

Александр Бондарев
УНИКАЛЬНЫЙ ЭКЗЕМПЛЯР*

Прежде всего я хотел бы поблагодарить Люсю Улицкую за саму идею этой книги — не книги воспоминаний и не биографии, а книги «о том месте, которое Наталья Горбаневская занимает сегодня в нашем мире, в частном пространстве каждого из знавших ее лично».

Только теперь, когда Наташи уже нет с нами, начинаешь задумываться о том, какое послание она оставила всем нам — и что значила ее жизнь как ненаписанное, но прожитое завещание.

Я знал ее (и временами близко) тридцать пять лет, но всегда воспринимал как некую целостную данность, иногда не понимая, но даже и не пытаясь анализировать те противоречия, из которых она состояла — и ко-

* К сожалению, в этом сборнике немного голосов друзей последнего, парижского призыва. Тем дороже текст Саши Бондарева, с которым Наташа тесно общалась все годы жизни в «городе П.». — **Л.У.**

торые удивительным образом складывались в натуру необычайно целостную.

Это наблюдение замечательно сформулировала здесь моя польская подруга: «Наташа принадлежала к таким множествам, которые содержат единственный элемент — самое себя. И в рамках этого множества она всегда оставалась сама собой. Такой вот уникальный экземпляр».

Здесь многие уже написали о ней самые добрые слова и выразили восхищение, которого она, безусловно, заслуживала.

Я же попробую припомнить некоторые из противоречий ее натуры и в первый раз в жизни попытаться осознать, как они в ней уживались и каким словом можно было бы назвать этот чудесный сплав.

Когда мы подружились, я задал ей один вопрос (а ответ на него был для меня чрезвычайно важен): «Могут ли врачи и применяемые ими в психушке лекарственные препараты уничтожить человека как личность?» Она задумалась.

Она всегда задумывалась перед тем, как ответить на серьезный вопрос, искала нужные слова — на подобные вопросы у нее никогда не было готовых ответов, всё должно было пройти через голову, быть продумано.

«Всё-таки нет», — уверенно сказала она.

Поэтому я знал: когда она годами рассказывала на самых разных встречах и конференциях об ужасах карательной психиатрии — это было предостережение. Она имела в виду — других, не таких, как она сама.

Она думала о себе и о других совершенно по-разному, и, на мой взгляд, именно этим объясняется удивительное сочетание ее погруженности в себя, поглощенности своим делом (она нередко почти не замечала ближних, которых она считала такими же, как она), и почти нездешней любви и сострадания — к дальним.

Она могла быть невнимательна к близким — и сражаться за справедливость по отношению к целым странам и ко всему человечеству.

Со своими людьми (или с теми, кого она таковыми считала) она могла быть умопомрачительно бестактной.

Однажды она, подбрасывая на коленях совсем еще маленького внука Петю, радостно воскликнула в присутствии его матери — француженки, красавицы-брюнетки с беломраморной кожей: «А я всегда так хотела внука-негритёнка!»

Мари окаменела, но Наташа ничего не заметила: она ведь не хотела никого задеть, а просто сказала чистую правду.

Или, когда я, занудничая, говорил ей, что сыновей всё-таки надо стараться воспитывать (Ясик, мол, не пришел, когда обещал, потому что просто забыл, или Оська обещал передать матери, что я звонил, и тоже забыл, и т. п.), она столь же бесхитростно излагала свои планы на будущее: «Вот они вырастут, женятся — и жены их воспитают!»

Так и случилось.

Разумеется, она любила сыновей, но особенно о них не заботилась, и они росли, как «лилии полевые».

Однако внуков она любила уже вполне по-земному. И выражалось это тоже вполне традиционно: щедрая и даже расточительная (в меру возможностей), всегда готовая отдать друзьям последнее, Наталья могла внезапно вскинуться и закричать (как медведица из сказки): «Кто достал из холодильника польские кабаносы (охотничьи колбаски) и положил на стол? Немедленно назад! Это для Пети!!!»

Пожалуй, я знал в жизни только одного человека, похожего на Наташу. Это была одна из основательниц и легенда польской «Солидарности» Анна Валентинович. Они даже внешне были похожи: маленькие, энергичные, бесстрашные, посвятившие свою жизнь борьбе за справедливость.

Обе не слишком беспокоились о близких, но по отношению к другим людям (особенно если речь шла о тысячах или даже миллионах) проявляли неизменную и пристальную заботливость, а нередко — в планетарных масштабах — простую снисходительность.

«Зла в людях, может, и нет — да только боятся они очень», — говорила извиняющимся тоном пани Аня, и Наталья полностью с ней соглашалась.

Но и тут бывали исключения: она не прощала М.В. Розановой ее беспричинной злоязыкости («ради красного словца»), а В.И. Новодворской (во многом похожей своей пассионарностью на саму Наташу) — минутной слабости, которую та проявила еще девятнадцатилетней девчонкой.

Как-то Наташа рассказала мне, что вместе с ВИН сидела в казанской спецтюрьме, и в какой-то момент та стала горько сожалеть о своем мужественном гражданском поступке: «И зачем я эти листовки разбрасывала, а могла бы в МГИМО поступить...»

Годы прошли, ВИН никогда больше не поддалась слабости, уважала Наташу и передавала ей приветы, но Наталья была памятлива и неумолима. Для нее молодость не была оправданием. Она, как библейский Иов, была убеждена, что тот, кто падает духом в несчастье — грешит перед Богом.

Но у нее самой бывали минуты — если не слабости, то уступки искушениям.

Поэтка. Книга о памяти: Наталья Горбаневская

Наташа жила по беженскому документу, где черным по белому было написано, что он обеспечивает защиту обладателю во всех странах, подписавших Женевскую конвенцию о беженцах, за исключением страны происхождения (откуда обладатель и сбежал).

И когда в 1991 году СССР развалился, эти беженцы начали массово ездить в Россию, объясняя (себе и французским властям), что «это уже другая страна»). В конце концов власти одумались и пригрозили отбирать эти документы у путешественников в Россию.

Я спорил с Наташей по этому поводу, говоря, что РФ — это правопреемница СССР со всеми вытекающими юридическими последствиями.

Будучи девушкой умной и честной, она вначале возражала, а потом начала хмуро помалкивать. «Но ведь у тебя же есть советский паспорт, и ты туда ездишь!» — вдруг сказала она в качестве аргумента. Я изумился. «Когда это было нужно или полезно, я туда ездил, и никто меня этим не попрекал!» «Ну вот, а я не ездила», — грустно сказала Наташа, и я понял, как ей хочется вернуться и посмотреть, что там происходит. Действительно, Володя Буковский уже побывал там — хотя и с британским паспортом, — а она...

Больше я с ней на эту тему никогда не спорил. Ну, а потом она уже получила польское гражданство.

Вообще интересно даже не то, как она поддавалась искушениям, а как она с ними боролась.

Мне теперь кажется, что она вполне рассудочно делила их на несерьезные и извинительные (сыграть во флиппер, выпить чашку кофе не дома, а в кафе), и те, которые могли повлечь за собой серьезные последствия — для нее самой, для ее образа жизни.

Вольность нравов шестидесятых годов, казавшаяся нам, жившим в эти годы, вполне нормальной, в глазах Наташи постепенно всё больше и больше приобретала характер минутных, но всё же непростительных (или даже греховных?) слабостей. Но об этом могли бы рассказать только ее церковные исповедники. А в церковь она начала регулярно ходить довольно поздно, но быстро полюбила церковную жизнь, и ее там приняли как свою.

Я иногда ненароком видел, как она впадала в краткие и почти скрываемые ею привязанности (многого я просто не знаю и не рискнул бы назвать это влюбленностями). Очень быстро оказывалось, что эти люди ей становятся неинтересными или мешают заниматься тем, что она считала главным делом своей жизни. И тогда она столь же быстро и незаметно с ними порывала.

В этом не было ничего похожего на безжалостное, требовательное и почти инструментальное отношение к своим любовям Марины Цветаевой, мучившей тех, на кого выпала роль ее избранников. Кстати, Наташа ее вообще терпеть не могла, и не только по этой причине: «Ну, уж я-то никогда не положу в суп куклу, как Марина Ивановна!»

Она рвала с людьми осторожно и, я бы сказал, рассудочно.

Я знал одну маленькую девочку, которая хвасталась: «А я кого угодно могу разлюбить». Она, правда, стала актрисой, а Наталья начисто была лишена актерских дарований: она не умела притворяться.

Может быть, это неумение, столь необходимое в семейной жизни, и стало причиной того, что Наталья так и не нашла себе подходящего спутника жизни.

Но она, как мне кажется, от этого не страдала. Одна моя знакомая подруга восьмидесяти семи лет от роду пошутила на эту тему: «Когда я вышла из призывного возраста, всё стало гораздо проще».

Уже позже, на одном из вечеров, посвященных ее памяти, какая-то незнакомая дама задала Ясику вопрос: «А ваша мама в конце концов вышла замуж за вашего отца?» «Знаете, — ответил Ярослав, уже сам отец семейства, — у нее и в планах этого никогда не было. Да и, честно говоря, с ней бы никто не смог жить. Ну, кроме детей и внуков».

И действительно, прямодушие Натальи было легендарным.

Оборотной его стороной было полное отсутствие игрового чувства юмора (ирония у нее всегда была тонкой и разящей). Поэтому друзья в компаниях любили над ней подшучивать и посмеиваться, что она не всегда улавливала.

В ответ Наталья беззлобно отвечала: «Всем известно, что у Горбаневской нет чувства юмора». Кто-то однажды неуклюже попытался ее утешить: «Да ведь и в Евангелии нет юмора». Она задумалась и серьезно ответила: «Да, там про другое».

Вообще любой «стёб» и «постмодернизм» был ей органически чужд. (Я поймал себя на том, что и кавычки она бы здесь не поставила). Именно это, по-моему, и объясняет ее абсолютную нетерпимость и даже ненависть к советским песням. Она воспринимала их буквально.

В ее доме никто себе подобных выступлений не позволял, но вот после 1981 года нам приходилось вместе бывать в компаниях польских политэмигрантов, где, например, Севек Блюмштайн, знающий наизусть массу советских песен, обожал их петь во весь голос (многие из польских «оппозиционеров» вышли из семей, где два, а то и три поколения предков были правоверными коммунистами). Наталья мрачнела и выходила. Здесь компромиссов она не допускала.

Иначе обстояло дело с матерным языком. Она его не терпела (объясняя, что это у нее появилось после тюрьмы), но в письменных текстах допускала в цитатах или там, где нецензурное слово имело самое что ни на есть прямое значение. Здесь она на компромиссы шла. Это было похоже на ритуальное жертвоприношение ее божеству — языку.

Но вот некоторых ее компромиссов я так до конца и не понял. Все они были связаны с людьми, от которых она зависела.

Во-первых, это И.А. Иловайская, главный редактор «Русской мысли». Наташа работала там до самого конца этой газеты, а я несколько лет систематически писал под тремя или четырьмя псевдонимами (об этом знали всего два-три человека). И.А. внезапно воспылала ко мне симпатией, которая столь же внезапно прервалась (под абсолютно несправедливым предлогом). И Наталья, бесстрашный борец за справедливость, утешала меня, объясняя, что несправедливость у И.А. — просто такая черта характера, и с ней нужно смириться. Вообще И.А. была единственным человеком, в отношении которой я замечал у Наташи не только восхищение, но и некоторую подобострастность.

Во-вторых, это профессор Ежи Помяновский, главный редактор «Новой Польши». Мы тоже работали там вместе, но когда профессор вдруг без всякого повода и примечаний опубликовал текст Ежи Урбана, «геббельса» военного положения в Польше, мы с Натальей написали возмущенное письмо протеста. Только для меня это означало разрыв отношений с журналом, а Наталья в редколлегии всё равно осталась, хотя отношения у них были уже испорчены.

Хотела ли она просто сохранить постоянную работу, что для нее было чрезвычайно важно? Из-за «хлеба насущного»? Вряд ли. Просто у Натальи всегда было чувство субординации, но вот только с начальниками ей не всегда везло (достойнейшим исключением был светлый человек В.Е. Максимов, редактор «Континента»).

И последний пример, когда Наталья смогла переломить себя и сохранить отношения с человеком, которого не уважала, — это Юнна Мориц, которая обещала (и вроде бы даже выполнила обещание) помочь Наталье выпустить в России большой стихотворный сборник.

Но это уже — жертва ради поэзии, которая и была для Наташи главной любовью ее жизни.

Здесь, мне кажется, было бы уместно процитировать слова моего уже покойного друга Лёвы Бруни, написанные сразу после смерти нашего общего друга Алеши Хвостенко: «Он на любовь вообще был скуп. При этом было у него удивительное качество. Кто бы без звонка, без предупреждения ни заваливался к нему домой (иногда и посреди ночи, а бывало и под утро), все они встречались Алешей так, словно только их он и ждал и страстно желал увидеть ровно в эту минуту. Наверное, поэтому очень многие причисляют себя к его друзьям. Но всё-таки главным делом для него была поэзия».

Как это похоже на Наташу! Не исключено, что это применимо вообще к каждому настоящему поэту.

Но если признать, что Горбаневская — прежде всего поэт, то что же — ее гражданская позиция оказывается вторичной? Да, некоторые так и считают.

Через несколько дней после смерти Наташи в российской прессе появилось интервью Наталии Светловой (Солженицыной). Вот что там написано:

«Дмитрий Быков: Умерла Наталья Горбаневская; вся ее жизнь ушла на борьбу за российскую свободу, против безнаказанных мерзостей. И ничего не изменилось. Значит ли это, что ее усилия и страдания были напрасны, если называть вещи своими именами?

Наталия Солженицына: Ну, во-первых, жизнь Наташи, которую я знала больше полувека, ушла не на борьбу и не на протест, а на реализацию ее таланта и темперамента. Она приезжала сюда не с режимом бороться, а встречаться со своим читателем и говорить с ним. Горбаневская удивилась бы, а то и разозлилась, если б ей сказали, что жизнь ее ушла на борьбу. И она была человек счастливый, не сомневайтесь».

Я сразу позвонил Вите Файнбергу и прочитал эти строки. Пламенный Витя взорвался: «Как она смеет! С режимом Наташка не боролась! А в психушку ее, значит, просто так загнали?» Да, говорю, Витя, но она сказала, что всё изменилось и «страна совершенно другая»... «Пусть она что хочет говорит! Она с Путиным только что встречалась! На съезде вдов и потомков великих писателей...»

Так кем же была Наталья Горбаневская? Чему она посвятила свою жизнь? Какой урок оставила каждому из нас?

Некоторые из тех, кто ее вспоминает на страницах этой книги, говорят, что она была блаженная, не от мира сего.

Даже спорить не буду.

Ангелом она точно не была. Характер не тот.

И просто поэтом не была.

Была чем-то гораздо бо́льшим.

Я уже мимоходом где-то выше упомянул имя Иова. И, как теперь думаю, не случайно.

Наташа — как и Иов — была *праведницей*. В точном библейском значении этого слова.

Страдания праведников — представителей правды — неизбежны. Но незаслуженные страдания (а на долю Наташи они выпали) необъяснимы даже в перспективе загробного воздаяния. Лютер писал по этому поводу: «Если бы можно было хоть как-то понять, каким образом милосерд и справедлив Бог, являющий гневливость и несправедливость, не было бы нужды в вере».

Что ж, Евангелие учит нас: где есть справедливость — там нет любви.

А Наташа — верила. Верила и в любовь Бога — и в торжество справедливости.

Лучше всего эту квинтэссенцию *праведности* выразил друг Наташи, французский философ Мишель Ельчанинофф, представитель третьего поколения первой эмиграции.

«Всему этому моральному ужасу [незаслуженных страданий] противопоставляется лишь несгибаемый оптимизм праведника, с которым он уповает на справедливость».

Вот это и есть урок и пример, который нам остался после Натальи Горбаневской.

И последний ее подвиг — отказ от второй операции на сердце, которая могла продлить ей жизнь. Наталья предпочла *несгибаемый оптимизм праведника*.

Людмила Улицкая

В последние годы, когда мы встречались, она говорила мне: «Саша, ты заходи чаще, а то либо ты умрешь, либо я умру».

Так и случилось.

И каждая лавочка — как Елисеевский лучших времен
                                            и без очереди.
И каждая девочка — вся в заграничном, как центровая
                                            у Националя.
Чего ж тебе скучно, и грустно, и некому руку,
                    дружок, — ностальгия, цена ли?
По крайности, стань у витрины зеркальной, себе же
                                    влюбленному в очи гляди.

У нас на Полянке и янки, и нефтевалютой налитый
                                                эмир
текут, разделенные разве что слабым огнем
                                            фотовспышек.
За ближневосточной кометою хвост: секретарша,
                                    охранник и сыщик,
за рваными джинсами весь — и свободный, и Третий,
                            и коммунистический мир.

Но ты им не внемлешь, послушно расплющивши нос
                                            о стекло,
и мало-помалу перетекаешь в свое отражение весь,
и то, что оставило вмятины в мягком асфальте, —
                                    уже и невесть
куда испарилось, одни манекены глядятся задумчиво,
                                    просто, светло.

Людмила Улицкая
ПИСЬМО ЗА ГРАНИЦУ

Дорогая Наташка! Прости меня, что я плохо сделала то, что не сумела сделать лучше, – неточности, опечатки, неровности и провалы тебя огорчили бы. Не говоря уже о знаках препинания. Наверное, устроила бы выволочку. Вот уже почти два года, как занимаюсь письмами моего деда – из тюрьмы и ссылок, в которых он провел в три приема около тринадцати лет, да еще три года мотался без определенного места жительства по всяким мутным пригородам. Умер вскоре после освобождения, в 1955 году. Письма его меня здорово перепахали, но твои, сорокалетней давности, – из тюрьмы и из Казани – задели сильнее. Деда я видела один раз в жизни, а с тобой – больше пятидясяти лет тесного общения. Пока я собирала эту книжку, поменялась оптика. Кроме того, что купила новые очки – не +2,5, а +3. Та оптика, главная, поменялась. Она всё время с возрастом, с опытом расширяется. Хотя возраста нет, как мы с тобой недавно одновременно заметили. Есть постепенное умирание тела, которое вдруг оказывается окончательным. С тобой это уже произошло, со мной пока нет.

Я люблю тебя по-прежнему, и еще больше. Ах, как хотелось бы сказать «До встречи»! Но подозреваю, что ты будешь в каком-нибудь вагоне, в бизнес-классе, скажем, куда меня по заслугам не пустят. Вот почему я не люблю идею справедливости, которая тебе всю жизнь так нравилась!

У нас всё как всегда, если до тебя не доходят последние известия. Надо бы выйти на площадь. Но ноги не доходят. Дела, дети. А я вот думаю — может, ну их на фиг? В конце концов, общий-то замысел был не наш, сверху спустили! Ну, уничтожат футбольные болельщики друг друга, заодно и наших внуков-правнуков, и земля будет прекрасная, какой ты ее видела — «плетомая мною корзина, в корзине вселенная вся»? Тебе теперь видней. Если можно, приснись, пожалуйста!

Люська

КОНЕЦ

Дорогие друзья! Среди множества Наташиных друзей, которые участвовали в составлении этой книги, есть всего несколько человек, которые не были бы и моими друзьями или знакомыми. Я потратила много времени, пока утрясала тексты, стараясь найти тот баланс, который делает такого рода книгу не формальным дружеским жестом по отношению к ушедшему человеку, а рассмотрением своей собственной жизни под знаком ушедшего. Наташа, уже после своего ухода, каким-то непостижимым образом подарила мне радость общения с ней. Я, благодаря Наташе, имела возможность пообщаться с теми, кого не видела десятилетиями, – с Ефимом Славинским, Гариком Левинтоном, с Олей Сипачевой... И мне кажется, что каждый из вас, кто взял на себя этот труд воспоминания, испытал нечто подобное: тень близости с Наташей, нежности, прикосновения к редкой в нашей жизни душевной чистоте и своего рода невинности. Я прошу простить всех тех, кого я забыла упомянуть здесь. Наверняка кого-то забыла. Вспомню, – буду переживать и казниться.

Людмила Улицкая

Всем вам, дорогие мои друзья, глубокая благодарность и любовь: Ярославу, Иосифу и Петру Горбаневским, Анне Красовицкой, Артуру Зеданья, Матрене Милеевой, Анне Горской, Габриэлю Суперфину, Георгию Левинтону, Роману Тименчику, Павлу Литвинову, Алексею Боганцеву, Томасу Венцлова, Дмитрию Бобышеву, Анатолию Копейкину, Петру Михайлову, Арсению Рогинскому, Михаилу Новикову, Александру Бондареву, Ивану Боганцеву, Льву Оборину, Оле Сипачевой, Николаю Борисову, Филиппу Дзядко.

Спасибо вам – Нина Багровникова, Вера Лашкова, Наташа Доброхотова, Таня Чудотворцева, Виктор Дзядко, Сусанна Черноброва, Наталья Червинская, Маша Слоним, Арина Гинзбург, Малгожата Казьмерска, Владимир Буковский, Юлий Ким, Татьяна Литинская, Николай Котрелев, Сергей Неклюдов, Катя Корнилова, Илья Иослович, Таня Борисова и Станислав Смирнов, который сделал Танину запись, Елена Сморгунова, Юра Фрейдин, Далия Эпштейн, Валерия Новодворская, Александр Подрабинек.

Теплые слова признательности журналистам: Линор Горалик, Олесе Лагашиной, Ксении Сахарновой, Нателле Болтянской, Марине Георгадзе, Ольге Розенблюм, Генрику Цивинскому, Александру Радашкевичу, Евгению Чигрину, Владимиру Каденко, Петру Мицнеру, Дмитрию Бавильскому, Таше Карлюке – за возможность использовать интервью с Наташей. Это очень важная часть книги.

Благодарю за помощь в работе с архивными материалами – Марию Классен и Алесю Конончук из архива Исследовательского Центра Восточной Европы (Бремен), а также Алексея Макарова и Никиту Ломакина из общества «Мемориал».

Поэтка. Книга о памяти: Наталья Горбаневская

Особая благодарность Елене Шубиной, которая предложила выпускать эту книгу в издательстве, где работает много лет, и взяла на себя немалый труд по составлению и оформлению столь сложной рукописи, а также ее сотрудникам – Полине Потехиной, Елене Илюшиной и Алексею Портнову.

Я благодарю: Станислава Львовского, Владимира Перельмана, Льва Шлосберга, Александра Грибанова, Игоря Глиера, Веронику Шильц – за возможность использовать фотографии, хранящиеся в их личных архивах; а также тех фотографов, чьи работы использованы без указания авторства, – с извинением, что не смогли их разыскать.

Всем, кто поделился своими воспоминаниями, кто оказал техническую помощь, вошел в эту замечательную бригаду, – **спасибо**. Мне кажется, что каждый, кто принимал участие в создании этой книги, разделил со мной радость последней работы с Наташей Горбаневской – нашей подругой, поэтом (поэткой!), честным, трогательным и, как теперь вдруг обнаружилось, великим человеком.

Именной указатель

Именной указатель

Именной указатель

Именной указатель

Именной указатель

О

П

Р

Именной указатель

Содержание

Литературно-художественное издание

Людмила Улицкая

ПОЭТКА
КНИГА О ПАМЯТИ:
Наталья Горбаневская

Издательство просит фотографов или их наследников,
чьи фотографии не атрибутированы в книге, связаться с редакцией
по телефону (499) 951 60 00 (доб. 102)

Ответственный редактор *Е.Д. Шубина*
Выпускающий редактор *П.Л. Потехина*
Корректоры *Н.П. Власенко, Е.Д. Полукеева*
Компьютерная верстка *Е.М. Илюшиной*

Общероссийский классификатор продукции ОК-005-93,
том 2; 953000 — книги, брошюры

Подписано в печать 18.09.2014. Формат 84х108$^{1}/_{32}$.
Гарнитура «Newton». Печать офсетная. Усл. печ. л. 21,84.
Тираж 30 000 экз. Заказ 2474.

ООО «Издательство АСТ»
129085, г. Москва, Звездный бульвар, д. 21, строение 3, комната 5
Отпечатано ОАО "ТПК"

http://facebook.com/shubinabooks

http://vk.com/shubinabooks

ISBN 978-5-17-094534-4